Gabriel Rath

BREXITANNIA.
Die Geschichte einer Entfremdung

Warum Großbritannien für den Brexit stimmte

braumüller

Bibliografische Information der Deutschen Nationalbibliothek
Die Deutsche Nationalbibliothek verzeichnet diese Publikation in der
Deutschen Nationalbibliografie; detaillierte bibliografische Daten
sind im Internet über http: // dnb.d-nb.de abrufbar.

1. Auflage 2016
© 2016 by Braumüller GmbH
Servitengasse 5, A-1090 Wien
www.braumueller.at

Coverfotos: Hintergrundfoto (U1) © Chris Booth; Flagge (U1) shutterstock.com |
© argus; Flagge (U4) shutterstock.com | © Octavus
Lektorat: Mario Wurmitzer
Druck: Druckerei Theiss GmbH, A-9431 St. Stefan im Lavanttal
ISBN 978-3-99100-196-6

Meinen Eltern,

meiner Frau und meinen Kindern

gewidmet in Dankbarkeit

Inhalt

Si alteram talem victoriam reportavero, mea erit pernicies.
Pyrrhus nach Plutarch, Moralia 184

Noch so ein Sieg, und wir sind endgültig verloren.
Zitiert nach Ernst H. Gombrich, Eine kurze Weltgeschichte für junge Leser

Vorwort

Dr. Martin Eichtinger,
Österreichischer Botschafter im Vereinigten Königreich

Die Nacht des britischen EU-Referendums verbrachte der österreichische Außenminister Sebastian Kurz in London. Nachdem ihm beim Abendessen ein führender britischer Meinungsforscher ein Ergebnis von zumindest 52 Prozent, wahrscheinlicher sogar 55 Prozent, für den Weiterverbleib des Vereinigten Königreichs in der EU vorhergesagt hatte, war auch ihm in den frühen Morgenstunden des 24. Juni 2016 die Bestürzung über das Resultat des Referendums anzumerken.

Im ORF-Morgenjournal erklärte er live aus London: „Wenn eines der größten Länder der Europäischen Union aus der Europäischen Union austritt, dann ist das natürlich etwas, wo in Europa kein Stein auf dem anderen bleiben wird." Daher gelte es nun, mit „kühlem Kopf" an der Neuaufstellung der EU zu arbeiten.

Die Entscheidung des britischen Volkes, nach 43 Jahren Mitgliedschaft der Europäischen Union den Rücken zu kehren, verursachte einen Schock in weiten Teilen Großbritanniens, in Europa und der Welt. Die Europäische Union hat in vielen Bereichen von britischen Ideen und Initiativen profitiert, ebenso hat das Vereinigte Königreich von seiner Mitgliedschaft zahlreiche Vorteile gewonnen, die aber für die britische Bevölkerung nicht genügend ersichtlich waren.

Brexit bedeutet für die Europäische Union einen großen Verlust. Die EU wird durch den Austritt Großbritanniens – der weltweit fünftgrößten Volkswirtschaft, der zweitgrößten in der EU, eines permanenten Sicherheitsratsmitglieds und einer Atommacht mit weltweitem militärischen Engagement und einem Mitglied der G7 und G20 – politisch und wirtschaftlich an Gewicht verlieren.

Wer in den Wochen vor dem Referendum im Vereinigten Königreich unterwegs war, dem wurde bewusst, dass im Herzen der Mehrheit der Briten der Wunsch, das künftige Schicksal des Landes in die eigenen Hände nehmen zu können, dominierte. Offen war nur, ob die rationalen Argumente der zu erwartenden Nachteile zu einem Abstimmungsverhalten führen würden, das – knapp, aber doch – den Weiterverbleib Großbritanniens in der EU unterstützen würde.

So wenig war der Brexit erwartet worden, dass auch die großen Unternehmen des Londoner Finanzplatzes nur wenige Ressourcen in einen „Plan B" gesteckt und ebenso wie die britische Regierung keine weitreichenden Vorbereitungen für dieses Szenario getroffen hatten.

Gabriel Rath analysiert im vorliegenden Buch sehr ausführlich die vielfältigen Gründe, die zu dieser Entscheidung führten. Diese ist nicht nur auf das historisch schwierige Verhältnis zwischen Großbritannien und der EU oder auf Brüssel zurückzuführen, das oft als ultimativer Sündenbock sämtlicher Mitgliedstaaten herhalten muss. Sie ist auch Spiegelbild einer krisenhaften Entwicklung in Europa und der negativen Konsequenzen der Globalisierung in post-industriellen Gesellschaften.

Die britische Regierung ist nunmehr aufgerufen, das Votum des britischen Volkes umzusetzen. Dabei harren drei große Problemstellungen einer Lösung:

Großbritannien muss die Folgen des Referendums in allen Politikbereichen bewältigen. Nachteile, die eingetreten sind und weiter eintreten werden, müssen möglichst gering gehalten werden, und sich für das Vereinigte Königreich ergebende neue Chancen müssen genützt werden. Dass die Entscheidung zu einem vorläufig geringerem gesamtwirtschaftlichen Wohlstandsverlust als angenommen geführt hat, darf nicht darüber hinwegtäuschen, dass der Preis für die angestrebte Rückgewinnung nationaler Selbstbestimmung mittelfristig ein Verlust der Vorteile der tiefen wirtschaftlichen EU-Integration sein wird.

Die britische Regierung muss zweitens nach einer eingehenden Vorbereitung ein bestmögliches Resultat der Austrittsverhandlungen und der Verhandlungen über die Neuordnung der Beziehungen zur Europäischen Union anstreben, wobei sie eine spezielle Sensibilität für die Interessen der *„devolved administrations"* Nordirland, Schottland und Wales an den Tag legen muss.

Drittens war das Brexit-Ergebnis ein Weckruf für die Europäische Union und ihre Mitgliedstaaten. Der befürchtete Domino-Effekt blieb zwar aus – in vielen Mitgliedstaaten der Union wurde in Umfragen sogar eine gestiegene Zustimmung zur Union registriert. Dies ändert aber wenig an der Unzufriedenheit der europäischen Bürgerinnen und Bürger mit der EU und ihrer mangelnden Problemlösungskapazität in vielen Bereichen.

Die Erklärungen der 27 haben seither gezeigt, dass erkannt wurde, dass die Akzeptanz der Europäischen Union nur durch konkrete, für die Bevölkerung Europas spürbare Erfolge bei der Lösung der dringenden Probleme verbessert werden kann. An ihrer Spitze steht die Bewältigung der Flüchtlings- und Migrationsströme. Dazu gehören auch die Fragen eines nachhaltigen Wirtschaftswachstums, einer Sicherung der Sozialsysteme und einer Reduktion der Arbeitslosigkeit, insbesondere der Jugendarbeitslosigkeit. Die EU muss aber auch ihre Attraktivität für eine künftige Erweiterung wie z. B. um die Staaten des Westbalkans erhalten, die durch den Austritt Großbritanniens einen wesentlichen Fürsprecher verlieren werden.

Die Austrittsverhandlungen mit Großbritannien werden auch für die Europäische Union eine große Herausforderung darstellen: Die EU muss mit einer Stimme sprechen, was angesichts der ausgeprägten Interessenunterschiede ihrer Mitglieder kein Leichtes sein wird. Es steht außer Frage, dass die Europäische Union auch künftig ein tragfähiges, für beide Seiten nutzbringendes Verhältnis mit dem Vereinigten Königreich entwickeln muss. Dazu gehören neben den Handelsbeziehungen jedenfalls die Kooperation in der Sicherheitspolitik und Terrorismusbekämpfung sowie die polizeiliche Zusammenarbeit.

Dass der Saldo der bilateralen Beziehungen im Vergleich zur Mitgliedschaft Großbritanniens ein für das Vereinigte Königreich negativer sein wird, wird nicht einer Bestrafungsaktion der EU oder einer gewollten Abschreckung von künftigen Austrittskandidaten zuzuschreiben sein, sondern dem Wunsch des Vereinigten Königreichs, auf Vorteile der Integration zugunsten von mehr Selbstbestimmung zu verzichten.

Der entscheidende Punkt für die britische Seite wird dabei die Frage der Regelung des Binnenmarktzugangs für britische Waren und insbesondere Dienstleistungen sein. Für die EU, wie auch für österreichische Unternehmen, wird der britische Markt auch künftig von großem Interesse sein: Das Handelsvolumen zwischen Österreich und dem Vereinigten Königreich beläuft sich derzeit auf zehn Milliarden Euro – mit einem Handelsbilanzüberschuss von zwei Milliarden Euro für Österreich; die Investitionen der österreichischen Wirtschaft belaufen sich auf 6,5 Milliarden Euro; 250 österreichische Unternehmen beschäftigen 32.000 britische Arbeitskräfte. Allerdings hat der Binnenmarkt, in den circa 44 Prozent der britischen Exporte gehen, eine wesentlich größere Bedeutung für Großbritannien als der britische Markt für die Exporte aus der EU (rund acht Prozent der Exporte der EU 27).

Noch nicht entschieden ist auch die Frage der Ausgestaltung der Kontrolle der künftigen Einwanderung. Die Beschränkung der Migration war die Hauptforderung des Brexit-Lagers im Wahlkampf gewesen. Allerdings besteht in einigen Sektoren der britischen Gesellschaft und der Wirtschaft nach wie vor Bedarf an Zuwanderung. Eine Beschränkung würde dort große negative Auswirkungen haben. Für Österreich – wie für alle anderen EU-Staaten – muss die Sicherung des Status unserer im Vereinigten Königreich lebenden Bürgerinnen und Bürger oberste Priorität haben.

Gabriel Rath analysiert die Wurzeln der britischen Brexit-Entscheidung und ihre Konsequenzen weit über Großbritannien und die Europäische Union hinaus. Der Autor stellt den Brexit in einen globalen Zusammenhang, in dem er wichtige Fragen zur Befindlichkeit unserer globalisierten Geselischaft stellt.

Dass er diese Analysen mit vielen Vergleichen und Beobachtungen aus dem britischen Alltag untermalt, macht das Buch besonders lesenswert und weist ihn als Kenner der britischen Gesellschaft aus. Das Buch wird für jeden ein Gewinn sein, der über das Zeitungswissen hinausgehende Informationen zum Themenkreis Brexit sucht. Es verdient sich viele interessierte Leser!

Prolog: The past is a foreign country

„Where's Papa going with that axe?", fragt das Mädchen Fern seine Mutter zu Beginn des Buches „Charlotte's Web" von E. B. White am Frühstückstisch. Sofort bekommt es der Leser mit der Angst zu tun. Mit ähnlicher Spannung und Sorge beobachtete die Welt die Kampagne um die Zukunft Großbritanniens in der EU. Am Tag der Abstimmung, dem 23. Juni 2016, gingen Millionen zornige Bürger zur Wahl, nahmen ihre Axt und zerschlugen die Verbindung ihres Landes mit der Europäischen Union. Dabei ist mehr als die Mitgliedschaft in einer supranationalen Gemeinschaft kaputtgegangen.

Großbritannien, das war nicht nur für uns, die wir hier leben, immer ein Land, das uns einen Tick näher war. Wir sind aufgewachsen mit der englischen Sprache, Literatur und Lebensart. Dank der Musik war Englisch nicht nur essenziell, sondern auch cool. Unsere erste Auslandsreise ohne Eltern führte uns zu einem Sommersprachkurs nach Südengland. Dort haben wir nicht viel Englisch gelernt, aber viele andere wichtige Dinge, zum Beispiel was ein Pint ist, wie Cider schmeckt und dass man Fish 'n' Chips mit Vinegar isst.

Die Häuser waren alle klein wie aus einer Puppenstube und durchgehend mit dicken Plüschteppichen ausgelegt, sogar im Badezimmer. Dort gab es ein Waschbecken mit zwei Hähnen. Aus einem schoss siedend heißes Wasser, aus dem anderen eiskaltes. Aus der Dusche tropfte das Wasser hingegen nur in depressiver Lethargie. Dafür gab es viele Fernseher, sogar in der Küche.

Unsere Gastfamilie erschien uns sehr freundlich. Unser Englisch fanden sie von Anfang an „quite good", unsere Ideen „pretty interesting" und unsere schulischen Bemühungen „rather impressive". Derartig mit Selbstbewusstsein aufgepumpt, dauerte es Jahre, bis wir entdeckten, was der Engländer wirklich meint, wenn er eines dieser Adverbien verwendet, die das Oxford Dictionary bezeichnenderweise als „submodifier" bezeichnet.

Ebenso lernten wir zu verstehen, dass „How *are* you?" nur theoretisch eine Frage ist, und korrekterweise mit „How are *you?*"

beantwortet wird. Bei der Verabschiedung sagt man unter allen Umständen „See you later", auch wenn man die andere Person nie wieder sehen wird oder will.

Ausgerüstet mit so viel Kulturtechnik, wurden wir für ausreichend qualifiziert befunden, in die große Hauptstadt London entsandt zu werden. Nach einer unvergesslichen Busreise, die statt geplanter viereinhalb Stunden unerklärlicherweise sieben Stunden dauerte, durften wir endlich die berühmtesten Orte des Landes mit eigenen Augen sehen: Houses of Parliament, Big Ben, Buckingham Palace, Tower Bridge, Oxford Street.

Mitten durch die Stadt floss träge die Themse und ein Straßenmusikant sang den Kinks-Klassiker „Waterloo Sunset" mit den melancholischen Worten: „Dirty old river, must you keep rolling/Flowing into the night." Worauf wir viel zu viele Schallplatten und Noten kauften, um die Lieder auf Instrumenten nachzuspielen, die wir niemals lernten.

Es war einmal sehr leicht, sich in Großbritannien wohlzufühlen. Der Brite reagiert auf den Fremden zuerst einmal mit Verblüffung. „Are you sure?", ist die erste, leicht entsetzte Frage, wenn jemand die leichtfertige Absicht kundtut, sich im Land des schrecklichen Wetters, der überfüllten Züge und des gefürchteten Essens niederlassen zu wollen. Fast nichts davon ist wahr, aber nichts liebt der Brite mehr, als sich und sein Land halb kokett, halb ernst selbst herunterzumachen, worauf die einzig korrekte Antwort lautet, dass alles absolut „great", „wonderful" und „marvellous" sei, selbst wenn fast nichts davon wahr ist. Von den astronomischen Lebenshaltungskosten ganz zu schweigen.

Wer aber wirklich entschlossen war zu bleiben, wer für sich sorgen konnte und wer sonst nicht weiter auffiel, dem wurden keine großen Hindernisse in den Weg gelegt. Hilfe gab es wenig, aber Chancen. Die Fremdenfeindlichkeit und der Rassismus, unter dem die Einwanderer aus den früheren Kolonien nach dem Ende des „British Empire" in den 1950er-Jahren und danach so stark zu leiden hatten (eine Erfahrung, die heute ganze Bibliotheken füllt), schienen überwunden.

Die Briten haben auch eine stolze Geschichte der Einwanderung von den Hugenotten im 16. Jahrhundert bis zu den Kindertransporten in den späten 1930er-Jahren, dank derer junge Juden Zuflucht vor den Nazis und eine neue Heimat fanden.

Als Grundregel gilt dennoch: Die Briten sind nicht unbedingt besonders gastfreundlich. Eine Einladung in die privaten Wohnräume eines Arbeitskollegen zu bekommen, ist nicht viel einfacher, als zum Tee bei der Queen in den Buckingham Palace geladen zu werden. Aber waren wir in den letzten 20 Jahren nicht alle mehr und mehr Europäer geworden, Ausländer in einem anderen Land vielleicht, aber längst keine Fremden mehr?

Wir waren alle Europäer, verbunden durch die Mitgliedschaft in der Europäischen Union. Symbolisch sichtbar wurde das jedes Mal, wenn wir bei der Einreise dieselben Passkontrollstellen benutzen durften wie die Briten. Bedenkt man die Massen sonnenhungriger britischer Kurzurlauber, die dank Billigfluglinien zu jeder Jahreszeit über alle Destinationen südlich des Ärmelkanals herfallen, ist es nicht unbedingt ein Vorteil, in der eiskalten Ankunftshalle von Gatwick an einem Sonntagabend zwei Stunden zwischen kaum bekleideten und von Sonnenbrand geplagten Briten zu warten, die sich laut und heftig gegenseitig versichern, wie erleichtert sie sind, wieder heimischen Boden unter den Füßen zu haben.

Aber die vornehmste Aufgabe der Europäischen Union, so sind wir fest überzeugt, ist es, die Verständigung der Völker voranzutreiben. So begrüßten wir aus vollem Herzen, wie die Briten in den vergangenen 20 Jahren immer europäischer zu werden schienen. Auf einmal konnte man (fast) überall trinkbaren Kaffee bekommen. Elegante Bars entdeckten feine österreichische Weißweine. Französische Lebensart war nun nicht mehr verachtet, sondern *le dernier cri*. Wer wirklich etwas auf sich hielt, versuchte, im Einzugsbereich des *Lycée Français* im Londoner Stadtteil Kensington zu wohnen (eigentlich kann sich kein Normalsterblicher die Unterkünfte dort leisten, was niemanden davon abhielt, es umso entschlossener zu versuchen). Italien liebt sowieso jeder, aber auch holländischer Käse und deutsche

Wurst fanden ihren Weg in unvorbereitete britische Mägen. Wenn es eine Kulturleistung der New Labour-Periode zwischen 1997 und 2010 gibt, die Bestand haben wird, so ist es die palatale Europäisierung Großbritanniens. Es war ausnahmsweise auch eine Revolution, die weit über London hinausreichte.

Wenn bloß nicht auch die Menschen gekommen wären …

Im Gegensatz zu den anderen Staaten der Europäischen Union verzichtete Großbritannien bei der EU-Erweiterung 2004 ebenso wie Irland auf Übergangsfristen für den Zugang der neuen Mitglieder zum Arbeitsmarkt. Eine britische Krankenschwester im staatlichen Gesundheitswesen (NHS) verdiente im darauffolgenden Jahr monatlich 2.092 Pfund. Ihre ungarische Kollegin brachte es auf umgerechnet 472 Pfund. Heute arbeiten im britischen NHS 55.000 EU-Ausländer unter insgesamt 1,2 Millionen Beschäftigten. Landesweit kommen zehn Prozent der registrierten Ärzte (die größte Gruppe von ihnen sind Deutsche) und vier Prozent der Pflegekräfte aus den EU-Partnerstaaten. Ohne Ausländer wäre das an Budgetnöten, Ineffizienz und stark steigendem Bedarf leidende Gesundheitswesen längst völlig zusammengebrochen. 62 Prozent der Briten sind nach offiziellen NHS-Angaben übergewichtig, während zugleich die durchschnittliche Lebenserwartung mit 81,5 Jahren den höchsten Stand der Geschichte erreicht hat. Ohne indische Ärzte und philippinische Krankenschwestern wäre die Grundversorgung längst in ernster Gefahr.

Man muss nicht Professor an der London School of Economics (LSE) sein, um zu verstehen, dass mit Inkrafttreten der EU-Erweiterung allein die enormen Einkommensunterschiede eine gewaltige Anziehungskraft ausübten, selbst wenn man gewaltigen Kaufkraftdifferenzen berücksichtigt. Vielleicht ist es sogar besser, keiner zu sein. Denn die damalige Regierung stützte sich 2004 auf einen Bericht von LSE-Experten, die eine Nettozuwanderung von jährlich 5.000 bis 13.000 Menschen für die Periode 2004–2014 prognostizierten. Geworden sind es nach aktuellen Angaben bis heute rund 3,3 bis 3,5 Millionen.

Der Autor des damaligen Berichts, Christian Dustmann, verteidigt seine Studie dennoch bis heute: „Wir haben auf anderen Grundlagen gearbeitet." Der damalige innenpolitische Sprecher der Liberaldemokraten, Chris Huhne, sagte 2008 in einer Parlamentsdebatte zur Einwanderung: „Christoph Kolumbus dachte, er habe Indien entdeckt, während er sich in Wahrheit in Amerika befand. Im Vergleich mit unserem Innenministerium war er ein Meister der Präzisionsnavigation."

Warum Großbritannien damals die Politik wählte, die es wählte, lässt sich nicht mit einer Studie erklären. Die noble Begründung, die ein hochrangiger Vertreter des Außenministeriums unter dem Mantel der Anonymität wählt, lautet: „Wir Briten sind eben Puristen und daher wollten wir den Binnenmarkt sofort und ohne Einschränkungen auf die neuen Mitgliederstaaten bei ihrem Beitritt ausdehnen." Die etwas handfestere Erklärung ist das Streben nach Wettbewerbsvorteilen: Einerseits hoffte man, mit offenen Grenzen junge, gut ausgebildete Talente anziehen zu können. Andererseits hat die britische Wirtschaft einen anscheinend unstillbaren Bedarf an Billigarbeitskräften: „Großbritannien ist eine Insel spektakulär billiger, wenn auch nicht besonders effizienter Arbeiter geworden", konstatierte das Nachrichtenmagazin *The Economist* im März 2015: „Ein britischer Arbeitnehmer produziert ein Fünftel weniger als ein französischer, aber er oder sie kostet um mehr als ein Drittel weniger. Für Firmen ist das wunderbar."

Britische Arbeitnehmer hingegen fühlten sich durch die starke Zuwanderung zunehmend unter Druck gesetzt. Zu Unrecht, wie unzählige Statistiken und Studien zeigen: Das Land hatte wenige Tage vor dem Brexit-Votum mit 4,9 Prozent die niedrigste Arbeitslosenrate seit 1975 und mit 74,2 Prozent Beschäftigungsrate den höchsten Wert seit Beginn der Aufzeichnungen.

Tatsache ist auch, dass im Nachklang der Finanzkrise 2008/09 alle Einkommen stark litten, aber niemand so starke Einbußen hinnehmen musste wie die unterste Lohngruppe. Der Druck auf Löhne durch Zuwanderung wird oft als ein Grund für die Ablehnung von Fremden genannt, ist aber in Wahrheit äußerst geringfügig. Nach einer Untersuchung des Thinktanks Resolution Foundation waren messbare Einbußen nur innerhalb der Immigranten zu verzeichnen. Es war hingegen Wunschdenken britischer Arbeitnehmer, zu glauben, ihre Arbeitgeber würden ihnen mehr zahlen, wenn sie nicht auf eine Ersatzarmee billiger ausländischer Arbeiter Zugriff hätten. Zudem liefern die ausländischen Arbeitnehmer höhere Beiträge an Steuern und Sozialabgaben, als sie selbst an Leistungen in Anspruch nehmen, während es bei den Briten genau umgekehrt ist (mit 48 Prozent britischen Nettozahlern und 52 Prozent britischen Nettoempfängern wird ironischerweise genau das Referendumsergebnis widergespiegelt).

Dennoch begann die Kampagne der EU-Gegner („Vote Leave") in der Auseinandersetzung um Verbleib in oder Austritt aus der Europäischen Union erst an Zugkraft zu gewinnen, als sie das Thema Einwanderung und Ausländer in den Mittelpunkt stellten. Es ist richtig, dass eine derart komplexe und schwerwiegende Entscheidung wie der Austritt aus der EU nicht auf eine einzige Ursache reduziert werden kann. Dieses Buch wird darauf eingehen. Aber Tatsache bleibt, dass die Referendumskampagne und das Resultat ein Großbritannien ans Tageslicht gebracht haben, das wir zuvor vielleicht nicht gesehen haben, weil wir seine Existenz nicht wahrhaben wollten. Es ist nicht nur ein Klischee, dass die Welt in den Markthallen von Covent Garden in der Londoner Innenstadt anders ist als in dem berüchtigten Stadtteil Toxteth in Liverpool.

Die Brexit-Kampagne setzte nicht nur auf bewusste Unwahrheiten und Lügen, wie einige ihrer führenden Vertreter nach dem Referendum auch unumwunden zugaben, sondern schürte auch Fremdenhass und Rassismus. Dass es nach dem Referendum zu einem dramatischen Anstieg an Übergriffen, Beschimpfungen und Gewalttaten gegen Fremde kam, war das Aufgehen einer Saat, die ganz offensichtlich auf fruchtbaren Boden gefallen war. „We voted Leave, now it's time for you to leave", die feindselige Aufforderung, mit der EU-Gegner nach dem Referendum Ausländer auf offener Straße konfrontierten, war in der Logik mancher Befürworter der siegreichen Brexit-Kampagne die logische Schlussfolgerung.

So wird dieses Motiv in Großbritannien nach dem Brexit auch präsent bleiben. Auch wenn das Thema fremdenfeindlicher Übergriffe bald wieder aus den Schlagzeilen verschwand, verzeichneten die Behörden eine anhaltende Zunahme. Ende Juli 2016 wurde von der Polizei mit 1.787 registrierten Zwischenfällen ein Anstieg um 58 Prozent verzeichnet. Ende August wurde ein 40-jähriger polnischer Fabriksarbeiter auf einer Bank in einer Fußgängerzone in Harlow in Norden von London erschlagen. Angeblicher Grund: Er soll Polnisch gesprochen haben.

Es ist kein Zufall, dass die neue Regierung unter Premierministerin Theresa May sich weigert, die Rechte der bereits in Großbritannien lebenden EU-Bürger zu garantieren. Und das hat nicht nur, wie gesagt wird, damit zu tun, dass man eine gleichlautende Garantie für die offiziell 1,2 Millionen Briten (die Dunkelziffer beträgt zwei Millionen) möchte, die ihren Ruhestand im sonnigen Spanien oder im lauschigen Südfrankreich genießen.

Vielmehr geht das Land harten wirtschaftlichen Zeiten entgegen. Premierministerin May selbst warnte Anfang September 2016 vor „schwierigen Zeiten, die vor uns liegen". Erste Wirtschaftsdaten machen Hoffnung, doch Experten bleiben skeptisch, dass die befürchtete Rezession vermieden werden kann. Wenn es aber dazu kommen sollte, wird man etwas zur politischen Ablenkung brauchen. Die armen Brexit-Wähler, die durch den Brexit noch ärmer werden, werden Taten sehen wollen. Ausländer könnten als Exempel herhalten müssen dafür, dass der Slogan „Take back control" nicht auch nur eine weitere Lüge war. Wenn May sagt „Brexit means Brexit", dann ist es das, was Brexit bedeutet. Der Ungeist ist aus der Flasche.

Es ist unendlich viel schwerer geworden in diesen Tagen, sich in Großbritannien heimisch zu fühlen. Großbritannien wird nicht mehr sein, was es einmal war. Oder was wir wollten, dass es ist. In Pink Floyd's „The Dark Side of the Moon" heißt es:

You lock the door
And throw away the key
There's someone in my head but it's not me.

Das liberale, weltoffene, vibrierende Großbritannien ist überstimmt worden: „52 Prozent für den Brexit bedeuten nicht, dass wir 52 Prozent Rassisten und Ausländerhasser sind. Aber die Rassisten und Ausländerfeinde glauben nun, dass 52 Prozent mit ihnen übereinstimmen", sagt der Meinungsforscher Anthony Wells. Wohin die Reise geht, machte Premierministerin May zum Abschluss des Parteitags ihrer Konservativen Anfang Oktober unmissverständlich klar: „If you believe you are a citizen of the world, you're a citizen of nowhere." Einen Tag später erging eine Anordnung der Regierung an Universitäten, dass künftig die Mitarbeit von ausländischen Experten an Untersuchungen über den Brexit nicht mehr erwünscht sei.

Die beiden Teile des Landes existierten lange nebeneinander in ein und derselben Gesellschaft in glücklicher gegenseitiger Ignoranz, und insbesondere in der Metropole London schlich sich der Irrtum ein, sich selbst für das Land zu halten. Politiker, Medien, Meinungsbilder übertrugen ihr Bild der florierenden, multikulturellen und globalisierten Hauptstadt auf das ganze Land. Das wird nicht länger möglich sein. „Jahrzehntelang hat keiner auf uns gehört", beklagten sich viele EU-Gegner in der Kampagne. Dasselbe sagten schon viele Wähler bei der schottischen Volksabstimmung über die Unabhängigkeit 2014. Sie wurden ignoriert.

Jetzt haben sie einen Aufschrei getan, der nicht zu überhören ist und dessen Echo noch über viele Jahre nachhallen wird. Der Politologe Richard Ford reagierte auf das Referendumsergebnis mit den Worten: „Sind Sie bestürzt über qualvollen gesellschaftlichen Wandel, der Ihnen von Menschen aufgezwungen wurde, deren Werte Sie weder teilen noch verstehen? Jetzt wissen Sie, wie sich Ukip-Wähler all die Jahre gefühlt haben."

Der Brexit ist die größte politische Veränderung in Europa seit dem Fall des Eisernen Vorhangs 1989. Damals ging eine Trennwand nieder, heute wird eine neue errichtet. Dieses Buch versucht zu verstehen, was in Großbritannien geschehen ist und was die Folgen des Votums sein werden. Es kann nicht eine singuläre Erklärung anbieten, sondern wird ein Bündel aus Motiven und Ursachen darstellen, die letztlich alle zu der Entscheidung beigetragen haben. Es ist ein weites Feld, das von der Globalisierung und ihren Kosten über ein tief greifendes Versagen der Eliten bis zu einem gezielten Einsatz der Lüge in der politischen Auseinandersetzung (Post-truth Politics) reicht. Eine der langfristigen Folgen könnte der Zerfall des Vereinigten Königreichs und die Abspaltung Schottlands sein.

Wirtschaftlich drohen harte Zeiten, und das Referendumsergebnis erscheint als Triumph der Unvernunft. Dennoch ist nicht zu übersehen, dass dieselben Kräfte, die den Brexit durchgesetzt haben, auch in vielen anderen Ländern zu finden sind, von den USA bis Frankreich, von Schweden bis Österreich. Großbritannien hat keine Krise wie Griechenland hinter sich (aber vielleicht vor sich). Der Philosoph Slavoj Žižek schreibt: „Die Menschen rebellieren nicht, wenn die Dinge wirklich schlecht sind, sondern wenn ihre Erwartungen enttäuscht werden." Revolutionen ereignen sich nicht, wenn die Menschen nichts mehr zu verlieren haben, sondern wenn sie etwas zu verlieren haben. Der Brexit ist eine solche Revolution.

Um sie einordnen und besser verstehen zu können, wird dieses Buch zunächst die Vorgeschichte darstellen. Großbritannien trat 1973 der damaligen Europäischen Wirtschaftsgemeinschaft nicht mit flammender Begeisterung bei, und wenn das Land auch eine bedeutende Rolle bei Richtungsentscheidungen wie Binnenmarkt oder Osterweiterung spielte, blieb es stets mehr ein Zweckbündnis als eine leidenschaftliche Beziehung. Teile der britischen Gesellschaft akzeptierten Europa nie. In der Verknüpfung mit der Einwanderung fanden sie den Hebel, das Land aus der Gemeinschaft zu heben. Dabei wurde sichtbar, was in Großbritannien in den letzten Jahrzehnten aus den Fugen geraten ist. Viele Elemente sind auch anderswo zu finden, und deshalb ist der Brexit ein derart gewichtiges und einschneidendes politisches Ereignis. Wenn Europa daraus keine Schlüsse zieht, können dieselben Kräfte, die zum Brexit geführt haben, auch Europa zerstören.

Dieses Buch ist das Ergebnis einer langjährigen Tätigkeit als Korrespondent in Großbritannien. Es zu schreiben, wäre nicht möglich gewesen ohne anhaltende Unterstützung, Gespräche und

Zusammenarbeit. Für Sammelbegriffe wurde aus Gründen der Lesbarkeit die männliche Endung gewählt, sie schließt Männer und Frauen ein. Für alle Fehler ist selbstverständlich allein der Autor verantwortlich.

Mein besonderer Dank gilt (in alphabetischer Reihenfolge) Tim Bale, Phillip Blond, Chris Booth, Stephen Booth, Wolfgang Böhm, Andrew Cooper, John Curtice, Martin Eichtinger, Anna Gabriel, Georg Karabaczek, Michael Kenny, Konrad Kramar, Friederike Leibl-Bürger, Denis MacShane, James Mitchell, Chris Mullin, Bettina Prendergast, Angus Robertson, Robert Rotifer, Sabine Staffelmayr, Simon Tilford, Christian Ultsch, Anthony Wells und Richard Whitman. Bernhard und Konstanze Borovansky haben das Buch vom ersten Entwurf bis zur endgültigen Druckfassung kenntnisreich, geduldig und liebevoll betreut. Anita Luttenberger, Mario Wurmitzer und Martin Zechner haben es veröffentlichungsfähig gemacht. Den größten Anteil an Zustandekommen und Fertigstellung aber hat *do*. Ihr gilt all mein Dank. Nicht nur für dieses Buch.

Großbritannien und Europa 1945–1975:
If you can't beat them, join them

Der Zweite Weltkrieg ließ die Siegermacht Großbritannien erschöpft und verarmt zurück. Zudem kehrten ungelöste Fragen in den Vordergrund zurück: Das British Empire knarrte und krachte an allen Enden, und 1947 wurde mit der Unabhängigkeit des indischen Subkontinents ein großer Schritt zur Auflösung des Weltreichs getan. Innenpolitisch setzte die Labour Party nach ihrem überraschenden Wahlsieg 1945 als Lektion aus der Massenverarmung in der Zwischenkriegszeit den Wohlfahrtsstaat durch, der dem Land unter anderem das staatliche Gesundheitswesen NHS (National Health Service), eine universale Sozialversicherung und den massiven Ausbau des öffentlichen Wohnbaus brachte.

Auf dem europäischen Kontinent blieb Großbritannien als Besatzungsmacht präsent und gehörte 1948/49 zu den Gründungsstaaten der NATO. Mit Paris sah sich London als führende Militärmacht Westeuropas, während man zugleich weiter auf die „special relationship" mit den USA setzte. Der beginnende „Kalte Krieg", den Kriegspremier Winston Churchill früher als andere kommen sah, war für die Briten eine gemeinsame Sicherheitsherausforderung: „Von Stettin an der Ostsee bis nach Triest an der Adria hat sich ein eiserner Vorhang über den Kontinent gesenkt", sagte Churchill in einer berühmt gewordenen Rede am 5. März 1946 in Fulton, Missouri.

Dagegen blieb man ersten Initiativen zur wirtschaftlichen Zusammenarbeit auf dem Kontinent, die auch der Überwindung jahrhundertealter Konflikte und dauerhafter Aussöhnung dienen sollten, demonstrativ fern. Als die Labour-Regierung unter Premierminister Clement Attlee die beiden Optionen Londons – eine Allianz mit Europa oder eine mit den USA – erwog, sagte ein Minister: „Anti-europäische Gefühle sind Allgemeingut im britischen Denken. Jeder hat Verwandte in den USA oder Kanada. Hingegen haben die meisten von uns niemanden in Europa außer die Toten aus zwei Kriegen."

Nicht nur wollte London sich von dem Projekt der europäischen Einigung fernhalten, es wollte es von Anfang an gezielt hintertreiben, meint der Historiker James Ellison von der Queen Mary University of London: „Der Ausgangspunkt ist, dass die britische Regierung keinen Erfolg der Europäischen Wirtschaftsgemeinschaft (EWG) wollte." Der damalige Außenminister Harold Macmillan sprach es im Juni 1955 klar aus: „Wir waren immer geneigt, in lockerer Form zu sagen, dass wir nichts dagegen haben, wenn andere europäische Mächte sich zu einem Bund vereinigen, wenn sie das wollen. Aber wenn sie das wirklich tun und wirklich stark werden, würde das ziemlich peinlich für uns sein. Europa würde in die Hand der Deutschen gegeben werden. Um das zu verhindern, haben wir zwei Kriege geführt."

So beteiligte sich London in den 1950er-Jahren an keinen europäischen Initiativen, und zur Konferenz in Messina im Juni 1955, die den Grundstein für die Europäische Wirtschaftsgemeinschaft (EWG) legte, schickte man nach heftigem internen Streit einen „Beobachter" ohne Pouvoir und Mission. Ellison: „Nicht nur, dass London den Prozess missverstand, es wurden auch noch taktische Fehler gemacht, die Misstrauen schufen." Jean Monnet, der Gründervater des vereinten Europas, meinte damals: „Großbritannien zahlt den Preis des Siegers – die Illusion, dass man behalten kann, was man hat, ohne sich ändern zu müssen."

Der britische Beobachter in Messina kehrte jedoch durchaus guter Dinge aus Sizilien zurück. „Ich bin zufrieden, denn selbst wenn sie sich weiterhin treffen, werden sie sich nicht einigen. Wenn sie sich aber einigen, wird nichts geschehen. Und selbst wenn etwas geschieht, wird es ein Unheil sein", schrieb er in seinem Bericht an die Regierung.

In Wahrheit funktionierte die Zusammenarbeit der sechs Gründungsmitglieder (Belgien, Deutschland, Frankreich, Italien, Niederlande und Luxemburg) nicht nur besser als erwartet. Sie führte auch zu eindrucksvollen Resultaten: Wenn man das Bruttoinlandsprodukt (BIP) pro Kopf in Großbritannien 1950 mit 100 ansetzt, lagen

Deutschland und Frankreich im selben Jahr jeweils bei 93. Zehn Jahre später, 1960, hatte Frankreich Großbritannien mit 103 bereits überholt, während Deutschland mit 121 beiden weit enteilt war. Egal, welche Statistik man zu Rate zieht: Ab Mitte der 1950er-Jahre fiel Großbritannien gegenüber den europäischen Konkurrenten rasch und immer weiter zurück.

Nicht bereit, sich „mit den Unvereinbarkeiten der eigenen Nach-kriegsentwicklung auseinanderzusetzen" (Ellison), startete London gezielte Störmanöver. 1956 stellte Großbritannien die Europäische Freihandelszone (EFTA) vor, die bewusst als Gegenentwurf zur ge-planten EWG konzipiert war: Der britische Entwurf war von we-sentlich geringerer Reichweite, sah keine Föderalisierung und keine Organe der Gemeinschaft vor. Anders als in der EWG (mit ihren Institutionen wie Kommission, Rat und Parlament) sollte die Zusam-menarbeit in der EFTA nur auf Regierungsebene erfolgen.

Der Versuch, die sechs damit zu spalten oder von ihrem Kurs ab-zubringen, scheiterte freilich. Der Erfolg der europäischen Konkur-renten sorgte in Großbritannien für Bestürzung. Zugleich litt die britische Wirtschaft unter hohen Zöllen für ihre Güter. Die Lon-doner Regierung musste einen Kompromiss finden. Im Jahr 1957 wurden Verhandlungen über ein Freihandelsabkommen mit der EWG aufgenommen, die aber nur ein Jahr später an einem fran-zösischen Veto scheiterten. Harold Macmillan, mittlerweile zum Premierminister aufgestiegen, sprach bestürzt von einer „tragischen Entscheidung".

Jahre später, 1980, als Großbritannien längst ein mehr oder wenig glückliches Mitglied der europäischen Familie war, brachte die briti-sche Polit-Komödie „Yes, Minister" die Haltung des Landes in einem Gespräch zwischen dem hohen Beamten Sir Humphrey Appleby und Minister Jim Hacker präzise auf den Punkt:

Hacker: Does the Foreign Office realise what damage this will do to the idea of European integration?
Sir Humphrey: I am sure they do. That's why they support it.

Hacker: Sure the Foreign Office is pro-Europe, isn't it?
Sir Humphrey: Yes and no. If you forgive the expression. The Foreign Office is pro-Europe because it is really anti-Europe. The civil service was united in its desire to make sure that the Common Market didn't work. That's why we went into it.
Hacker: Ahem.
Sir Humphrey: Minister, Britain has had the same foreign policy objective for at least the last five hundred years: to create a disunited Europe. In that cause we have fought with the Dutch against the Spanish, with the Germans against the French, with the French and Italians against the Germans, and with the French against the Germans and Italians. Divide and rule, you see. Why should we change now, when it's worked so well?
Hacker: That's all ancient history, surely?
Sir Humphrey: Yes, and current policy. We ,had' to break the whole thing [the EEC] up, so we had to get inside. We tried to break it up from the outside, but that wouldn't work. Now that we're inside we can make a complete pig's breakfast of the whole thing: set the Germans against the French, the French against the Italians, the Italians against the Dutch ... The Foreign Office is terribly pleased; it's just like old times.
Hacker: But surely we're all committed to the European ideal?
Sir Humphrey: Really, Minister.
Hacker: If not, why are we pushing for an increase in the membership?
Sir Humphrey: Well, for the same reason. It's just like the United Nations, in fact; the more members it has, the more arguments it can stir up, the more futile and impotent it becomes.
Hacker: What appalling cynicism.
Sir Humphrey: Yes ... We call it diplomacy, Minister.

Ende der 1950er-Jahre gab es keinen Zweifel mehr, dass die wirtschaftliche Zukunft Großbritanniens in Europa lag. Das Kolonialreich war zerbrochen und mit ihm das Netzwerk einseitig vorteilhafter Handelsbeziehungen. Der Dollar hatte das Pfund als Reservewährung der Welt abgelöst. Die britische Wirtschaftspolitik machte zwischen Regierungen der Konservativen und von Labour gewaltige Pendelschläge zwischen rechts und links, die das Land von einem stabilen Umfeld wie etwa in Deutschland nur träumen ließen. Während viele Länder auf dem Kontinent mit Konzepten wie der Sozialpartnerschaft zumindest eine Überbrückung der schwersten Konflikte zwischen Arbeitgeber und Arbeitnehmer erreichten, standen sich die Lager in Großbritannien so antagonistisch gegenüber wie in einem orthodox-marxistischen Lehrbuch über den Klassenkampf.

Es war der konservative Premier Macmillan, der nach heftigen politischen Auseinandersetzungen 1961 einen formellen Antrag Großbritanniens auf Beitritt zur EWG stellte. Die Frage „spaltete sowohl die Konservativen als auch Labour und die meisten Elitegruppen", schreibt der Historiker Piers Ludlow von der London School of Economics, „während die vergleichsweise Indifferenz oder Skepsis der überwiegenden Bevölkerungsmehrheit in scharfem Widerspruch zu den heftigen Debatten an den Parteiflügeln stand". Erst Premier David Cameron schaffte es 55 Jahre später, aus diesem Nebenthema eine Schicksalsfrage zu machen.

Für die Briten war die Entscheidung, einen Beitrittsantrag zu stellen, eine rein ökonomische. Von den drei Lettern EWG interessierte sie allein das W für Wirtschaft. Europa war weit weg: „Nebel über dem Ärmelkanal, Kontinent abgeschnitten", lautete schon in den 1930er-Jahren eine legendäre Zeitungsschlagzeile. Und an Gemeinschaft hatten sie sowieso kein Interesse. Erstens war man eine (ehemalige) Weltmacht, zweites konnte man „mit all dem Tamtam über Aussöhnung, nie wieder Krieg und Freundschaft statt Feindschaft absolut nichts anfangen", wie Anthony Wells sagt. Schließlich war man, drittens, trotz alledem eine der Siegernationen des Zweiten Weltkriegs – und jetzt noch dazu eine der wenigen Nuklearmächte der Welt.

Was die Briten nicht bedacht zu haben schienen, war, dass man beim Beitritt zu einem Klub dessen Regeln akzeptieren muss. Nachdem man zehn Jahre bewusst davon Abstand genommen hatte, die

Entwicklung der Gemeinschaft konstruktiv mitzugestalten, war man nun peinlich berührt von dem Erfordernis, die geltenden Spielregeln zu akzeptieren. „Das war nicht, was die Briten erwartet hatten", schreibt Ludlow. „Sobald die Verhandlungen begannen, wurde praktisch sofort klar, dass es sich hier nicht um Gespräche unter Gleichen handelte, wo beide Seiten nehmen und geben konnten, sondern um einen Prozess, bei dem die Briten nachweisen mussten, wie sie sich den Bestimmungen der Gemeinschaft anpassen würden."

Diese Erfahrung blieb bis in die Gegenwart präsent. Von Anfang an kam Großbritannien als Außenseiter nach Europa, der nach der ersten Begegnung erstaunt war, dass er nicht die Bedingungen diktieren konnte. Die Verhandlungskunst britischer Diplomaten ließen dennoch eine Einigung greifbar erscheinen, bis Frankreichs Präsident General Charles de Gaulle am 14. Jänner 1963 in einer Pressekonferenz eine Bombe platzen ließ, als er ein Veto gegen den britischen Beitritt einlegte. Das Land sei „insular, maritim, durch seinen Handel und seine Märkte den verschiedenartigsten und häufig weit auseinanderliegenden Ländern verbunden." Zudem habe es „in all seinem Tun sehr eigenwillige Gewohnheiten und Traditionen." Sein Beitritt würde für alle Seiten „ein Problem von großer Dimension" darstellen.

Der damalige britische Verhandlungsführer war der spätere Premierminister Edward Heath (1970–1974). Sein Chef, Premierminister Macmillan, reagierte auf das Veto de Gaulles wütend mit den Worten: „Er ist verrückt, total verrückt." Heath hingegen hielt eine Grundsatzrede, in der er erklärte: „Wir sind ein Teil Europas durch Geografie, Tradition, Geschichte, Kultur und Zivilisation. Wir werden unsere Arbeit mit unseren Freunden in Europa fortsetzen für die wahre Einheit und Stärke dieses Kontinents." Heath hat vielleicht mehr als jeder andere britische Politiker dafür getan, dass sein Land 1973 schließlich der Europäischen Gemeinschaft beitrat.

Doch noch war es nicht so weit. In Großbritannien waren die Konservativen die treibende Kraft für den Beitritt, während Labour die EWG vehement ablehnte. Einerseits wurde sie als ein kapitalistisches

Kartell gegen die Arbeitnehmerschaft gesehen, andererseits wurde sie abgelehnt wegen der Übertragung von Souveränität an die gemeinsamen Institutionen, ein Prozess, den der damalige Labour-Chef Hugh Gaitskell 1962 als „Ende einer tausendjährigen Geschichte" beklagte. Erst nach dem Wechsel zu Harold Wilson, der 1964 nach dem Sieg bei der Unterhauswahl Premierminister wurde, änderte zumindest die Parteiführung ihren Kurs. Der linke Flügel hingegen blieb bei seiner Ablehnung der EWG.

Die (teilweise spiegelverkehrten) Ähnlichkeiten und Kontinuitäten bis in die Gegenwart sind verblüffend. Die Labour Party wird heute mit Jeremy Corbyn von einem Mann geführt, der sein gesamtes politisches Leben gegen die EU gestimmt hat und dessen Engagement in der Referendumskampagne für den Verbleib so halbherzig und zweideutig blieb, dass Parteikollegen von „Sabotage" sprachen. Unter den Konservativen diktiert seit fast 30 Jahren ein radikaler Flügel von EU-Gegnern die Parteipolitik – und hat nun mit dem Brexit triumphiert.

Obwohl die EWG-Verhandlungen unter der Regierung Wilson weitergingen, legte de Gaulle am 27. November 1967 ein zweites Veto gegen einen britischen Beitritt ein. Großbritannien habe eine „tief sitzende Feindseligkeit" gegen die europäische Integration und einen „Mangel an Interesse" an einem gemeinsamen Markt, begründete er seinen Schritt. Hier zumindest sollte sich der greise General irren: Der Binnenmarkt ist, was selbst EU-Gegner in der Referendumskampagne für Großbritannien retten wollten.

Premier Wilson antwortete auf die Provokation de Gaulles mit der Vorlage eines 16-Punkte-Papiers, das die Vorwürfe aus Paris detailliert zurückwies. Die anderen europäischen Partner waren ebenso unglücklich mit dem Starrsinn des alten Generals. Nach seinem Rücktritt im April 1969 und der Wahl von Heath zum britischen Premierminister im Juni 1970 rückte der britische Beitritt rasch in greifbare Nähe. Zu Beginn des Jahres 1973 trat Großbritannien – gemeinsam mit Irland und Dänemark – zwölf Jahre nach Einbringen seines ersten Beitrittsantrags der Europäischen Wirtschaftsgemeinschaft bei.

Die Probleme sollten damit aber erst beginnen.

Die Mitgliedschaft „in Europa" war nämlich alles andere als unumstritten. Obwohl die Mehrheit der Labour Party für den Beitritt gewesen war, als Premierminister Wilson im Mai 1967 den zweiten britischen Mitgliedsantrag stellte, lösten die Ablehnung durch de Gaulle im November 1967 und die Niederlage von Labour in der Unterhauswahl 1970 eine starke Tendenz in der Partei gegen Europa aus. Die Frage bot nicht nur eine ideale Gelegenheit, eine der zentralen politischen Positionen der Konservativen anzugreifen, sondern sie „spielte direkt in die weitreichenden ideologischen Spannungen innerhalb der Labour Party", wie Matthias Haeussler von der University of Cambridge schreibt.

Um eine drohende Spaltung zwischen der Europa-freundlichen Parteirechten und der europafeindlichen Parteilinken zu verhindern, sprach sich Wilson im Oktober 1971 gegen den von Heath ausverhandelten Beitrittsvertrag aus, versprach „Neuverhandlungen" und danach eine endgültige Entscheidung durch die britischen Wähler in einer Volksabstimmung.

Gut 40 Jahre später sollte sich die Geschichte wiederholen, allerdings umgekehrt als von Karl Marx beschrieben: Erst als Farce, dann als Tragödie. Die konservative Wochenzeitung *Spectator* schrieb 1971 über den Kurswechsel des Labour-Führers: „Die Erbärmlichkeit von Harold Wilsons Darbietung muss nicht weiter unterstrichen werden. Das wird von jedem ehrlichen Menschen erkannt. Das Eigenartige ist, dass Mr. Wilson diese Zwangslage mühelos vermeiden hätte können. Er hätte sein Ziel mit einer wesentlich weniger offensichtlichen Darbietung an Heuchelei erreichen können." Offensichtlich war, dass der Oppositionsführer innerparteiliche Konflikte nicht zu lösen imstande war und stattdessen zu einer nationalen Krise eskalieren ließ. Gut 40 Jahre später ...

Mit seinem Manöver erreichte Wilson wenigstens, den linken Parteiflügel zumindest bis zur Unterhauswahl 1974 (mehr oder weniger) ruhigzustellen, ohne sich gleichzeitig zu dem von der Linken geforderten Rückzug aus der EWG verpflichten zu müssen. Zermürbt vom Dauerkonflikt mit den Gewerkschaften, brach der konservative Premier Heath im März 1974 Neuwahlen vom Zaun mit der Frage: „Wer regiert dieses Land?" Sein Kalkül scheiterte, statt einer Stärkung erteilten ihm die Wähler eine Abfuhr. Völlig überraschend wurde Labour mit vier Mandaten Vorsprung die stärkste Partei und bildete eine Minderheitsregierung.

Damit war der Zahltag gekommen. Freilich schien niemand zu wissen, was man eigentlich mit Brüssel neu verhandeln wollte. Obwohl die Regierung Wilson zunächst versuchte, über die Sache Gras wachsen zu lassen, führte an der Einlösung des Wahlkampfversprechens kein Weg vorbei. Es war die Zeit, als das sogenannte „manifesto", das Wahlkampfprogramm einer Partei, noch als wörtliche Festlegung für ihr Handeln als Regierung ernst genommen wurde, als ein Vertrag mit den Wählern. So begann die Regierung nach einer monatelangen Schrecksekunde mit Neuverhandlungen ohne eine vorgefasste Position und ohne eine klare Sprachregelung. Es ging allein um den Schein. Wilson wollte die Mitgliedschaft, zugleich wollte er sich aber angesichts der innerparteilichen Opposition nicht festlegen.

Wie Cameron 40 Jahre später konnte Wilson lange Zeit weder den Briten noch den europäischen Partnern klarmachen, was er eigentlich neu verhandeln wollte. Aus einer deutschen Notiz nach bilateralen Gesprächen im November 1974 stammt der Satz: „Wilson scheint nicht stark involviert zu sein und ist über Details uninformiert." Als sein Außenminister (und späterer Nachfolger) James Callaghan zum selben Zeitpunkt erklärte: „Wie die Volksabstimmung ausgehen wird, hängt weniger von dem Ergebnis der Verhandlungen als von der Atmosphäre und der Situation im Land ab", platzte dem damaligen deutschen Bundeskanzler Helmut Schmidt der Kragen. Er empfahl den Briten öffentlich, Hilfe für ihre „psychologischen Bedürfnisse" zu suchen.

Angesichts seiner Vorgangsweise fand Wilson bei den europäischen Partnern weder Gehör noch Sympathie: „Britisches Zögern verbunden mit der offensichtlichen Geringfügigkeit der tatsächlichen

Substanz der Neuverhandlungen", rief nach den Worten Haeusslers bei Deutschland und Frankreich tiefe Zweifel an der Ernsthaftigkeit der Haltung Londons hervor. Das Ergebnis der Verhandlungen blieb letztlich unbedeutend, der Prozess erschütterte aber gleich zu Beginn der britischen Mitgliedschaft nachhaltig das Vertrauen in den neuen Partner. Das böse Wort vom „perfiden Albion" war nie ganz aus dem kontinentalen Unterbewusstsein verschwunden. Nun sahen sich viele in ihren Befürchtungen bestätigt. „Wie Cameron war Wilson nur ein zögerlicher Europäer, dessen Unterstützung der britischen Mitgliedschaft mehr eine Sache des Verstands als eine des Herzens war", schreibt der Historiker Richard Saunders von der Queen Mary University of London. „Sein Zugang zu Europa war in erster Linie einer des Parteimanagements."

Wie Cameron hatte Wilson dann im Referendum 1975 vor allem mit seiner eigenen Partei zu kämpfen. Der linke Flügel der Labour Party setzte sich lautstark für ein Nein zur Europäischen Gemeinschaft ein. Hier erlebte der heutige Parteichef Corbyn seine politische Sozialisierung. Der Kampf gegen Kapitalismus, Freihandel, USA, Wettrüsten, Ausbeutung der Dritten Welt usw. war damals das Credo der Linken. Die militanten Gewerkschaften und die pazifistische „Campaign for Nuclear Disarmament" waren die bestimmenden Kräfte in den 1960er- und 1970er-Jahren. Als sich die Lager für das Europa-Referendum formierten, stellte sich rasch heraus, dass die Mehrheit der Labour-Abgeordneten gegen Europa war (womit der Keim für die spätere Abspaltung der Social Democratic Party im Jahr 1981 gelegt war).

Dagegen waren die Konservativen die treibende pro-europäische Kraft Großbritanniens. Nicht nur Wirtschaftsinteressen waren dafür bestimmend, in flammenden Reden in einem Wollpullover, der mit allen Fahnen der europäischen Partner geschmückt war, beschwor Oppositionsführerin Thatcher auch den Geist Churchills und warb für weiteres britisches Engagement in Europa. Nicht nur militärisch, sondern auch wirtschaftlich und für die Aussöhnung des Kontinents sollte Großbritannien eine aktive Rolle spielen:

„Nicht nur sind wir ein untrennbarer Teil Europas", sagte sie im April 1975 in einer Rede, „sondern es wird auch niemandem jemals gelingen, uns ‚aus Europa' zu führen, denn Europa ist, wo wir sind und immer waren." Die Scottish National Party (SNP), heute neben den Liberaldemokraten die pro-europäischste Partei im Lande, warb damals mehrheitlich für ein Nein. Auch die walisische Nationalpartei Plaid Cymru war gegen die Mitgliedschaft in der EWG. Frauen waren generell skeptischer gegenüber Europa als Männer. Ebenso überwogen unter jungen Wählern die Sorgen, während ältere Wähler der Europa-Mitgliedschaft positiver gegenüberstanden. Am stärksten war die Unterstützung im Süden Englands. Anhänger des Vereinigten Königreichs zeigten sich angesichts dieser Spaltung besorgt um den Fortbestand der Union für den Fall, dass England für Europa stimmen würde, Schottland und Wales aber dagegen.

Anders als im Referendum 2016 waren in der Auseinandersetzung 1975 die Massenblätter auf der Seite der Europa-Befürworter. Die *Sun,* schon damals das auflagenstärkste und einflussreichste Boulevardblatt, nannte die Volksabstimmung ein „verfassungsrechtliches Ungeheuer." Am 13. Juni 2016 erschien dieselbe Zeitung mit der Schlagzeile „BeLEAVE in Britain" und dem Aufruf: „Wir müssen uns von der Diktatur aus Brüssel befreien."

Neben der *Sun* hatte das Europa-Lager 1975 auch praktisch alle anderen Zeitungen auf seiner Seite. Die Wirtschaft sprach sich fast geschlossen für die Mitgliedschaft aus, die größte Supermarktkette des Landes, Tesco, verteilte an ihre Kunden Einkaufstaschen mit dem Aufdruck „Yes to Europe". In Kirchen wurde für den Verbleib gebetet und in Nordirland verteilten paramilitärische Untergrundtruppen Pamphlete mit ernsten Erwägungen über den ökonomischen Nutzen der europäischen Integration. Das Ja-Lager war finanziell derart überlegen, dass nach der Volksabstimmung mehr in seinen Kassen übrig blieb, als die Nein-Seite insgesamt ausgegeben hatte.

Die Kampagne 1975 hatte drei zentrale Themen: Großbritanniens Platz in der Welt, die Bedrohung durch den Kalten Krieg und die nationale Krisenstimmung. Der Zweite Weltkrieg und das danach zusammengebaute Weltbild des heroischen Großbritanniens, das gleichsam im Alleingang (mit ein wenig amerikanischer Hilfe) Nazi-Deutschland nicht nur standgehalten, sondern letztlich sogar besiegt hatte, waren noch allgegenwärtig. Präsent war auch die Erinnerung an das „Empire". Für viele erschien Europa wie eine Möglichkeit für ein neues britisches Weltsystem: „Nach Jahren des Niedergangs und Versagens bietet der Gemeinsame Markt eine unwiederholbare Gelegenheit für eine Nation, die ein Weltreich verloren hat, einen Kontinent zu gewinnen", warb damals die *Sun* für ein Ja ihrer Leser zu Europa.

Ein wesentlich wichtigeres Motiv war für viele Pro-Europäer die Bedrohung durch die Sowjetunion. Neben der militärischen Gefahr durch das Wettrüsten fürchtete Großbritannien auch die Unterwanderung durch sowjetische Agenten. Seit den 1930er-Jahren hatte Moskau immer wieder spektakuläre Erfolge bei der Anwerbung von Sympathisanten als Spione wie die „Cambridge Five" verzeichnet. Der konservative Abgeordnete John Cordle sagte in der Kampagne: „Um Himmels willen, es geht um den Kommunismus."

Den sich manche Linke als Alternative zu den Missständen des real existierenden Kapitalismus immer noch vorstellen konnten. Großbritannien war in den 1970er-Jahren von einem tiefen Gefühl des nationalen Niedergangs geprägt. Das Land galt als der „kranke Mann Europas". Der Ölpreisschock 1973 führte zu einer Vervierfachung der Preise für das „schwarze Gold", die Londoner Börse erlitt den tiefsten Fall seit dem „Black Friday" 1929. Eine zweistellige Inflationsrate fraß die Sparguthaben weg. Im ganzen Land musste regelmäßig der Strom abgeschaltet werden, Betriebe hatten nur für Drei-Tage-Wochen Aufträge, die Gewerkschaften legten mit Streiks lahm, was es noch an Arbeit gab.

In der Jugendkultur begann die Punk-Bewegung. David Bowie begrub Ziggy Stardust und veröffentlichte 1974 das Album „Diamond Dogs" mit dem Song „Rebel, Rebel", in dem es heißt: „You want more and you want it fast."

Die Befürworter der britischen Europa-Mitgliedschaft bekamen, was sie wollten. In der Volksabstimmung am 5. Juni 1975 stimmten 17.378.581 Millionen Briten (67,23 Prozent) für den Verbleib in der Europäischen Wirtschaftsgemeinschaft. 32,77 Prozent bzw. 8.470.073 Millionen stimmten dagegen. Die Wahlbeteiligung betrug 64,62 Prozent. Alle vier Landesteile stimmten mehrheitlich mit Ja, nur in den Wahlkreisen Shetlands und Western Isles (Äußere Hebriden) waren mehr Nein-Stimmen abgegeben worden. Europa war ein erfolgreiches Zukunftsprojekt, bei dem man im Gegensatz zu 2016 dabei sein wollte. Wilson erklärte triumphierend: „14 Jahre nationaler Debatte sind hiermit beendet." Auch das sollte sich als verhängnisvoller Irrtum herausstellen.

Cameron und die Tories:
Banging on about Europe

Nach der dritten Niederlage in Folge bei der Parlamentswahl 2005 wählten die britischen Konservativen im Dezember desselben Jahres den damals 39-jährigen Abgeordneten David Cameron zu ihrem neuen Parteichef. Die traditionsreiche „Partei der Macht" war in den vorangegangenen Jahren von New Labour unter Tony Blair vollkommen in den Schatten gestellt worden. Nicht nur im politischen Alltag beherrschte Labour das Geschehen, auch in der Gesellschaft und der öffentlichen Meinung. „Cool Britannia", das war nicht nur ein geschickter Werbespruch, das brachte auch die Sehnsucht vieler Briten nach Geltung und Anerkennung zum Ausdruck. Dazu gehörte es auch, einen Premierminister wie Blair zu haben, um den einen die ganze Welt zu beneiden schien.

Die Konservativen schienen hingegen wie in einer Zeitschleife gefangen. Die Partei war ebenso führungs- wie richtungslos. Das Ausmaß der internen Streitigkeiten hatte sogar für die für ihre Intrigen und Undiszipliniertheit berüchtigte Partei ein ungeahntes Ausmaß erreicht. Seit dem letzten Wahlsieg der Partei 1992 waren 13 Jahre vergangen, mit Cameron machte sich nun bereits der vierte Tory-Chef daran, die Dominanz von Labour zu brechen.

Kulminationspunkt der internen Streitigkeiten der Tories war über die Jahre Europa geworden. Ausgerechnet jene Partei, die sich mehr als jede andere für die Teilnahme Großbritanniens an der EWG und dem Binnenmarkt eingesetzt hatte, hatte sich in den späten 1980er-Jahren immer vehementer von der Gemeinschaft, die sich ab 1993 Europäische Union nannte, abgewendet. In ihrer berühmt gewordenen Rede vor dem Collège d'Europe in Brügge am 20. September 1988 sagte Margaret Thatcher: „Wir haben nicht erfolgreich die Rolle des Staates in Großbritannien zurückgedrängt, um sie dann auf europäischer Ebene wieder eingeführt zu sehen in Form eines europäischen Superstaats, der eine neue Form der Herrschaft aus Brüssel ausübt."

Damals liefen die Vorbereitungen auf den Gemeinsamen Markt auf Hochtouren. Großbritannien war eine der treibenden Kräfte bei der Etablierung der vier Grundfreiheiten freier Warenverkehr, Personenfreizügigkeit, Dienstleistungsfreiheit und freier Kapital- und Zahlungsverkehr. Die Stärkung und Ausweitung der EU-Institutionen wurde hingegen abgelehnt. Thatcher in derselben Rede: „Die Gemeinschaft ist kein Mittel zum Zweck. (…) Bereitwillige und aktive Zusammenarbeit zwischen unabhängigen Staaten ist der beste Weg zur Schaffung einer erfolgreichen Europäischen Gemeinschaft."

Thatcher missfiel nicht nur die Institutionenbildung in Europa. Sie sah den Zerfall der kommunistischen Herrschaft in Osteuropa und die Auflösung der Sowjetunion als Zeichen einer Rückkehr des Nationalstaats. In britischer Großmachttradition gefiel sich Thatcher in der direkten Zusammenarbeit mit den US-Präsidenten Ronald Reagan und George Bush, dem deutschen Bundeskanzler Helmut Kohl und dem französischen Präsidenten François Mitterrand. Für die Europäische Kommission, die einst von britischen Vertretern wie Roy Jenkins oder Arthur Cockfield wesentlich mitgeprägt worden war, hatte sie zunehmend nur Ablehnung und Verachtung übrig. In heftigen Auseinandersetzungen setzte sie 1984 den Briten-Rabatt durch, nachdem sie verlangt hatte: „I want my money back."

Thatchers Rede in Brügge war ein Auftritt des damaligen Kommissionspräsidenten Jacques Delors auf dem Kongress des Dachverbands der britischen Gewerkschaften vorangegangen. In seiner Rede am 8. September 1988 sprach er vor den durch Thatcher entmachteten und entkräfteten Arbeitnehmervertretern ausführlich über die „soziale Dimension" des Gemeinsamen Marktes: „Jeder einzelne Bürger muss davon profitieren."

Die Rede wurde nicht nur enthusiastisch aufgenommen. Sie leitete auch einen radikalen Wechsel der Labour Party einen pro-europäischen Kurs ein. Thatcher sah in Delors' Auftritt eine Einmischung in innerstaatliche Angelegenheiten, die sie ihm nie verzieh und auf seine gesamte Institution übertrug. „Sie hasste Sozialismus. Und Delors war ein Sozialist", schreibt ihr damaliger Kampagnenleiter George Younger.

Aber es war nicht die Labour Party, um die sich Thatcher in erster Linie Sorgen machen musste. Es war ihre eigene Partei, denn hier kam es zu schweren Konflikten zwischen Europa-Gegnern und Pro-Europäern. Dahinter stand – anders als im Referendum 2016 – die wachsende Sorge, dass sich die Konservativen mit einer radikal anti-europäischen Haltung immer mehr von der Meinung des Volkes entfernten und damit zunehmend unwählbar würden. Führende Minister wollten Thatchers radikalen Anti-Europa-Kurs nicht mittragen und begannen ihre Abwahl zu organisieren, bis sie schließlich am 22. November 1990 ihren Rücktritt erklärte.

Eine der ersten Aussagen ihres Nachfolgers John Major war, dass er „Großbritannien wieder näher an das Herz Europas heranführen" wolle. Seine Absichten blieben Wunschdenken: In den sieben Jahren seiner Regierungszeit machten ihm die innerparteilichen Europa-Gegner das Leben zur Hölle. Seine Amtszeit war von wiederholten offenen Revolten gegen die Maastricht-Verträge über die europäische Währungsunion überschattet. Die Rebellen innerhalb der Tory Party kämpften sowohl gegen die Gemeinschaftwährung Euro als auch die Sozialcharta der EU. Dass Major in beiden Fällen 1992 ein britisches „Opt-out" ausverhandelte, hinderte seine Gegner nicht daran, beständig seine Autorität zu untergraben und an seinem Sturz zu arbeiten. In diesen Tagen wurden die Grundlagen für spätere Bewegungen wie die United Kingdom Independence Party gelegt.

Die Major-Jahre sollten sich aber auch auf persönlicher Ebene als prägend herausstellen. Die Hauptakteure des Dramas von 2016 machten damals ihre ersten politischen Erfahrungen: David Cameron wurde nach der Wahl 1992 in den Stab von Schatzkanzler Norman Lamont, eines entschiedenen EU-Skeptikers, aufgenommen. Ihm folgte wenig später im Research Department der Konservativen Partei ein junger Mann namens George Osborne. Beide gewannen bei der Wahl 1997 erstmals ein Unterhausmandat.

Major trat seinen Gegner angesichts wiederholter Demütigungen – 1993 musste der Vorsitzende des Parlaments erstmals seit mehr als 100 Jahren mit seiner Stimmabgabe die konservative Regierung vor dem Sturz durch ein Misstrauensvotum retten – schließlich entgegen. „Put up or shut up", „Tut es oder haltet die Schnauze", forderte er seine Widersacher in einer Vertrauensabstimmung 1995 heraus.

Sie taten weder das eine noch das andere: Entgegen allen Tatsachen setzten sie die Dolchstoßlegende vom Sturz ihrer Heroine Thatcher in die Welt, die sie als Gradmesser für alle Politik und Inspiration für eine immer größere Distanz zu Europa nahmen. Als am Morgen des 2. Mai 1997 der Erdrutschsieg von Tony Blair und der Labour Party feststand, war im ganzen Land wohl kaum jemand so erleichtert wie John Major.

Cameron trat als Erneuerer und Modernisierer seiner Partei an. Sein Vorbild war Blair, als dessen „Erbe" („heir to Blair") er sich damals bezeichnen ließ und den er und sein engster Mitstreiter, der spätere Schatzkanzler George Osborne, als den „Master" verehrten. Cameron hatte sieben Jahre als PR-Mann bei einem Fernsehsender gearbeitet. Er wusste also, wovon er sprach. Die Wahl um den Parteivorsitz im Dezember 2005 gewann er als weitgehend unbekannter Hinterbänkler dank virtuos inszenierter Reden gegen den favorisierten Mann des rechten Flügels, David Davis. Davis wurde im Juli 2016 späte Rache zuteil: Während sich Cameron nur wenige Wochen nach dem EU-Referendum vollkommen aus der Politik zurückzog, wurde Davis von den Hinterbänken des Parlaments als Minister für den Brexit in eines der wichtigsten Regierungsämter geholt.

Im Kampf um die Parteiführung 2005 positionierte sich Cameron von Anfang an als Europa-Skeptiker. In seiner ersten großen Rede vor dem Tory-Parteitag im Oktober des damaligen Jahres sprach er nur im Vorübergehen einmal kurz von einem „Europa, dem keiner vertraut", während er die Notwendigkeit zur Erneuerung der konservativen Partei immer wieder hervorhob. Bald war er aber gezwungen zu erkennen, dass er dem rechten Flügel mehr bieten musste, und versprach, als Parteichef die konservativen Europaabgeordneten aus der Fraktion der Europäischen Volkspartei (EPP) zu führen. Wie Philip Lynch und Richard Whitaker von der University of Leicester schrieben, war diese Ankündigung „entscheidend dafür, dass Cameron die Unterstützung der einflussreichsten Europa-Skeptiker gewann". Nach Angaben von Tim Bale von der Queen Mary University of London unterstützten damals 76 Prozent der Parteimitglieder diese Position.

Ein Muster war damit geschaffen, aus dem sich Cameron bis zum Ende seiner politischen Karriere nicht lösen konnte (oder wollte): Statt den lautstarken rechten Flügel seiner Partei in der Europa-Frage herauszufordern und in die Knie zu zwingen, machte er ein Zugeständnis nach dem anderen. Dass er im Gegensatz zu anderen Fragen hier nicht darauf setzte, seine Gegner in direkter Konfrontation zu besiegen, lässt darauf schließen, dass Cameron den Positionen der Europa-Gegner näherstand, als er glauben lassen wollte. Sowohl in der Frage der Sozialkürzungen als auch bei der Homosexuellenehe, um nur zwei Beispiele zu nennen, sollte er sich später eindeutig über den Willen seiner schärfsten Kritiker hinweg- und durchsetzen. Für einen Pro-EU-Kurs hingegen investierte er erst politisches Kapital, als es – wie sich zeigen sollte – schon zu spät war.

Mit den konservativen Europa-Gegnern hatte Cameron es mit einer Gruppe zu tun, die der Publizist Daniel Finkelstein einmal in Abwandlung der englischen Redewendung „not to take no for an answer" (was so viel heißt wie „immer seinen Willen durchsetzen wollen") zutreffend mit den Worten beschrieb: „A group that will not take yes for an answer." Auf ein Zugeständnis folgte postwendend die Forderung nach dem nächsten. Nicht einmal die Wortwahl und Regeln für das Referendum 2016 konnte er nach seinen Vorschlägen durchsetzen.

Cameron brachte damit nicht nur sich selbst ständig in Schwierigkeiten, sondern machte auch aus einer Maus einen Elefanten. Obwohl in der Tory Party damals weiter gravierende Meinungsunterschiede über Europa bestanden, waren die militanten Gegner Europas in der Fraktion klar in der Minderheit. Erst durch ständige Zugeständnisse wurden sie immer lauter und mächtiger. Cameron selbst hatte am Anfang seiner Bewerbung um den Parteivorsitz eine Regel aufgestellt: „No pledges." Schon beim ersten Windhauch fiel er um.

Unter den damals 26 Europaabgeordneten der Konservativen lehnte die Mehrheit den Austritt aus der EPP ab. Weder der EU-Kritiker David noch der spätere konservative Außenminister William Hague unterstützten die Position Camerons. Selbst der Chef der United Kingdom Independence Party (Ukip), Nigel Farage, dessen politische Mission der Austritt Großbritanniens aus der EU war, kritisierte den Schritt als „etwas extrem" und meinte, die Konservativen „würden dem nationalen Interesse besser dienen, wenn sie Teil der Familie der europäischen Regierungen bleiben, statt sich an den Rand zu stellen". Vergleicht man diese Aussage mit der Diskussion aus der Referendumskampagne 2016, sieht man, wie sehr sich die Positionen über die Jahre zugespitzt haben.

Das Versprechen legte schließlich auch die außenpolitische Unerfahrenheit oder Unkenntnis Camerons offen. Verbündete oder jene, die er als solche umwarb, wie der französische Präsident Nicolas Sarkozy oder die deutsche Kanzlerin Angela Merkel, reagierten auf die Ankündigung des EPP-Auszugs verärgert. Neue Parteifreunde ließen sich nicht, oder kaum, finden. Die Bemühungen zur Bildung einer neuen konservativen und anti-föderalistischen Fraktion im Europaparlament dauerten vier Jahre und waren ein Desaster. Partner fand man schließlich unter so umstrittenen Gruppen wie der polnischen Rechtspartei „Recht und Gerechtigkeit" (PiS) der Brüder Kaczyński oder den „Wahre Finnen". Das war nicht unbedingt ein gleichwertiger Ersatz für Merkels CDU, und die Tories pflegten auf informeller Ebene weiter Kontakte mit europäischen Christdemokraten.

Einmal gefangen in einem Versprechen zweifelhafter Substanz, dessen Tragweite er nicht durchdacht oder die ihm nicht bewusst war, setzte Cameron zuerst einmal auf Verzögerung. Nachdem diese Taktik unhaltbar geworden war, hielt er an einer letztlich zutiefst schädlichen Position fest. Parallelen zur Gegenwart liegen auf der Hand. Auch für ihn, wie für Premier Wilson, war Europa offenbar primär eine Frage des „Parteimanagements". Nachdem er glaubte, die Parteirechte mit dem EPP-Versprechen ruhiggestellt zu haben, wollte er davon nichts mehr hören: „Ich habe es satt, darüber zu sprechen", erklärte er einer Reporterin der *Times* 2006, als sie ihn fragte, wann es endlich zur Verwirklichung seines Versprechens kommen werde: „Das ist so langweilig."

Damit hatte er zweifellos recht. Kaum eine Frage dürfte damals die britische Bevölkerung weniger beschäftigt haben als die künftige Fraktionszugehörigkeit von 26 konservativen Mitgliedern des Europaparlaments, die vermutlich 99,9 Prozent von ihnen nicht einmal kannten. Cameron selbst sprach auf dem Parteitag desselben Jahres von Europa als Beispiel dafür, wie sehr sich seine Partei von den Wählern entfernt hatte: „Während sich Eltern um die Betreuung ihrer Kinder abgestrampelt haben und damit abrackerten, ihr Arbeits- und Familienleben zu jonglieren, haben wir uns endlos über Europa ausgelassen."

Stattdessen wollte der neue Tory-Chef über soziale Reformen, eine neue Haltung seiner Partei zum Umweltschutz, die „Big Society" und tausend andere Dinge sprechen. Doch was als Schlusswort in der Europadebatte der Konservativen gedacht war, entpuppte sich wenig später als Auftakt zur nächsten (und letzten) Runde über die Position und Zukunft Großbritanniens in der Europäischen Union. „Banging on about Europe", das endlose Herumreden über Europa, war für viele in Camerons Partei längst zum Daseinszweck geworden. Es wurde aber auch ein Wort, von dem er sich nicht mehr befreien konnte.

Mit der Parlamentswahl vom 6. Mai 2010 endete die 13-jährige Regierungszeit von New Labour. Was am 2. Mai 1997 mit Tony Blairs Einzug in 10 Downing Street strahlend begonnen hatte, fand einen tränenreichen Abschluss bei Gordon Browns Verlassen des Regierungssitzes am 11. Mai 2010. Nach Irak-Krieg, Spesenskandal im Parlament und Finanzkrise war nicht nur eine Partei, sondern eine ganze politische Klasse diskreditiert. Trotz der Abwendung des Landes von New Labour, die nun als Triumph des politischen Spins über die Substanz gesehen wurde, verfehlte Cameron die im politischen Leben Großbritanniens alles entscheidende absolute Mehrheit. Er hatte die Wahl gewonnen, aber nicht das Vertrauen.

In nur fünf Tagen wurde eine Koalition mit den Liberaldemokraten geschmiedet. Der rechte Flügel hat Cameron beides nie verziehen: das Verfehlen der absoluten Mehrheit in einem Moment, in dem Labour an einem historischen Tiefststand angelangt zu sein schien, und die gemeinsame Regierung mit einer Partei, die viele Konservative nicht ernst nahmen und teilweise sogar verachteten.

Hauptursache für Camerons Verfehlen der absoluten Mehrheit war das Entstehen von Konkurrenz im rechten Lager. Die United Independence Kingdom Party (Ukip) war 1993 mit dem Ziel gegründet worden, Großbritannien aus der EU zu führen. Dasselbe Ziel verfolgte auch die ein Jahr später ins Leben gerufene Referendum Party des Milliardärs Sir James Goldsmith. Während das Spielzeug des flamboyanten Unternehmers mit seinem Tod verschwand, begann Ukip nach der Übernahme der Parteiführung durch Nigel Farage, der die Partei seit 1999 im Europaparlament vertrat, zu einer Sammelbewegung für unzufriedene Wähler zu werden.

Ukip verknüpfte die Ablehnung der Gegenwart mit Träumen von einer längst verschwundenen Vergangenheit: von der Ablehnung des Rauchverbots bis zur Forderung nach Wiedereinführung der elitären „Grammar Schools" reichten die durchwegs anachronistischen Forderungen. Mit seinem volksnahen Auftreten und bewussten Verstößen gegen die angebliche Knebelung der Meinungsfreiheit durch „political correctness" sammelte der ehemalige Trader aus der Londoner City Farage immer mehr unzufriedene Menschen hinter sich, die ihm ihre Sorgen klagen und räsonieren wollten: „Man wird ja noch sagen dürfen …" oder: „Ich bin ja kein Rassist, aber …"

Besonders unter rechten Konservativen, die mit dem von New Labour inspirierten Modernisierungskurs Camerons nicht einverstanden waren, sammelte Farage Sympathisanten. Während der Tory-Chef im April 2006 Ukip als „Haufen von Verrückten, Wahnsinnigen und heimlichen Rassisten" bezeichnete, begann die populistische Rechtspartei nicht nur die öffentliche Aufmerksamkeit, sondern auch die Unterstützung namhafter konservativer Spender zu gewinnen. Die Anziehungskraft von Ukip wurde erstmals landesweit deutlich, als die Partei in den Europawahlen 2009 mit 2,5 Millionen Stimmen und 16,5 Prozent zur zweitstärksten Kraft hinter den Konservativen wurde. Nach dieser Wahl führte Cameron eilends seine EU-Abgeordneten aus der EVP in die neue Fraktion „Europäische Konservative und Reformer".

Wenig später jedoch warf Farage in Zuge eines der zahlreichen Führungsstreits in seiner Partei alles hin und Ukip schien ohne ihn am Ende. Bei der Parlamentswahl 2010 fielen die Populisten ohne ihn auf rund 3,1 Prozent und verfehlten den Einzug ins Unterhaus. Konservative Parteistrategen, die sich bereits zu der überstandenen Bedrohung durch Rechtsaußen gratulierten, sollten sich zu früh freuen. Ebenso aber auch Labour-Funktionäre, die Ukip nur als Gefahr für die Tories gesehen und gar nicht so geheim auch begrüßt hatten. Gezielt weitete Farage damals die Reichweite seiner Partei aus, indem er darauf hinarbeitete, in lokalen Körperschaften Sitze zu gewinnen. Wenige erkannten damals in London, wie Ukip im Land an der Basis Wurzeln schlug.

Großbritannien litt seit 2008 schwer an den Folgen der internationalen Finanz- und Wirtschaftskrise und fiel in die tiefste Rezession seit 50 Jahren mit einem Rückgang des Bruttoinlandsprodukts von 7,2 Prozent. Es war der erste Rückgang der Wirtschaftsleistung seit 1991. Nachdem die Bankenrettung das Haushaltsdefizit explodieren hatte lassen („I am afraid there is no money", hinterließ Kabinettssekretär Liam Byrne beim Machtwechsel 2010 eine Notiz), setzte die Koalition unter Federführung von Schatzkanzler Osborne auf einen rigorosen Sparkurs („austerity"). Der Staatsapparat wurde massiven Einsparungen ausgesetzt, zugleich erlitt die Bevölkerung schmerzhafte Reallohnverluste.

Dennoch hielt die Einwanderung vor allem aus Osteuropa, die 2004 eingesetzt hatte, wahrnehmbar an. Der Hunger der britischen Wirtschaft nach Billigarbeitskräften blieb auch in der Krise unstillbar. Es entstanden Unbehagen, Ängste und Ablehnung. Die politischen Eliten wollten oder konnten davon nichts hören. In den Medien, die von Menschen mit demselben Hintergrund wie die politische Kaste dominiert sind, konnte man erfahren, welche wirtschaftliche, kulturelle und gastronomische Bereicherung die Einwanderung darstellte. Die tonangebende höhere Mittelklasse konnte sich kaum genug daran erfreuen, dass es endlich möglich war, pünktliche, zuverlässige und bezahlbare Handwerker zu finden. Einen „Polish plumber" anrufbereit zu haben, wurde auf Cocktailpartys im schicken Norden Londons, auf denen Politiker, Journalisten und Unternehmer sich gegenseitig zutoasteten, der jüngste Beweis für die Zugehörigkeit zur „in crowd". Dass diese hoch geschätzten Ausländer ganz woanders wohnten und daher das Alltagsleben in den Nobelbezirken ganz und gar nicht störten, machte das Arrangement nur umso angenehmer.

Außer Farage wollte mit wenigen Ausnahmen wie etwa dem Labour-Abgeordneten Jon Cruddas aus dem post-industriellen Londoner Arbeiterbezirk Dagenham, der seine Partei frühzeitig vor dem Ignorieren dieser Frage warnte, kaum jemand dieses Thema aufgreifen. In den Londoner Thinktanks begann man Studien zu dem Thema zu schreiben. Sie stellten den wirtschaftlichen Nutzen der Zuwanderung in den Vordergrund. Die Stimmung in den betroffenen Gemeinden wurde ignoriert.

Nicht von allen. Farages Durchbruch kam, indem er die Frage der Einwanderung mit der EU-Mitgliedschaft verknüpfte. Er instrumentalisierte das eine (Einwanderung) als Mittel zum Zweck für das andere (Ende der EU-Mitgliedschaft). Das war schließlich, was er immer gewollt hatte. Fünf Tage nach dem Brexit-Votum erklärte er am 28. Juni 2016 triumphierend vor dem Europaparlament: „Als ich vor 17 Jahren hierherkam und sagte, ich möchte eine Kampagne führen, um Großbritannien aus der Europäischen Union zu führen, haben Sie mich alle ausgelacht. Es scheint, dass Ihnen das Lachen vergangen ist."

Camerons Untergang begann damit, dass er sich auf diese Auseinandersetzung gemäß der Logik seines Gegners einließ. Es gab zu keinem Zeitpunkt einen Grund für eine Volksabstimmung über die EU-Mitgliedschaft wegen der Sorgen um die Einwanderung. In allen Umfragen lag die EU-Frage für die Bevölkerung unter „ferner liefen".

Ganz obenauf rangierte die Sorge um die Wirtschaft und das individuelle ökonomische Wohlergehen, erst später – und politisch gezielt aufgeheizt – gewann die Frage der Einwanderung mehr und mehr an Stellenwert.

Dennoch stieg Cameron darauf ein. Und er tat es nicht nur wegen der Bedrohung durch Ukip, sondern auch wegen seines eigenen rechten Flügels. Einzementiert in die Regierung auf fünf Jahre (2010–2015) mit den pro-europäischen Liberaldemokraten begann Cameron Versprechungen zu machen, von denen er nur hoffen konnte, dass er sie niemals würde erfüllen müssen. Auf der Heimreise vom NATO-Gipfel im Mai 2012 entwarf er in einem Fast-Food-Restaurant auf dem Flughafen Chicago bei einer Pizza mit dem damaligen Außenminister Hague den Plan, in den nächsten Wahlkampf mit dem Versprechen einer EU-Volksabstimmung zu gehen. In der Partei rumorte es zu diesem Zeitpunkt wegen des strikten Sparkurses gewaltig. Zugleich zeigten alle Umfragen Ukip konstant bei rund zehn Prozent.

Nachdem er den EU-Gegnern in der Wahl 2010 schon einen (symbolischen) „Verfassungsriegel" gegen „Einschränkungen unserer Freiheiten aus Brüssel" versprochen hatte, musste Cameron nun die Dosis erhöhen. Er kam zu dem Schluss, dass nur mit dem Versprechen einer Volksabstimmung über die EU-Mitgliedschaft die Einheit der Partei für die Wahl 2015 gesichert werden konnte. Im Führungskreis zeigte sich damals nur Osborne skeptisch: „Ich dachte, es wäre ein Wagnis. Wenn es sich vermeiden ließ, warum ein derartiges Risiko eingehen?", erinnerte er sich später. Genau zu diesem Hasardspiel aber entschloss sich Cameron.

Seinen Plan stellte der britische Premier der Öffentlichkeit am 23. Jänner 2013 in einer Grundsatzrede vor. Darin versprach er den Briten eine Volksabstimmung über den Verbleib in oder den Austritt aus der Europäischen Union bis Ende 2017 für den Fall, dass seine Partei die nächste Parlamentswahl 2015 gewinnen werde. Zuvor aber wolle er in Verhandlungen mit Brüssel eine Neuordnung des Verhältnisses erreichen.

Für dieses „new settlement" nannte Cameron „fünf Prinzipien, auf denen meine Vision für eine neue Europäische Union, die für das 21. Jahrhundert bereit ist, aufgebaut sind": Wettbewerbsfähigkeit, Flexibilität, die Rückführung von Kompetenzen von EU-Institutionen zu den Nationalstaaten in angemessenen Themenfeldern, die Stärkung der nationalen Parlamente im Sinne der demokratischen Rechenschaftsplicht und Fairness bei der Festlegung neuer Regeln für die Eurozone zum Schutz der Nicht-Euro-Länder.

Deutlich wie selten zuvor bekannte sich Cameron zur Rolle Großbritanniens in Europa: „Wir waren immer eine europäische Macht und werden immer eine sein", sagte er. Auch für die EU sprach er sich unter Vorbehalten aus: „Dem nationalen Interesse Großbritanniens ist am besten gedient in einer flexiblen, anpassungsfähigen und offenen Europäischen Union, und eine solche Europäische Union ist am stärksten mit Großbritannien als Mitglied."

Auffällig bemüht zeigte sich der Premier, den Partnerstaaten entgegenzukommen: „Ich weiß, dass wir manchmal als ein ziemlich streitlustiges und starrsinniges Mitglied der Familie der europäischen Nationen erscheinen." In Richtung EU-Kommission begnügte er sich mit einem vergleichbar kleinen Seitenhieb: „Können wir ein immer weiteres Wachsen der Kommission rechtfertigen? Können wir mit einer Organisation weitermachen, die ein Milliardenbudget hat, aber nicht genug auf Ausgabenkontrolle achtet?"

Er warb um Verständnis der EU-Partner: „Unsere Geografie hat unsere Psychologie geformt" und ihre Unterstützung: „Ich appelliere an unsere europäischen Partner, die über die britische Haltung enttäuscht sind: ‚Arbeiten Sie mit uns gemeinsam.'" Aber er drohte auch: „Der demokratische Konsens für die EU in Großbritannien ist hauchdünn." Während er erstmals eine Streichung der Formel von der fortschreitenden Integration („ever closer union") aus den EU-Verträgen forderte, blieb das spätere Hauptthema der EU-Kampagne vollkommen unerwähnt: Das Wort Immigration kommt in der großen Grundsatzrede nicht ein einziges Mal vor.

Die meisten europäischen Staaten reagierten auf die Rede mit Beteuerungen, dass sie sich die weitere Mitgliedschaft Großbritanniens in der EU wünschten, warnten aber auch vor „Rosinenklauben", wie etwa Österreichs damaliger Außenminister Michael Spindelegger. Sein französischer Ressortkollege Laurent Fabius wurde noch deutlicher: „Wir wollen, dass die Briten alle ihre positiven Eigenschaften in Europa einbringen. Aber ein Europa à la carte kann es nicht geben. Ich möchte ein Beispiel wählen, das unsere britischen Freunde verstehen werden: Stellen wir uns vor, dass Europa ein Fußballklub ist und man tritt bei. Wenn man beigetreten ist, kann man nicht auf einmal sagen: ‚Jetzt lasst uns Rugby spielen.'"

In Großbritannien sprachen der liberale Regierungspartner und die oppositionelle Labour Party von einem „Hasardspiel" Camerons, das vor allem dazu dienen solle, die Europa-Gegner in der konservativen Partei ruhigzustellen. Diese zeigten sich zwar mit dem Versprechen einer Volksabstimmung zufrieden, verlangten aber umgehend mehr: „Wir wollen schon in dieser Legislaturperiode eine Entscheidung", sagte der Abgeordnete Bill Cash, einer ihrer Wortführer. Ukip-Führer Farage begrüßte Camerons Ankündigung mit den Worten: „Der Geist ist aus der Flasche" und nahm für sich in Anspruch: „Ohne Ukip hätte diese Rede nicht stattgefunden. Wir haben die politische Agenda dieses Landes verändert."

Was Cameron nicht gelang, war, die Wähler für sich zu gewinnen. Statt den Aufstieg von Ukip zu bremsen, verschaffte das ständige Entgegenkommen des Premiers gegenüber Forderungen der EU-Gegner ihren Positionen nicht nur Aufmerksamkeit, sondern auch Legitimität. Der frühere konservative Minister und EU-Anhänger Ken Clarke warnte einmal: „Wenn man Krokodile füttert, sollte man sicherstellen, dass man genug Futter hat."

Der Zuspruch zu Ukip war allerdings längst nicht mehr auf enttäuschte Anhänger der Konservativen beschränkt. Der Sparkurs der Regierung traf besonders die Unterschichten hart. Ihre traditionelle politische Vertretung, die Labour Party, konnte davon nur eingeschränkt profitieren. Einerseits war es den Konservativen erfolgreich gelungen, das Land davon zu überzeugen, dass die vorangegangene Labour-Regierung durch Misswirtschaft den Staatshaushalt in die Krise geführt und daher den Sanierungskurs erforderlich gemacht hatte. Das kostete nicht nur Sympathien, sondern auch politische Optionen.

Zum anderen hatte sich die Labour Party in den Tagen von New Labour als eine urbane und liberale Mittelstandspartei neu erfunden, die mit ihrer traditionellen Wählerschaft nicht mehr viel zu tun hatte. Die Konzentration auf die politische Mitte für das Erringen einer Mehrheit konnte nur funktionieren, solange Labour sich ihrer traditionellen Stammwähler sicher sein konnte. Der Bogen vom Londoner Nobelbezirk Hampstead zum post-industriellen Hull in Nordengland konnte nur so lange aufrechterhalten bleiben, solange es genug zu verteilen gab.

Die Sozialwissenschaftler Matthew Goodwin und Richard Ford gehörten zu den ersten, die sich systematisch mit dem Aufstieg von Ukip beschäftigten. „Unter einer wirtschaftspolitischen Rechtsregierung, die einen strikten Sparkurs verfolgt, zeigen die links liegen gelassenen sozialen Gruppen, die am meisten zu verlieren haben, größere Begeisterung für den radikalen Aufstand der Rechten unter Ukip als für jene Partei (= Labour, Anm.), die traditionell mit staatlicher Unterstützung für die Schwächsten verbunden ist", schreiben sie in ihrem Buch „Revolt on the Right". Es erschien im April 2014. Einen Monat später wurde Ukip bei der Europawahl im Mai 2014 mit 27,5 Prozent erstmals die landesweit stärkste Partei. Die Konservativen wurden nur Dritte.

Die Europawahl, die nach dem in Großbritannien unüblichen Verhältniswahlrecht durchgeführt wird, gilt hierzulande als unbedeutende Verpflichtung, die von den Wählern vor allem dazu benützt wird, den Regierenden einen Denkzettel zu verpassen. Die Wahlbeteiligung lag 2014 bei nur 34,2 Prozent. Dennoch war es das erste Mal seit 108 Jahren, dass bei einer landesweiten Wahl weder Labour noch Konservative Erster wurden. Farage war unermüdlich mit seinem Wahlkampfbus durchs Land gezogen und hatte erfolgreich Erniedrigte und Beleidigte für seine „People's Army" gewonnen. Die Botschaft war nicht zu überhören.

Camerons Gamble:
You can't always get what you want

Spätestens mit dem Sieg von Ukip in der Europawahl 2014 war das Thema Immigration nicht mehr zu ignorieren. Cameron und seine damalige Innenministerin Theresa May gerieten von allen Seiten unter Druck. Die Konservativen hatten in ihrem Wahlkampfprogramm 2010 eine Rückführung der Zuwanderung auf das Niveau der 1990er-Jahre mit „Zehntausende statt Hunderttausende" versprochen. May präsentierte sich als Scharfmacherin und schickte im Oktober 2014 Lastwägen mit einem Poster in Ausländer-Wohngebiete mit dem Text: „Illegal hier? Gehen Sie nach Hause oder ins Gefängnis."

Dennoch meldete die staatliche Statistikbehörde ONS in ihren Berichten einen unablässigen Zuwachs. Die Netto-Zuwanderung (Einwanderung minus Auswanderung) stieg von 177.000 im Jahr 2012 auf 207.000 im Jahr 2013, 318.000 im Jahr 2014 und 333.000 im Jahr 2015. Allein in diesen vier Jahren betrug die Gesamtnettozahl 1.035.000 Zuwanderer, ungefähr die Hälfte davon kamen aus der EU. Die beiden Hauptmotive für die Niederlassung in Großbritannien waren Arbeit oder Studium. Nach Angaben des Migration Observatory der Universität Oxford hatten 2015 nur 22 Prozent der Neuzuwanderer bei der Einreise bereits einen Job.

Die Regierung reagierte panisch und planlos. Reden des Premierministers, die als „game changer" angekündigt wurden, entpuppten sich als Eingeständnis, dass die bestehende Situation nicht länger tragbar, man bei der Lösungssuche aber ratlos sei. Das Thema stand jetzt an oberster Stelle der politischen Agenda – und der angekündigten Verhandlungen mit der EU. „Wir müssen die Sorgen der Menschen über die Einwanderung ansprechen", sagte Cameron. „Das britische Volk ist unser Chef. Die Menschen wollen, dass wir das in Ordnung bringen. Also werde ich es richten."

Während der Druck wuchs, wurden öffentlich Versuchsballons lanciert. Von Einschränkungen des Zugangs für EU-Einwanderer zu Sozialleistungen über Präventivmaßnahmen gegen künftige

EU-Mitglieder bis zur Aufgabe des Prinzips der Personenfreizügigkeit reichten die im Herbst 2014 öffentlich diskutierten Ideen. Dabei wollte man sowohl ausloten, was bei der Bevölkerung mit Blick auf die Parlamentswahl im kommenden Jahr Anklang finden würde, als auch die Reaktionen der EU-Partner testen.

Dabei holte sich Cameron postwendend eine Abfuhr. Deutschlands Kanzlerin Merkel erklärte die Personenfreizügigkeit für nicht verhandelbar. Der damalige Kommissionspräsident José Manuel Barroso verwies auf den EU-Vertrag und erhielt ausnahmsweise Zustimmung von Ukip-Chef Farage: „Man kann nicht machen, was Herr Cameron vortäuscht zu tun, und gleichzeitig EU-Mitglied bleiben. Die Personenfreizügigkeit ist eine der fundamentalen Eckpunkte der Europäischen Union." Großbritannien war einst eine der treibenden Kräfte hinter der Etablierung und Sicherstellung der vier Grundfreiheiten gewesen.

Cameron ging schließlich Ende November 2014 in die Offensive und stellte in einer Rede vor Mitarbeitern des Baumaschinenherstellers JCB die Grundzüge seiner Position vor. Er sprach davon, dass die Einwanderung Großbritannien Nutzen, aber auch Belastungen gebracht habe. Sein Ziel in den kommenden EU-Verhandlungen sei eine „signifikante Reduzierung". Er akzeptierte das Prinzip der Personenfreizügigkeit, meinte aber: „Die Bewegungsfreiheit ist nie ein uneingeschränktes Recht gewesen, und wir müssen sie auf eine tragfähigere Grundlage stellen."

Er nannte drei konkrete Positionen für EU-Migranten: Nach Großbritannien soll nur mehr kommen dürfen, wer bereits einen Job hat; wer keine Arbeit hat, soll keinen Zugang zu öffentlicher Unterstützung erhalten; wer arbeitet, soll erst nach vier Jahren Anspruch auf Sozialleistungen haben. „Wir müssen die Anreize, hierherzukommen, verringern", sagte Cameron. „Wir wollen das strengste System in Europa im Kampf gegen Sozialmissbrauch und werden unsere Politik ‚Erst Deportierung, dann Einspruch' ausweiten."

Damals wenig beachtet, führte Cameron ein Wort in die Debatte ein, das im Jahr 2016 zum Schlüsselwort der Referendumskampagne werden sollte: Kontrolle. „Die Menschen sind verständlicherweise frustriert über Einwanderung. Es läuft alles auf ein Wort hinaus: Kontrolle." 17 Mal – deutlich öfter als er Worte wie „Reform" (11), „Bewegungsfreiheit" (15), „Demokratie" (2), „Missbrauch" (6) oder „Sozialleistungen" (11) verwendete – sprach Cameron von „Kontrolle". „Wenn wir die erfolgreiche, offene, auf Leistung beruhende Demokratie, die wir schätzen, beibehalten wollen, müssen wir das Vertrauen aufrechterhalten in die Fähigkeit der Regierung, das Ausmaß, in dem Menschen in dieses Land kommen können, kontrollieren zu können." Wesentlich prägnanter – und erfolgreicher – forderten die EU-Gegner im Frühjahr 2016: „Take back control."

In der Debatte über die Einwanderung ging völlig unter, dass eine groß angelegte Überprüfung aller 33 Kapitel der Zusammenarbeit zwischen Großbritannien und der EU zu der Beurteilung kam, dass die Kompetenzverteilung zwischen London und Brüssel im Wesentlichen ausgeglichen und die Mitgliedschaft in der Union für das Vereinigte Königreich eindeutig vorteilhaft war. Obwohl die Arbeit an den Tausende Seiten umfassenden Berichten zwei Jahre gedauert und fünf Millionen Pfund gekostet hatte, versteckte die Regierung die unerwarteten und offensichtlich politisch unerwünschten Ergebnisse schamhaft auf einer Webseite und ließ, völlig ungewöhnlich, sogar ein „Executive Summary" ausfallen. Der erste Zwischenbericht wurde am Tag der Geburt von Prinz George im Juli 2013 „versteckt", ebenso still verhielt man sich dann mit dem Endbericht im Dezember 2014.

In die Parlamentswahl 2015 gingen die Konservativen mit dem Ziel, die absolute Mehrheit, die sie 2010 verfehlt hatten, nun endlich gewinnen zu wollen. Die Chancen dafür standen schlecht. Der Sparkurs der vergangenen fünf Jahre war von vielen als unausweichlich akzeptiert worden, beliebt hatte er die Tories aber nicht gemacht. Das insbesondere, als die Masse der Belastungen auf den Schultern des kleinen Mannes abgeladen wurde, während er den Eindruck hatte, den Freunden von Schatzkanzler Osborne in der Londoner City gehe es wieder so gut wie vor dem Crash 2008. Da im Finanzsektor und den angegliederten Branchen fast ein Viertel der britischen Wirtschaftsleistung erzielt wird, ist der Spielraum jeder Regierung hier extrem gering.

Was den Tories aber bemerkenswert gut gelang, war, ihre Gegner zu zerstören. Der liberale Koalitionspartner wurde im Wahlkampf zum Ziel Nr. 1 und gab schon deshalb ein einfaches Opfer ab, weil die Wähler der Liberaldemokraten diesen niemals die Kompromisse und gebrochene Wahlkampfversprechen, insbesondere die Erhöhung der Studiengebühren, in der Regierung verziehen hatten. Wo der stellvertretende Premierminister Nick Clegg Flagge zeigte, war in der Europa-Frage: Er war ein klarer Verfechter der britischen EU-Mitgliedschaft und Camerons versprochene Volksabstimmung lehnte er ab.

Statt an Mitgestaltung und Macht waren die meisten Anhänger der Liberaldemokraten an der reinen Lehre interessiert. Ihre Kritik an Clegg und seiner Mannschaft fiel umso vernichtender aus, als ihnen Cameron und Osborne in der Regierung so gut wie keine Chance gegeben hatten, sich zu profilieren oder Erfolge zu sammeln.

In der Öffentlichkeit wurde offen diskutiert, wofür die Liberaldemokraten überhaupt stünden und welchen Zweck die Partei habe. Der ehemalige Energieminister Ed Davey blickt zurück: „Wir präsentierten uns als die Partei der Mitte. Einerseits klingt das wirklich gut. Andererseits galt in höchstem Ausmaß der alte Spruch: ‚Wenn du dich in der Mitte der Straße aufhältst, bist du in Gefahr, überfahren zu werden.‘ Wir waren in der Straßenmitte, aber wir trugen keine Warnweste. Wir waren nicht sichtbar und wurden überrollt."

Die gesamte Legislaturperiode hatte die Koalitionsregierung die Wirtschaftskompetenz der Labour Party infrage gestellt und ihrer angeblichen Misswirtschaft von 1997–2010 die Verantwortung für den strikten Spar- und Sanierungskurs der Regierung angelastet. Tatsächlich hatte New Labour das Land 1997 mit einem Haushaltsüberschuss übernommen und trat 2010 mit einem Rekordhaushaltsdefizit von knapp zehn Prozent des BIP ab.

Hinter dem Kurs der Tories standen aber keineswegs nur ökonomische Notwendigkeiten, sondern bewusste ideologische Entscheidungen für einen schlanken Staat mit geringer Steuerbelastung für Spitzenverdiener und massivem Sozialabbau. Oft handelte es sich um reine Klientelpolitik, die direkt gegen die Labour-Wählerschaft gerichtet war. So zum Beispiel die „bedroom tax", ein Eingriff in die Sozialhilfe, die zu einer effizienteren Verteilung geförderten Wohnraums führen sollte, in Wahrheit aber neue Härten brachte, ohne den Staat zu entlasten.

Insbesondere Schatzkanzler Osborne war geschickt, Labour durch immer neue Maßnahmen „finanzpolitischer Besonnenheit" in eine argumentative Zwangslage zu bringen. Wann immer die Opposition eine Ankurbelung der Wirtschaft – und Großbritannien stand 2012 an der Kippe einer neuerlichen Rezession – forderte, wurde sie als Gruppe verantwortungsloser Geldverschwender und Schuldenmacher an den Pranger gestellt. Mit schöner Regelmäßigkeit ging die Labour-Führung unter Ed Miliband Osborne auf den Leim.

Die zweite Angriffsfläche gegen Labour bot der Höhenflug der SNP. Die schottischen Nationalisten hatten zwar im September 2014 das Unabhängigkeitsreferendum mit 44,7 zu 55,3 Prozent verloren, hatten aber der Labour Party den Rang als „Staatspartei" abgelaufen. Nachdem Labour Schottland jahrzehntelang als uneinnehmbare Hochburg betrachtet und vernachlässigt hatte, demolierte die SNP die Traditionspartei. Bereits im Referendum 2014 konnte man sehen, wie sich die Labour-Stammwähler den Nationalisten zuwandten. Nur in der Londoner Labour-Parteizentrale sah man es offenbar nicht.

Umso klarer erkannten es hingegen die Konservativen, die unablässig die SNP als Gefahr für Großbritannien beschworen und vor einer angeblich drohenden Unterstützung einer Labour-Minderheitsregierung in London durch die schottischen Nationalisten warnten. Die Konservativen kostete es nichts, die Nationalisten in Schottland großzureden: Sie hatten nur mehr einen Sitz. Zugleich traf ihre Warnung vor einem Labour-SNP-Pakt den Nerv der Bevölkerung. „Die Tories waren auf Gold gestoßen", sagte rückblickend der Liberaldemokrat Paddy Ashdown.

Großbritannien ging in den Wahltag mit der Überzeugung, dass die Wahl erneut keine klare Entscheidung bringen würde. Labour könne ohne Schottland nicht gewinnen, gleichzeitig würde Ukip die Konservativen im Süden Englands entscheidende Stimmen kosten, war die vorherrschende Meinung. Selten erwiesen sich die Umfragen als so falsch: Cameron gewann mit 331 Mandaten bei einem Stimmenanteil von 36,9 Prozent eine knappe absolute Mehrheit von 12 Sitzen. Der Zuwachs an Stimmen gegenüber der Wahl 2010 war mit 0,8 Prozent minimal. In Mandaten wurde daraus aber dank des Mehrheitswahlrechts ein Plus von 24 Sitzen.

Noch gravierender waren die Ungleichgewichte bei anderen Parteien. Die SNP kam landesweit auf 4,7 Prozent der Stimmen, gewann in Schottland aber 56 (+ 50) von 59 Sitzen und zog als drittstärkste Fraktion ins Londoner Unterhaus ein. Das andere Extrem erlebte die nationalpopulistische Ukip: Mit 3,9 Millionen Wählern wurde die Partei landesweit mit einem Stimmenanteil von 12,6 Prozent drittstärkste Kraft. In Unterhausmandate umgewandelt bedeutete das aber nur einen Sitz. Zahlreiche Kommentare lobten, wie das britische Wahlrecht in seiner jahrhundertealten Weisheit die Attacke der Rechtspopulisten vereitelt habe.

Für Cameron, der im Wahlkampf damit geworben hatte, dass seine Konservativen „die einzige Partei sind, die den Briten in der Europa-Frage die Entscheidung anvertrauen wollen", wurde es damit ernst. Nun hatte er die Alleinregierung, mit der niemand gerechnet hatte. Nun musste er halten, was er im Jänner 2013 versprochen hatte.

Es ist oft spekuliert worden, dass Cameron sein Referendum in der Erwartung versprochen hatte, dass er es nicht einlöse würde müssen. Sowohl die Liberaldemokraten als auch Labour lehnten eine Volksabstimmung ab. Eine Alleinregierung der Tories schien selbst am Wahltag noch undenkbar.

Gegen diese Vermutung spricht, dass Camerons öffentliche Karriere als überzeugter Pro-Europäer am 20. Februar 2016 begann, als er seine Vereinbarung mit den anderen EU-Staats- und Regierungschefs den überwiegend skeptischen Briten als triumphalen Erfolg darzustellen versuchten musste. Wenn die EU-Staats- und Regierunschefs zusammenkamen, sah sich Cameron ohne Zweifel als einer der führenden Teilnehmer an der europäischen Tafel. Die Rolle als wichtiger europäischer Akteur war schon dem britischen Selbstverständnis über den Platz des Landes in der Welt geschuldet. Aber Europapolitik blieb, bestenfalls, Außenpolitik. Sobald es eine innenpolitische Kontroverse gab, hatte sich Cameron bis dahin stets auf die Seite der EU-Skeptiker gestellt, wenn auch nicht jene der militanten Gegner.

Schon in seiner Siegesrede nach der Parlamentswahl am 8. Mai 2015 bekräftigte der wiedergewählte Premierminister: „Und ja, wir werden die Volksabstimmung über den Verbleib in oder den Ausstieg aus der Europäischen Union abhalten." Das klang eher beiläufig, und tatsächlich geschah zunächst einmal – nicht viel.

Mit dem Einbringen einer Gesetzesvorlage am 28. Mai über die Abhaltung einer Volksabstimmung wurden die gesetzlichen Grundlagen geschaffen. Das Volk sollte gefragt werden: „Should the United Kingdom remain a member of the European Union?", was später nach Protesten der EU-Gegner von der Wahlkommission auf „Should the United Kingdom remain a member of the European Union or leave the European Union?" geändert wurde. Nach Ansicht von Meinungsforschern hätte eine simple Ja/Nein-Frage dem Lager der EU-Befürworter einen Vorteil von zehn Prozent gebracht, einfach weil die Menschen eher für den Status quo tendieren. Es sollte nicht das einzige Zugeständnis bleiben.

Als Termin für die Durchführung der Volksabstimmung wurde der Zeitraum „bis Ende 2017" festgelegt. Ein juristisches Gutachten des Parlaments hielt fest: „Es handelt sich um eine Volksabstimmung mit beratendem Charakter, die es der Bevölkerung ermöglicht, eine Meinung zum Ausdruck zu bringen, die dann die Regierung in ihren politischen Entscheidungen beeinflusst." Premierminister Cameron stellte aber von Anfang an klar, dass das Ergebnis politisch bindend sein werde.

Inhaltlich herrschte weiter Rätselraten und – insbesondere unter den europäischen Partnern – wachsendes Unbehagen über die britischen Forderungen. Der EU-Gipfel am 25. Juni 2015 war von Griechenland und Flüchtlingskrise überschattet. Camerons Präsentation wurde fast zu einem Nachgedanken, und er begnügte sich mit allgemeinen Punkten:

- keine Verpflichtung für Großbritannien zur Teilnahme an der fortschreitenden Integration der EU („ever closer union"),
- Sicherstellung der Interessen Großbritanniens und der City of London gegenüber der Eurozone,
- Reduzierung der EU-Immigration nach Großbritannien durch Einschnitte bei den Sozialleistungen und
- mehr Wettbewerbsfähigkeit durch weniger Bürokratie.

Obwohl fast alles weiter unklar blieb, war erkennbar, dass die Frage der Einwanderung der zentrale Punkt der Verhandlungen sein würde. London machte immer wieder Vorstöße zur Einschränkung der Personenfreizügigkeit, aber von den EU-Partnern kam stets ein klares Nein. Die von Cameron heftig umworbene deutsche Kanzlerin Merkel erklärte schon im Juni 2015 in einer gemeinsamen Pressekonferenz in Berlin: „Das Prinzip der Personenfreizügigkeit darf in keiner Form infrage gestellt werden, aber wir müssen uns Missbräuche ansehen." Zum Entsetzen der britischen EU-Gegner erwiderte Cameron: „Ich unterstütze das Prinzip der Personenfreizügigkeit."

Der Londoner Regierung ging es darum, die Einwanderung spürbar und rasch zu verringern. Erneut hatten die Konservativen im Wahlkampf 2015 eine Reduzierung auf „Zehntausende statt Hunderttausende" im Jahr versprochen, obwohl man damit schon bisher gescheitert war. Zuständig für das Thema war Innenministerin May. Während man gegenüber Nicht-EU-Bürgern die Kriterien im Alleingang verschärfen konnte und auch tat (wer nach Großbritannien wollte, musste genauen Bestimmungen nach beruflicher Qualifikation, Alter und Mindesteinkommen entsprechen), blieb die Tür für EU-Bürger unverändert offen.

Weil die Wirtschaft wieder robust wuchs und neue Arbeitskräfte brauchte, stieg auch die Einwanderung weiter an. Während das Land erbittert über Einschränkungen der Zuwanderung diskutierte, erreicht die Immigration in der Periode März 2015 bis März 2016 einen Nettozugang von 330.000 Personen. Die steigende Bevölkerungsanzahl bedeutete mehr Konsum, was wiederum das Wachstum der Wirtschaft unterstützte.

Nachdem man die Grenze nicht schließen konnte (und wollte), aber öffentlichkeitswirksame Schritte suchte, verlagerte sich die Debatte auf Sozialleistungen. Das Gute für jede Regierung an diesem Thema ist, dass sich jeder Bürger über Sozialmissbrauch empört und Gegenmaßnahmen begrüßt. Das Schlechte ist, dass die Details teuflisch kompliziert und sehr schwer korrekt vermittelbar sind. Der Fall einer rumänischen Großfamilie (insbesondere Roma), die sich ohne geregelte Arbeit eine Sozialwohnung in London sichern konnte, machte Schlagzeilen. Die Tatsache, dass im NHS rumänische Ärzte Tag und Nacht wertvolle Leistungen erbringen, war nicht einmal eine Erwähnung wert. Die konservative Parlamentsabgeordnete und Ärztin Sarah Wollaston sagte: „Wenn man in ein Krankenhaus geht, ist die Wahrscheinlichkeit höher, von einem Ausländer behandelt zu werden, als einen Ausländer in Behandlung zu sehen."

Das Institute for Public Policy Research (IPPR) errechnete im März 2016, dass Ausländer in Großbritannien mehr in den Staatshaushalt einzahlen, als sie an Sozialleistungen bekommen, das staatliche Gesundheitswesen wesentlich weniger in Anspruch nehmen als Briten (weil sie jünger sind und um ihren Job Angst haben) und mit ihren Beiträgen in die öffentlichen Pensionskassen die Renten der Einheimischen mitfinanzieren. Keine Gesellschaftsgruppe profitierte so von der Regierung Cameron/Osborne wie die Pensionisten, mehrheitlich Tory-Stammwähler mit zuverlässig hoher Wahlbeteiligung. Keine Gruppe stimmte mit einem höheren Prozentsatz für den Austritt aus der EU.

Die IPPR-Studie wies auch nach, dass EU-Immigranten aus den neuen Mitgliedstaaten eine höhere Beschäftigungsrate (83 Prozent) als die in Großbritannien geborene Bevölkerung (74 Prozent) haben. Die Mehrheit von ihnen arbeitet aber in wenig qualifizierten und schlecht bezahlten Jobs. Der gesetzliche Mindestlohn stieg im April 2016 auf 7,20 Pfund pro Stunde, trotz einer Steigerung von 6,9 Prozent gegenüber dem Vorjahr blieb das einer der niedrigsten Beträge in der westlichen Welt.

Während Immigranten weniger häufig Arbeitslosenunterstützung, Krankengeld oder Behindertenhilfe beantragen, beanspruchten sie nach der IPPR-Untersuchung häufiger „tax credits". Das sind im Jahr 2003 von der damaligen Labour-Regierung eingeführte Zuschüsse des Staates für Niedriglohnempfänger, die nach Einkommenshöhe, Familienstand, Arbeitsdauer und anderen Kriterien berechnet werden. Es sind Direktzahlungen und sie haben nichts mit anderen Sozialleistungen (von Wohnbeihilfe bis Heizkostenzuschuss) zu tun. Stattdessen handelt es sich um eine Aufbesserung von Hungerlöhnen durch den Staat und erlaubt der Wirtschaft, ihre Lohnkosten zulasten der Allgemeinheit niedrig zu halten. 70 Prozent der Beihilfenbezieher standen in einem regulären Beschäftigungsverhältnis.

Die Koalitionsregierung führte im April 2013 Bezugsobergrenzen von 500 Pfund für Haushalte mit Kindern und 350 Pfund für Alleinstehende ein. Den Staat kostete das System allein im Jahr 2015 29,9 Milliarden Pfund. Der höchste Posten aller Sozialausgaben waren die staatlichen Pensionen mit 92,1 Milliarden Pfund. Die gesamten Sozialzahlungen betrugen 217 Milliarden Pfund. Da die EU-Einwanderer aus Osteuropa oft deutlich unter dem britischen Durchschnitt verdienten, lagen sie bei den „tax credits" voran.

Während sie ebenso oft in Sozialwohnungen Unterkunft fanden wie Einheimische, erhielten sie mehr Kinderbeihilfe. Eine von vier Frauen, die in Großbritannien Kinder zur Welt brachten, war selbst nicht hier geboren worden. Die Einwanderer bekamen mehr und in jüngerem Alter Kinder. Auch wer alleine ins Land gekommen war, durfte Kinderbeihilfe beziehen, während die Großeltern in Plovdiv den Nachwuchs betreuten. Das sorgte in der Debatte über angeblichen Sozialmissbrauch durch Ausländer für ebenso gewaltige Aufregung wie die Tatsache, dass die aktuelle Kinderbeihilfe von 20,55 Pfund pro Woche in Großbritannien kaum reichte, die Schulbrote für den Nachwuchs zu finanzieren, während man sich im südpolnischen Dzikowiec damit fast schon ein Haus bauen konnte. So oder ähnlich wurde es zumindest dem Leser der britischen Boulevardpresse eingehämmert.

Die Regierung griff diesen Ball auf und konzentrierte sich nunmehr in ihren Äußerungen auf den Zugang der Immigranten zu Sozialleistungen. In der sonntäglichen Politiksendung der BBC drohte Premier Cameron am 8. November 2015: „Wenn wir keine Vereinbarung erzielen können und die britischen Anliegen auf taube Ohren stoßen, was ich nicht glaube, dann werden wir uns überlegen müssen, ob diese Europäische Union für uns richtig ist. Wie ich schon zuvor gesagt habe: Ich schließe nichts aus." Zwei Tage später übermittelte er in einem Schreiben an den EU-Ratspräsidenten Donald Tusk die offizielle britische Position für die Verhandlungen über eine Neugestaltung des Verhältnisses zwischen London und Brüssel.

Dabei erhob die britische Regierung vier Forderungen:

- Schutz der Nicht-Euro-Mitglieder beim Zugang zum Gemeinsamen Markt gegenüber Euro-Staaten,
- Stärkung der Wettbewerbsfähigkeit durch Bürokratieabbau,
- Befreiung Großbritanniens von dem Ziel der fortschreitenden Integration („ever closer union") in der EU und Stärkung der Mitsprache der nationalen Parlamente,
- Einschränkungen des Zugangs von EU-Einwanderern nach Großbritannien zu Lohnzuzahlungen („tax credits") und Kinderbeihilfe.

Der Premierminister sprach bei der öffentlichen Präsentation seiner Forderungen von einer „mission possible". Offensichtlich war, dass der Vorstellung des Katalogs Konsultationen mit anderen Staaten, insbesondere Deutschland, vorangegangen waren, um eine wohlwollende Aufnahme zu koordinieren. Die EU-Gegner in- und außerhalb Camerons Partei und in den Medien zerrissen das Regierungsschreiben jedoch in der Luft. Lord Lawson, der ehemalige Schatzkanzler, nannte die Position seines einstigen politischen Zöglings Cameron „enttäuschend unambitioniert". Tory-Hinterbänkler Bernard Jenkins fragte im Unterhaus: „Das soll es gewesen sein?"

Die EU-Kommission sah das ganz anders und beeilte sich darauf hinzuweisen, dass jede Einschränkung der Personenfreizügigkeit als „höchst problematisch" zu sehen sei und man „keine Diskriminierung von EU-Bürgern" zulassen werde. Das britische Papier sei aber nun endlich ein „Ausgangspunkt" und man wolle mit der Regierung eine „Vereinbarung, die fair für Großbritannien, aber auch fair für alle anderen Mitgliedsstaaten ist". Kanzlerin Merkel betonte: „Wir wollen eine gemeinsame Lösung", und sie sei „ziemlich zuversichtlich, dass wir erfolgreich sein können".

Der Startschuss war damit – endlich – gefallen. Doch noch wurde nicht verhandelt. Stattdessen machte sich Cameron in den folgenden Wochen zu Blitzbesuchen in den EU-Hauptstädten auf, um die britische Position darzulegen und den Spielraum für eine Annäherung auszuloten. Dabei wurde vor den Kameras sehr rasch klar, was auch hinter verschlossenen Türen gesagt wurde: Alle wollten die Briten in der EU halten, aber niemand war zu einer Einschränkung, temporären Aufhebung oder gar einer Revision des Prinzips der Personenfreizügigkeit bereit. London wurde daran erinnert, dass die vier Freiheiten des Binnenmarkts unteilbar und unantastbar seien.

Dass Großbritannien zu einem Magnet für Arbeitsuchende aus ganz Europa geworden war, war den anderen Staats- und Regierungschefs durchaus nicht unrecht: Sie exportierten Arbeitslosigkeit und ernteten substanzielle Rückflüsse an Geldüberweisungen von Staatsbürgern, die in Großbritannien arbeiteten, aber einen Gutteil ihres Einkommens nach Hause transferierten, wo sie Familien unterstützen, Häuser bauten oder eigene Betriebe aufzubauen versuchten. „Was haben wir von den Immigranten, sie geben ja nichts aus bei uns?", war eine oft gehörte Klage unter der britischen Bevölkerung. Schätzungen über die Höhe dieser Überweisungen weichen weit voneinander ab und reichten für 2014 von 1,5 bis 16,5 Milliarden Pfund, wobei Eurostat den Wert auf 5,3 Milliarden Pfund bezifferte. Mit Abstand am höchsten waren die Transfers in frühere Kolonialgebiete wie Pakistan, Bangladesch und Somalia. Unter den neuen EU-Staaten lag Rumänien voran.

Unbestreitbar war jedenfalls, dass seit zehn Jahren zahlreiche EU-Staaten ihre Arbeitsmarktprobleme in Großbritannien, wenn schon nicht lösten, so doch entschärften. Und das galt nicht nur für Osteuropa: Am Höhepunkt der Arbeitslosigkeit in Deutschland nach der Agenda 2000 kamen vermehrt Deutsche in das Vereinigte Königreich (siehe ihren hohen Anteil unter den Ärzten im staatlichen Gesundheitswesen). Zuletzt ging die Zahl des Zuzugs an Polen deutlich zurück (die wachsende Wirtschaft in Polen und der schlechtere Wechselkurs zwischen Pfund und Zloty machte das Arbeiten in Großbritannien, von anderen Entwicklungen abgesehen, deutlich weniger attraktiv), während vermehrt Griechen, Portugiesen und Spanier registriert wurden.

Während die EU-Partner zu keinem Entgegenkommen bereit oder fähig schienen, war es in der britischen Öffentlichkeit kaum möglich, die vier Forderungen als das von Cameron hochtrabend versprochene „new settlement" zu verkaufen. Nicht nur aus Angst vor den EU-Gegnern verabsäumte es die Regierung, für ihre Position die Zustimmung der Bevölkerung zu erwerben. Staatstragende Reden der Regierungsspitze vertieften die Gräben eher, als sie zu überbrücken. Im Land machte sich unter vielen Wählern das Gefühl breit, die politische Elite höre sowieso nicht zu – und das traf auf die oppositionelle Labour Party genauso zu wie auf die regierenden Tories, während die schottischen Nationalisten es – bisher zumindest – erstaunlich gut verstanden haben, die Verbindung von ganz unten nach ganz oben durchlässig zu gestalten. Als Reaktion beschlossen die Wähler, ihrerseits der politischen Führung kein Gehör mehr zu schenken.

So war es bei allem Theaterdonner rund um die entscheidenden Verhandlungen zwischen Großbritannien und seinen EU-Partnern am 18. und 19. Februar 2016 vor allem Kosmetik, um die es noch ging. Cameron musste unbedingt einen „Sieg" nach Hause bringen, der seine Landsleute überzeugen konnte, dass die Vereinbarung tatsächlich eine Neuordnung der Beziehungen zwischen London und Brüssel bedeute. Abraham Lincoln hatte einst gewarnt: „Man kann alle Leute für einige Zeit zum Narren halten und einige Leute für alle Zeit, aber man kann nicht alle Leute für alle Zeit zum Narren halten."

Die Referendumskampagne: Tell me lies, tell me sweet little lies

Die bilateralen Vorgespräche der britischen Führung mit den EU-Partnern hatten es schon im Vorfeld klargemacht: Auf dem ersten EU-Gipfel nach der offiziellen Vorlage der britischen Forderungen am 17. und 18. Dezember 2015 in Brüssel würde es keinen Durchbruch geben. In der Frage der Personenfreizügigkeit verliefen die Gespräche so schleppend, dass Premier Cameron seine Amtskollegen sogar warnte, sollte er „keine Reform bei den Sozialleistungen bekommen, schließe ich nicht aus, dass ich mich gezwungen sehen könnte, für den EU-Austritt zu werben."

Statt zu verhandeln, durfte der britische Premier aber das Abendessen mit einer neuerlichen Präsentation seiner Position beschließen. Während Cameron ankündigte, „Tag und Nacht für Großbritannien zu kämpfen", waren seine Partner in Ermangelung eines erkennbaren Kompromisses weniger tatkräftig gestimmt. Ungeklärt blieb vor allem, wie die Positionen zur Personenfreizügigkeit so aufeinander abgestimmt werden konnten, dass beide Seiten mit dem Ergebnis leben und vor ihren Wählern bestehen konnten.

Die Idee einer „Notbremse" mit einer vorübergehenden Aussetzung der Zuwanderungsfreiheit aufgrund außerordentlicher Belastungen scheiterte unter anderem daran, dass Vertreter der EU-Kommission mit einer Klage vor dem Europäischen Gerichtshof drohten. Zugleich lehnten britische Europagegner die Vorstellung ab, dass es das Recht Brüssels sein sollte, diese Notbremse zu ziehen. Zwischen diesen harten Positionen fehlten Geschick und Wille, eine gemeinsame Lösung zu finden. Die Vertreter der osteuropäischen EU-Mitglieder, allen voran die polnische Regierung, bekämpften jedes Entgegenkommen gegenüber den Briten besonders hart. Die Regierung wurde seit November 2015 von eben jener Partei „Recht und Gerechtigkeit" gestellt, in der Cameron sechs Jahre zuvor eine aufstrebende politische Kraft erkannt hatte, mit der er im Europaparlament unbedingt gemeinsame Sache machen wollte.

Obwohl Ergebnisse ausblieben, zeigte sich Cameron am Ende des Gipfels am 18. Dezember in Brüssel zufrieden. Man sei „einen Schritt weitergekommen", es bleibe aber noch „viel harte Arbeit" für eine Einigung. Dennoch sei er zuversichtlich, dass „2016 das Jahr sein wird, in dem wir etwas wirklich Entscheidendes erzielen, die Beziehung zwischen Großbritannien und der EU grundsätzlich verändern und endlich die Sorgen des britischen Volks über unsere Mitgliedschaft in Angriff genommen werden. Dann wird es Sache der Briten sein, zu entscheiden, ob wir bleiben oder gehen." EU-Ratspräsident Donald Tusk bestätigte, dass es auf dem nächsten Gipfel im Februar 2016 zum „Showdown" mit den Briten kommen werde, an dessen Ende man eine Vereinbarung erwarte.

In Vorbereitung dieser entscheidenden Gesprächsrunde legte Tusks Behörde, der EU-Rat, am 2. Februar einen Entwurf einer möglichen Vereinbarung vor. Er enthielt Einschränkungen für den Zugang zu Lohnzuschüssen, aber keine Aufhebung der Personenfreizügigkeit. Der britischen Forderung nach Stärkung der nationalen Parlamente stimmte man weitgehend zu, allerdings wurde ein extrem komplizierter Mechanismus ausgearbeitet, der, auf die Ebene des Fußballs übersetzt, bedeutet hätte (und wohl für immer unanwendbar geblieben wäre): Nachdem der Schiedsrichter einem Spieler die rote Karte gezeigt hat, setzen sich alle Mannschaften der Liga zusammen und bestimmen mit ausreichendem Quorum, ob sie die Entscheidung akzeptieren oder zurückweisen, in welchem Fall erneut die Spieler am Zug wären.

Cameron begrüßte den EU-Entwurf vorsichtig und warnte davor, dass Details erst ausgearbeitet werden müssten. Dem Unterhaus versicherte er vor der Abreise nach Brüssel, dass er Großbritannien „besser und stärker" in Europa machen werde. Die EU-Gegner sagten, was sie immer sagten: „Farce", „Kabarett", „Schmierenkomödie" – der ganze Verhandlungsprozess zeige nur, dass es nichts zu verhandeln gebe und die einzige Konsequenz daraus für Großbritannien der Austritt aus der EU sei, wie es etwa der einzige Ukip-Abgeordnete im Parlament, Douglas Carswell, formulierte. Innenministerin

May erkannte hingegen in dem EU-Papier die „Grundlage für eine Vereinbarung". Der ins Parlament zurückgekehrte frühere Londoner Bürgermeister Boris Johnson brachte eine seiner seltenen Interventionen vor, und während alle Welt über Einwanderung und Sozialhilfe sprach, machte er sich Sorgen über die „Souveränität des britischen Unterhauses". Cameron konzedierte er gönnerhaft, „das Beste aus einer schlechten Ausgangslage" machen zu wollen.

Was Johnson sagte, hatte besonderes Gewicht, denn er war damals, was Lenin einst über Bucharin gesagt hatte: „Der Liebling der Partei". Der 1964 geborene Absolvent der Eliteschule Eton und der Universität Oxford, wo er klassische Sprachen studiert hatte, machte zuerst als Journalist Karriere, ehe er für die Konservativen in die Politik wechselte. Als langjähriger Brüssel-Korrespondent der konservativen Tageszeitung *Daily Telegraph* gewann er mit seinen Berichten über Gurkenkrümmungen und Präservativnormgrößen nicht nur die wohlwollende Aufmerksamkeit von Premierministerin Thatcher, sondern „schuf jene Karikatur der EU, die zu bekämpfen er nun angetreten ist", wie sein ehemaliger Kollege Martin Fletcher von der *Times* während der EU-Referendumskampagne schrieb.

Johnson ist ein Publikumsmagnet, der genau weiß, wie er ein (nicht nur konservatives) Publikum für sich gewinnen kann. Er ist unterhaltsam, lacht über sich selbst und verstößt mit Vorliebe gegen die politische Korrektheit. Die Liste der Länder und Politiker, die er beleidigt hat, ist länger als jene, die der polyglotte Bohemien besucht hat. Als Londoner Bürgermeister gab er sich liberal – sowohl wirtschafts- als auch gesellschaftspolitisch. Dass er auch anders kann, sollte sich bald zeigen. In seinen Überzeugungen präsentiert er sich flexibel: In Abwandlung des englischen Sprichworts „You can't have your cake and eat it" (in etwa: Man kann nicht alles haben) sagte er über sich selbst: „My policy on cake is pro having it and pro eating it." Als er am 13. Juli von Premierministerin May überraschend zum Außenminister ernannt wurde, präsentieren seine Nachbarn im Londoner Bezirk Camden ein Plakat mit den Worten: „Sorry world!"

Über seine Haltung zur EU in dem kommenden Referendum ließ Johnson zu diesem Zeitpunkt alle im Unklaren. Die Öffentlichkeit kannte Johnson, den EU-Kritiker, genauso wie Johnson, den EU-Befürworter. Für jede Haltung und jede Position lassen sich zahlreiche Zitate finden, üblicherweise im selben Brustton der Überzeugung vorgetragen. Weder seiner Eitelkeit noch seinem Ehrgeiz tat es weh, beide Seiten um sich buhlen zu sehen. Kaum einer der 650 Abgeordneten des britischen Unterhauses genoss derartige Aufmerksamkeit wie der damalige Hinterbänkler für den Westlondoner Wahlkreis Uxbridge. Zu Recht: Wie wenige andere Politiker konnte der einstige Londoner Bürgermeister Wähler erreichen und beeinflussen, wie sich bald zeigen sollte.

So ging Premier Cameron in die entscheidenden Verhandlungen am 18. und 19. Februar in Brüssel vor dem Hintergrund, dass eine innerparteiliche Fehde der Konservativen nicht nur zu einer Staatsaffäre angewachsen, sondern mittlerweile die gesamte Europäische Union, die größte Wirtschaftsmacht der Welt mit mehr als 500 Millionen Bürgern, in Atem hielt. In der gesamten Debatte wurde in Großbritannien kein einziges Mal gefragt, welchen Nutzen eigentlich Europa von den britischen Forderungen habe. De Gaulle sagte einst: „Staaten haben keine Freunde, nur Interessen." Stets ging es nur darum, wie das britische Interesse angesichts angeblicher Bedrohung, Vernachlässigung oder Verletzung gewahrt werden könne. Auf die Frage, ob Großbritannien als fünftgrößte Wirtschafts- und drittgrößte Militärmacht der Welt nicht auch Verantwortung gegenüber Europa trage, höhnte der konservative Abgeordnete John Redwood, ein Veteran der Europagegner: „Wir werden ihnen mit dem Austritt einen Gefallen tun."

Als sich die Verhandlungen in Brüssel, von denen sich kaum jemand etwas erwartet hatte, in die Länge zogen, kam nicht nur unter den Reportern im Brüsseler Ratsgebäude Spannung auf. Für 48 Stunden standen weder die Ernsthaftigkeit der Verhandlungen noch der Verhandler am Pranger. Meldungen über Verzögerungen, Krisensitzungen und Marathonberatungen schufen eine Atmosphäre, in der selbst britische Skeptiker und Zyniker (kurzfristig) in den

Hintergrund gedrängt waren und das Land mit gebannter Aufmerksamkeit auf den Ausgang der Gespräche wartete.

Es war großes Theater. Aber die Berge hatten gekreißt – und geboren ward eine Maus. Was Cameron am Abend des 19. Februar in Brüssel gleichermaßen erschöpft, eloquent und zufrieden präsentierte, war kaum das, was er mit einem „new settlement" versprochen hatte. Von den weitreichenden Reformen, die er in seiner Rede im Jänner 2013 angekündigt hatte; von der Neuordnung des Verhältnisses zwischen London und Brüssel; von den Empfehlungen aus dem Bericht über die Kompetenzverteilung des Jahres 2014; aber auch von schwierigen, ungelösten und überfälligen Grundsatzfragen, wie die EU im globalen Wettbewerb bestehen könne, welche langfristigen Lektionen aus der Eurokrise über Krisenmaßnahmen hinaus dringend geboten wären oder wie die reichen Staaten Europas mit Einwanderung, Ausländern und Flüchtlingen umgehen – keine einzige wirklich wichtige und akute Frage wurde mit dem Abkommen auch nur am Rande berührt. Was Großbritannien und die 27 anderen EU-Partner sowie die EU-Institutionen vereinbart hatten, war nach Ansicht der Kritiker der kleinste gemeinsame Nenner. Und dieser erschien ihnen verschwindend klein, während die anderen EU-Staaten auf beispiellose Zugeständnisse an die Briten verwiesen.

Die Einigung sah folgende Punkte vor:

- Wettbewerbsfähigkeit: In einer Erklärung bezeichnete die EU Wettbewerbsfähigkeit als ein „grundlegendes Ziel" der Union und verpflichtete sich zur Vertiefung und Ausweitung des Gemeinsamen Marktes auf bisher nachhinkende Sektoren.
- Wirtschaftspolitische Steuerung: Großbritannien wurde das Recht zugestanden, dass Beschlüsse der Euro-Staaten (19) die Nicht-Euro-Staaten (9) nicht kraft ihrer Mehrheit zu Maßnahmen zwingen können, die sie ablehnen, wie beispielsweise Teilnahme an Hilfspaketen für Staaten wie Griechenland oder Diskriminierung britischer Finanzdienstleister gegenüber Europartnern.

- Souveränität: Großbritannien wurde die angestrebte Ausnahme von der „fortschreitenden Integration" der EU („ever closer union") zugestanden sowie die „Rote Karte", mit der nationale Parlamente sich gegen Entscheidungen der Brüsseler Behörden zu Wehr setzen können sollten.

- Sozialleistungen und Freizügigkeit: Für die Dauer von sieben Jahren sollte Großbritannien bei Vorliegen einer „außergewöhnlichen" Höhe von Immigration das Recht erhalten, ausländischen Arbeitskräften erst nach vier Jahren Beschäftigung die staatlichen Lohnzuzahlungen zu gewähren. Zudem sollte die Höhe der Kinderbeihilfe in Zukunft an die Lebenshaltungskosten in Herkunftsländern indexiert werden, mit sofortiger Wirkung für Neuankömmlinge und gültig ab dem Jahr 2020 für jene 34.000 Menschen, die schon bisher in Großbritannien die Beihilfe in Anspruch genommen und in ihre Heimat überwiesen hatten.

In den „Schlussfolgerungen", der Erklärung am Ende eines EU-Gipfels, berichtete der Europäische Rat: „Nach intensiven Verhandlungen verständigten sich die Staats- und Regierungschefs der EU auf eine Vereinbarung über einen verstärkten Sonderstatus Großbritanniens in der EU. Es handelt sich um einen rechtsverbindlichen und unumkehrbaren Beschluss aller 28 Staats- und Regierungschefs. Mit der Vereinbarung wird sämtlichen Anliegen von Premierminister Cameron Rechnung getragen, ohne die Grundwerte der Union in Frage zu stellen."

Ganz anders sahen das – erwartungsgemäß – die britische Opposition und Camerons eigentlicher politischer Gegner, seine Parteifreunde. Labour-Chef Corbyn tat die Vereinbarung als „Nebenschauplatz" im Kampf gegen den globalen Kapitalismus ab, dessen willfähriges Instrument in seinem Weltbild die Führung in London ebenso wie jene in Brüssel ist: „Der Deal bringt nichts für Menschen mit Mindesteinkommen und sichert keine Arbeitsplätze." Ukip-Chef Farage hielt sich nicht lange mit Höflichkeiten auf: „Das ist ein wahrhaft armseliges Ergebnis", sagte er und rief die EU-Gegner auf: „Ich glaube an Großbritannien. Wir sind stark genug, um unabhängig zu sein und uns selbst zu regieren. Das ist unsere goldene Gelegenheit."

Den Theaterdonner der Verhandlungen noch im Ohr stellte Cameron am nächsten Tag, einem Samstag, die Verhandlungs-ergebnisse in London der britischen Öffentlichkeit noch einmal vor und sagte: „Großbritannien ist damit stärker, sicherer und steht wirt-schaftlich besser da." Er empfahl daher seinem Land eindeutig, für die EU-Mitgliedschaft zu stimmen, und kündigte an, sich selbst da-für in die Schlacht zu werfen: „Unser Plan für Europa gibt uns die beste aller Welten. Er unterstreicht unseren Sonderstatus, durch den Familien in ganz Großbritannien Nutzen aus der EU-Mitgliedschaft ziehen. Aber unser Sonderstatus bedeutet auch, dass wir in jenen Be-reichen nicht mitmachen, die für uns nicht funktionieren. Ich habe versprochen, dass ich die britische Position neu verhandeln werde. Jetzt setze ich dieses Versprechen um."

Es war zugleich der erste Probelauf des Slogans der EU-Befür-worter für die Volksabstimmung („Stronger in"), die Cameron wie erwartet für den 23. Juni ankündigte. Mindestens ebenso schnell aus den Startlöchern mit ihren Slogans waren die EU-Gegner. Farage twitterte: „Vote Leave" („Lasst uns den Austritt wählen"). Der heu-tige Brexit-Minister Davis forderte seine Landsleute auf: „Take back control" („Gewinnt die Kontrolle zurück"). Die Positionen waren be-zogen. Der Kampf konnte beginnen. Bei manchen schien es, als hät-ten sie 30 Jahre (und mehr) auf diesen Moment gewartet.

In einer Kabinettssitzung billigte die Regierung das Verhand-lungsergebnis, danach erlaubte Cameron seinen Ministern, sich für oder gegen den Verbleib in der Regierung auszusprechen. Das schuf eine vollkommen absurde und unhaltbare Situation. Der Premier-minister, erster und entscheidender Mann in der Regierung und nicht ein Minister unter einem Dutzend anderer, erlaubte damit seinen Ministern, ihm öffentlich zu widersprechen, ihn bloßzustellen und gegen ihn zu arbeiten. Kein Mensch konnte und wollte zwischen der Meinung des Ministers X und derselben Person als Privatmeinung des Bürgers X unterscheiden.

Aus Angst, dass ihm die Partei die Disziplin verweigern würde (wofür er allen Grund hatte), gab Cameron die Kabinettsdisziplin preis. Die Europa-Frage war für Cameron eine Frage des Parteimanagements. Aber als guter Manager erwies er sich nicht. Wieder einmal hatte er sich von seinen Widersachern in eine Situation manövrieren lassen, in der es für ihn nur eine schlechte Lösung gab. Camerons Mehrheit war mit zwölf Mandaten von 650 sehr schmal, und seine Beziehungen zur Fraktion waren nicht gerade friktionsfrei. Seine Schwäche wurde von seinen Gegnern gnadenlos ausgenützt, jede denkbare Grenze wurde ausgereizt. Im 400. Todesjahr von William Shakespeare wurde der größte Dramatiker des Landes von der Wirklichkeit noch übertroffen.

Als EU-Gegner deklarierten sich unmittelbar nach der Kabinettssitzung von den führenden Konservativen Justizminister Michael Gove, Sozialminister Iain Duncan Smith, Kulturminister John Whittingdale, Parlamentsminister Chris Grayling, Nordirland-Ministerin Theresa Villiers und Energie-Staatssekretärin Andrea Leadsom. Für den Verbleib in der EU sprachen sich von den politischen Schwergewichtern unter anderem Schatzkanzler George Osborne, Innenministerin Theresa May, Außenminister Philip Hammond, Wirtschaftsminister Sajid Javid und Verteidigungsminister Michael Fallon aus. Die einzige Frage, die an diesem Wochenende aber die britische (Medien-)Öffentlichkeit zu beschäftigen schien, lautete: „Was will Boris?"

Der launige Ex-Bürgermeister Londons sagte Ja und Nein zugleich. Für seine montägliche Kolumne im *Daily Telegraph* bereitete er einen Beitrag vor, in dem er sich für den Verbleib in der EU aussprach, und einen zweiten, in dem er sich für den Austritt aussprach. Nach einer „qualvoll schwierigen" Entscheidung erklärte er schließlich am Abend des 21. Februar, dass er sich mit „großem Herzschmerz" dazu durchgerungen habe, für den Austritt aus der EU in die Kampagne zu ziehen. „Ich glaube nicht, dass ich anders handeln kann", sagte Johnson den Weltmedien vor seinem Haus in Camden. „Ich möchte einen besseren Deal für die Menschen dieses Landes, um ihnen Geld zu ersparen und die Kontrolle zu übernehmen. Um nichts anderes geht es."

Nur bei einem Nein könne sich London von Brüssel Gehör für seine Anliegen verschaffen: „Das ist ein Augenblick, in dem es heißt, tapfer zu sein – und nicht, sich an den Kittel der Krankenschwester aus Brüssel zu klammern und alle Entscheidungen an jemand anderen zu übertragen. Das ist die einzige Gelegenheit, die wir jemals haben werden zu zeigen, dass wir Wert darauf legen, uns selbst zu regieren. Wenn wir für das Bleiben stimmen, wird Brüssel das als grünes Licht für mehr Föderalismus und die Aushöhlung der Demokratie nehmen."

Johnsons Haltung war allerdings zu diesem Zeitpunkt noch alles andere als eindeutig. Seine Kolumne begann mit den Worten: „I am a European" und er schien mit der Idee zu spielen, mit einem Nein zur EU im kommenden Referendum ein Ja zur EU in einem zweiten Referendum erzwingen zu können: „Es gibt nur einen Weg, die Änderungen zu bekommen, die wir brauchen, und das ist, für den Austritt zu stimmen, denn die gesamte EU-Geschichte zeigt, dass sie nur dann wirklich einem Volk zuhören, wenn es Nein sagt."

Für das Ja-Lager war seine Entscheidung jedenfalls ein ebenso massiver Rückschlag, wie es ein riesiger Auftrieb für das Nein-Lager war. Johnson war der Mann, der die Massen bewegen und mobilisieren konnte wie sonst niemand unter den Brexit-Anhängern. Wortgewandt, schlagfertig, schamlos – Johnson flog nicht nur die Zustimmung des eigenen politischen Lagers zu. Der Konservative hatte nicht zufällig zweimal in Folge in der Labour-Hochburg London das Bürgermeisteramt gewonnen.

Justizminister Gove war zwar ein politisches Schwergewicht, aber kaum ein Volkstribun. Als Unterrichtsminister hatte er sich mit seinen Reformen gleichzeitig bei Lehrern und Eltern so unbeliebt gemacht, dass er auf Anraten der Wahlkampfplaner der Konservativen vor der letzten Parlamentswahl aus der Regierung entfernt werden musste. Ukip-Leader Farage war so umstritten, dass man im Ja-Lager große Hoffnungen hatte, von seiner polarisierenden Wirkung profitieren zu können. Johnson aber war eine ernste Herausforderung für die EU-Befürworter. Selten hat man Premierminister Cameron so grimmig gesehen wie bei seiner Abrechnung mit seinem Parteifreund im Unterhaus bei der Debatte über das Brüsseler Verhandlungsergebnis. Ohne Johnson auch nur mit der Nennung seines Namens zu würdigen, sagte der Premier: „Ich werde nicht näher auf die Ironie eingehen, dass manche Leute, die für den Austritt stimmen wollen, offensichtlich ein Austrittsvotum dafür nützen wollen, um zu bleiben. (…) Ich kenne eine Reihe von Paaren, die Scheidungsverfahren begonnen haben, aber darunter ist kein einziges, das die Scheidung eingereicht hat, um die Ehe zu erneuern."

Umso entschlossener zeigte sich das Lager der EU-Befürworter, das Rennen schon auf den ersten Metern für sich zu entscheiden. Bereits einen Tag nach der Parlamentsdebatte legten führende Vertreter der Wirtschaft einen Brief vor, in dem sie sich für den Verbleib in der EU aussprachen. Darauf folgten in kurzer Folge Warnungen der Bank of England, des Internationalen Währungsfonds und der G20, die im Abschlusskommuniqué ihrer Beratungen in Schanghai am 27. Februar erklärten: Ein britischer EU-Austritt würde einen „Schock für die Weltwirtschaft" darstellen. Schatzkanzler Osborne wies Kritik aus der Heimat, dass ihm seine Amtskollegen mit ihrer Stellungnahme lediglich einen Gefallen getan hätten, empört zurück: „Es handelt sich hier um Länder wie die USA oder China, die sich nicht gerne sagen lassen, was sie zu tun haben."

Damit wurden schon in den ersten Stunden der Kampagne wesentliche Grundzüge der Debatte erkennbar, die sich später noch verfestigen sollten. Die Regierung setzte auf die Wirtschaft und dabei auf Warnungen, dass ein Austritt aus der EU negative Folgen für die britische Wirtschaft haben würde. „Angstmacherei funktioniert", meinte der Meinungsforscher Anthony Wells, und tatsächlich hatten die Briten etwas zu verlieren. Großbritannien war zu Jahresbeginn 2016 die fünftgrößte Volkswirtschaft der Welt und die zweitgrößte in der EU. Erstmals seit 1965 hatte das Land im Jahr 2013 die Konkurrenten Deutschland, Frankreich und Italien im Bruttoinlandsprodukt pro Kopf überholt.

Es war eine bemerkenswerte Erfolgsgeschichte: Als Großbritannien zu Jahresbeginn 1973 der Europäischen Wirtschaftsgemeinschaft beitrat, war es „der kranke Mann Europas" gewesen. Zahlreiche Studien belegen, dass Großbritannien seither wirtschaftlich reicher, wettbewerbsfähiger und erfolgreicher geworden ist: Nicolas Crafts, Professor an der University of Warwick, bezifferte das Plus an Wachstum mit kumulativ 23,7 Prozent für die Gesamtdauer der Mitgliedschaft.

Vor dem Beitritt hinkte die britische Wirtschaft in der Periode 1950–1973 mit einem Wachstum von 2,42 Prozent hinter Deutschland mit 5,0 Prozent und Frankreich mit 4,02 Prozent deutlich nach. Mit dem Beitritt wendete sich das Blatt, und in der Periode 1973–1995 zog Großbritannien mit 1,76 Prozent mit Deutschland gleich, während Frankreich nur mehr 1,65 Prozent schaffte. Im Zeitraum 1995–2007 zogen die Briten dann mit 2,55 Prozent klar an Frankreich mit 1,75 Prozent und Deutschland mit 1,56 Prozent vorbei, ehe es nach der Wirtschaftskrise 2007 im Zeitabschnitt bis 2014 in Großbritannien zu einer Stagnation kam, in Deutschland zu einer Verlangsamung auf 0,93 Prozent Wachstum und in Frankreich zu einem Rückgang um -0,21 Prozent.

Nach der Untersuchung von Crafts wirkte sich die EU-Mitgliedschaft positiv aus, indem sie dem Handel durch Wegfall von tariflichen und nicht tariflichen Hindernissen deutlichen Auftrieb verlieh. Sowohl in den Jahren nach dem Beitritt (1973) als auch nach dem Inkrafttreten des Binnenmarkts (1993) lassen sich starke Wachstumsimpulse nachweisen. In der Gegenwart stellten die EU-Exporte mit 44 Prozent den mit Abstand größten Posten in der Außenhandelsbilanz des Landes dar (obwohl der Anteil seit 2000 sinkt), während die EU nur 8 Prozent ihrer Exporte nach Großbritannien ausführten. Im Jahr 2016 waren nach Angaben der Bank of England 3,3 Millionen Arbeitsplätze von der Mitgliedschaft in der Union abhängig.

Zum Zweiten führte die EU-Mitgliedschaft zu einem verschärften Wettbewerb, der die britische Wirtschaft zwang, ein seit Langem ungelöstes Strukturproblem zu adressieren: Viele Unternehmen lagen in ihrer Produktivität weit hinter ihren internationalen Konkurrenten zurück. Nicht mehr geschützt durch kolonialen Protektionismus mussten sie nun schwimmen lernen oder untergehen. „Wettbewerb zwingt zur Verbesserung oder Vernichtung", meint Nick Bloom von der Stanford University. „Der EU-Binnenmarkt verschärfte den Wettbewerb und zwang britische Unternehmen, ihr Niveau an Qualität und Innovation dramatisch zu erhöhen."

Die Teilnahme am Binnenmarkt zwang die britische Wirtschaft durch Marktöffnung zum Wandel. Heute ist Großbritannien eine der offensten Volkswirtschaften der Welt. Unternehmensgründungen, -schließungen und -übernahmen erfolgten hier in den letzten drei Jahrzehnten mit einer Geschwindigkeit und Leidenschaftslosigkeit, die mehr an die USA als an europäische Konkurrenten denken lässt. Traditionsunternehmen von Leyland bis ICI sind heute vom Markt verschwunden oder in fremder Hand. Kriterium ist nicht die Herkunft des Eigentümers, sondern der Erfolg. Der indische Großkonzern Tata wird als Retter des Autokonzerns Jaguar Land Rover ebenso gefeiert wie seine Division Tata Steel für Schließungen in der maroden britischen Stahlindustrie geprügelt wird.

Als Folge des grundlegenden Wandels wurde Großbritannien nicht nur reicher, sondern verdient sein Geld heute auf vollkommen andere Art als zum Zeitpunkt des EWG-Beitritts 1973. Wer einmal in einem britischen Hotel übernachtet hat, wird mit grimmiger Freude an Monty Pythons TV-Komödie „Fawlty Towers" zurückdenken. Hotelbesitzer Basil Fawlty (John Cleese) versucht hinter einer hauchdünnen Fassade von Höflichkeit (unvergessen das Kampflächeln, mit dem er seine Gäste empfängt), mit diktatorischer Aggressivität jede Klage über die zahlreichen Mängel seines Betriebs (von der Wasserversorgung im Zimmer bis zum Frühstück) zu unterdrücken. Als Weltmeister des Marketings sind die Briten unübertroffen in der Kunst, ihren Kunden selbst unerwünschte oder mangelhafte Ware als besonders begehrtes Produkt zu verkaufen. „Very British" heißt das dann.

Im Übrigen: In einer vom heutigen Gesichtspunkt aus fast prophetischen Wendung spielte in „Fawlty Towers" der spanische Kellner Manuel eine zentrale Rolle. Zuwanderer gehören zu den Stützen des britischen Dienstleistungssektors, wo das Land zuletzt rund 80 Prozent seines Bruttoinlandsprodukts erwirtschaftet. In Deutschland waren es zum Vergleich 69 Prozent. Die Herstellung von Waren (manufacturing) trägt nur mehr zehn Prozent zum britischen BIP bei, das traditionelle „Made in Britain" findet sich vorwiegend unter hoch spezialisierten und anspruchsvollen Produkten (vom Flugzeugbau bis zur Biotechnologie). Dafür ist Großbritannien führend in den Gebieten Finanzdienstleistungen (die allein 24 Prozent des BIP erwirtschaften, während es etwa in Deutschland 16 Prozent sind), aber auch im kreativen und künstlerischen Bereich (die ganze Welt scheint britische Fernsehserien und -filme zu sehen) und der digitalen Wirtschaft.

Als offene Wirtschaft hat die Bedeutung des Außenhandels in den vergangenen Jahrzehnten für Großbritannien stark zugenommen. Der Wert der Ex- und Importe stieg von 23 Prozent des BIP im Jahr 1965 auf 64 Prozent im Jahr 2015. Unter den Exporten hatten im Jahr 2015 Dienstleistungen mit einem Wert von 226 Milliarden Pfund einen Anteil von 44 Prozent. Während die britischen Exporte in die EU 13 Prozent des BIP (229 Milliarden Pfund von 1,8 Billionen Pfund) darstellten, betrugen umgekehrt die EU-Exporte nach Großbritannien nur drei Prozent des BIP der Union (361 Milliarden Euro von 11,7 Billionen Euro.)

Ausländische Eigentümer halten – entweder durch Direktinvestitionen (FDI) oder Übernahmen – Vermögenswerte in der Höhe von 530 Prozent des britischen BIP. Damit ist Großbritannien nach einem Bericht der Regierung von April 2016 „eine der offensten Volkswirtschaften der Welt". Insbesondere überseeische Investoren sahen das Vereinigte Königreich als ihren bevorzugten Standpunkt für den Zugang zum Gemeinsamen Markt der EU. Einem Regierungsbericht zufolge war dies für drei Viertel von ihnen der wichtigste Grund für Investitionen in Großbritannien. FDI ist auch von entscheidender Bedeutung, um das chronische Leistungsbilanzdefizit im britischen Staatshaushalt zumindest teilweise auszugleichen. Es lag 2015 nach Angaben der staatlichen Statistikbehörde ONS bei 5,4 Prozent des BIP, dem höchsten Stand seit Beginn der Aufzeichnungen 1948.

Nach einer Studie des Parlaments ist Großbritannien hinter den USA die zweitgrößte Destination der Welt für FDI. Das Beratungsunternehmen Ernst & Young kürte Großbritannien 2013 zum

„attraktivsten Zielort für Investitionen" in der EU. Nach Angaben der Bank of England belief sich allein in diesem Jahr der FDI-Zufluss auf 1,175 Milliarden Pfund. Davon stammten 46 Prozent aus anderen EU-Staaten, 27 Prozent aus den USA und ebenso viel aus der restlichen Welt. 2014 flossen knapp 1,4 Milliarden Pfund in fast 2.000 Projekte, die rund 100.000 Arbeitsplätze schufen.

Kein anderes EU-Land ist ähnlich erfolgreich im Werben um ausländische Investoren. Sie wählen Großbritannien als Standort in der EU, aber auch wegen der niedrigen Unternehmenssteuern (aktuell 20 Prozent), der zweitniedrigsten Belastung durch Regulierung in der EU (nach den Niederlanden) und einer Sprache, die die ganze Welt versteht. Umgekehrt bringen die Investoren nicht nur neue Unternehmensniederlassungen, sondern auch neue Produkte, Technologien und Jobs.

Insgesamt beziffert Crafts in einer „plausiblen Schätzung" den „Gewinn an Wohlstand" dank der EU-Mitgliedschaft mit „rund 10 Prozent". Großbritannien habe ein Plus im Export von 8,6 Prozent und im Wachstum von 10,6 Prozent genossen: „Die EU-Mitgliedschaft hat das Handels- und Einkommensniveau in Großbritannien durch wachsende Integration erhöht. Diese Gewinne haben eindeutig die Kosten der Mitgliedschaft übertroffen. Das Ausmaß der Einkommensgewinne war wesentlich größer, als sich selbst Optimisten damals vorstellen hatten können."

Die Briten hatten also etwas zu verlieren bei einem Austritt aus der EU, wie ihnen das Lager der Befürworter der Mitgliedschaft vom ersten Moment der Kampagne einzuhämmern versuchte. Für viele von ihnen dürfte das eine Überraschung gewesen sein. In mehr als 40 Jahren hatte keine britische Regierung für die Vorzüge der Mitgliedschaft geworben. Von keinem britischen Amtsgebäude weht die Europafahne, kein britischer Premierminister lässt bei öffentlichen Auftritten neben dem „Union Jack" das blaue Banner mit den zwölf goldenen Sternen aufziehen. Anders als im benachbarten Irland, wo jede gemeinschaftsgeförderte Hühnerleiter mit riesigen EU-Logos geschmückt ist, wird in Großbritannien schamhaft verschwiegen, dass etwa die neue Londoner Bahnverbindung Crossrail unter anderem mit Mitteln der

Europäischen Investitionsbank, der EU-Bank, finanziert wird, oder dass die idyllische, aber wirtschaftlich schwache Region Cornwall zu den größten Empfängern von Fördergeldern aus Brüssel gehört.

Die EU-Befürworter dominierten die ersten Tage der Kampagne auch, weil das Lager der EU-Gegner zunächst einmal mit internen Streitigkeiten beschäftigt schien. Gleich mehrere Gruppierungen unterschiedlicher Zuspitzung und Zielsetzung bemühten sich um mediale Vorherrschaft, offizielle Anerkennung und finanzielle Unterstützung. Regierungsmitglieder, die für den EU-Austritt eintraten, waren (zunächst) sorgsam bemüht, Distanz zu Ukip-Chef Farage zu wahren. Dessen Begeisterungsstürme über das Engagement von Johnson für die Sache der EU-Gegner („Ich liebe Boris, respektiere und bewundere ihn") wurden eher mit peinlich betretenem Schweigen übergangen als begrüßt.

An der Spitze der Bewegung „Vote Leave", die am 13. April 2016 von der Wahlkommission als offizielle Kampagne der EU-Gegner anerkannt wurde und damit in den Genuss staatlicher Unterstützung kam, stand neben den konservativen Spitzenpolitikern Johnson und Gove die langjährige Labour-Abgeordnete Gisela Stuart. Die gebürtige Bayerin lebt seit 1974 in Großbritannien und vertritt seit 1997 den Wahlkreis Birmingham Edgbaston im Londoner Unterhaus. Von ihrem Einsatz als Delegierte zum Europäischen Konvent für die Ausarbeitung einer Europäischen Verfassung zu Beginn des Jahrtausends kehrte Stuart als dezidierte EU-Kritikerin zurück. Die Union sei in den Händen einer „eigennützigen Elite" gelandet und diene längst nicht mehr „dem Wohl der Bürger", lautete ihre jahrelang von niemandem beachtete Kritik. Während sie auf den Hinterbänken des Parlaments gemächlich dem Sonnenuntergang ihrer politischen Karriere entgegenzureiten schien, schoss sie mit der Brexit-Kampagne plötzlich zu landesweiter Bekanntheit empor.

Der Einschluss von Stuart brachte nicht nur eine Frau ganz nach oben im Lager der EU-Gegner, sondern signalisierte auch die Offenheit der Bewegung über Parteigrenzen hinweg. Diese werden in der britischen parlamentarischen Demokratie traditionell eifersüchtig gehütet. Konservative und Labour verstehen sich als jeweilige Sammelbewegungen für das rechte und linke politische Lager. In der Parlamentswahl 1950 gewannen sie gemeinsam 89,4 Prozent aller Stimmen, 2015 war dieser Anteil auf 67,3 Prozent gesunken.

Beide Parteien sind weit gespannte Koalitionen, die zusammenzuhalten mitunter schwieriger ist als die erfolgreiche Auseinandersetzung mit dem politischen Gegner. Schon die Sitzordnung im Londoner Unterhaus, wo die beiden Parteien einander direkt gegenüber platziert sind, macht den konfrontativen Charakter der britischen Politik sichtbar. Mit Ausnahme einer existenziellen äußeren Bedrohung wie im Zweiten Weltkrieg durch Hitler-Deutschland ist eine formelle Koalition zwischen den beiden Großparteien undenkbar.

Die Parteien verstehen sich als Vertreter ihrer Interessen, die idealerweise mit jenen ihrer Anhängerschaft übereinstimmen. Der Erfolg wird in der Durchsetzung der eigenen Position gesucht, nicht in einem durch Kooperation und Verhandlung ermittelten Konsens. Das britische Recht kennt keine Bestimmungen wie gewisse Mindestquoten für besondere Gesetze. „Eine Stimme Mehrheit reicht", zitiert Tony Travis von der LSE einen alten Grundsatz des englischen Rechts. Zusammenarbeit wird aus Schwäche oder Not gesucht, selten aus übergeordneten gemeinsamen Interessen: So ist die Labour Party überzeugt davon, dass ihr das gemeinsame Werben mit den Konservativen gegen die Unabhängigkeit Schottlands 2014 in ihrer einstigen politischen Hochburg den Todesstoß versetzte.

Das nachfolgende Debakel in der Parlamentswahl 2015 und die Schlüsse daraus hatten wiederum schwerwiegende Folgen für das EU-Referendum. Obwohl die „Stronger In"-Kampagne von Will Straw, dem Sohn des früheren Labour-Ministers Jack Straw, geführt wurde, legte die Labour-Führung Wert auf Distanz zu den Konservativen, als wären die Tories der größere Gegner als das Brexit-Lager. Mit dem ehemaligen Innenminister Alan Johnson an der Spitze stellte die Partei die Gruppe „Labour In" auf, die unabhängig für den Verbleib in der EU warb. Die bedeutend kleinere, aber vernehmbare Gruppe „Labour Leave" hingegen setzte sich für den Austritt ein.

Wenn auch eine Spaltung in den epischen Ausmaßen der Konservativen vermieden werden konnte, war vor allem die Differenz zwischen der aktuellen und der früheren Parteispitze unübersehbar. Während Labour-Chef Corbyn bestenfalls lauwarm für die EU warb und sein Ja mit so vielen Abers verband, dass in der Erinnerung der Zuhörer vor allem die Kritik an der Union zurückblieb, stellten sich führende Vertreter der New Labour-Ära in den Dienst der Mitgliedschaft. Zu einer Grundsatzrede von Premier Cameron am 9. Mai 2016 im British Museum sprach der frühere Labour-Außenminister David Miliband die Einleitungsworte und sagte: „Es zeigt, wie viel auf dem Spiel steht, dass David Cameron und ich heute hier gemeinsam zusammengekommen sind. Es wäre ohne Zweifel leicht, sich über unser ungewöhnliches und vorübergehendes politisches Bündnis lustig zu machen. Es ist aber in Wahrheit ein ernüchternder Ausdruck dafür, was auf dem Spiel steht."

Mag das Trio Johnson, Gove, Stuart für überparteiliche Respektierlichkeit der Brexit-Kampagne gestanden haben, wäre sein Erfolg ohne die unermüdliche Vor- und Mitarbeit von Farage undenkbar gewesen. Der Ukip-Chef war landesweit bekannt für seine zentrale Position: Ende der Zuwanderung durch Austritt aus der Europäischen Union. Das war es auch, was bei den enttäuschten, ignorierten und verärgerten Bürgern außerhalb der prosperierenden Metropolen ankam. Rasch stellte sich heraus, dass die EU-Gegner mit Grundsatzreden über den Platz Großbritanniens in der Welt nach der „Befreiung vom Brüsseler Leichnam" (so der Ukip-Abgeordnete Douglas Carswell) mehr Spott und Hohn ernteten als Zustimmung der Wähler. Aber als sie das von Farage aufbereitete Feld zu beackern begannen, konnten sie reiche Ernte einfahren.

Mit dem Slogan „Take back control" brachte der umstrittene Kampagnendirektor Dominic Cummings die Haltung der EU-Gegner wirkungsvoll auf den Punkt. Durch Medientraining geschult, hämmerten die Kampagnenführer den in Fokusgruppen getesteten Slogan den Bürgern mit der Regelmäßigkeit und Hartnäckigkeit einer Gehirnwäsche ein. Der Slogan funktionierte so gut, weil er in drei unverfänglichen Worten einen Bogen schuf, der zugleich ausreichend konkret und hinreichend vage war, um eine Vielzahl von Meinungen, Projektionen oder Erwartungen zu transportieren.

Er erlaubte ein augenzwinkerndes Verstehen, das ein Aussprechen gewisser Dinge nicht mehr notwendig machte, und erlaubte damit im Rahmen der verhassten „political correctness", Ansichten zu artikulieren, die sonst als verpönt galten. „Die Kontrolle zurückholen" klingt sozial verträglicher als „Ausländer raus!". „Die Kontrolle zurückholen" kann auch eine unschuldige Nostalgie gegenüber dem Verlust einer überschaubareren, verständlicheren und vermeintlich weniger unsicheren Welt bedeuten. Oder es kann ein Aufruf sein, das Gesetz (des Handelns) in die eigene Hand zurückzunehmen und den verhassten Eliten – ob sie nun aus London oder aus Brüssel kommen – die Gefolgschaft aufzukündigen.

Mindestens so wichtig wie der Text war der Subtext der Kampagne. Als US-Präsident Barack Obama Ende April bei einem Besuch in London vor negativen Folgen eines EU-Austritts warnte, griff Johnson zu einer besonders perfiden Attacke: Zuerst brachte er die (unrichtige) Behauptung auf, Obama habe eine Churchill-Büste aus dem Weißen Haus entfernen lassen, um dann als angebliche Begründung zu erklären: „Manche sagen, das sei ein Ausdruck der aus der halbkenianischen Abstammung rührenden Abneigung gegen das britische Weltreich – von dem Churchill solch ein glühender Verteidiger war."

Johnsons machte hier mehreres, das für die Brexit-Kampagne symptomatisch werden sollte. Er stellte eine unwahre Behauptung auf, die unrichtig, aber auch nicht vollkommen falsch war: Obama hatte den Standort der Churchill-Büste geändert, sie aber nicht entfernen lassen. Um den Unterschied zu wissen, musste man schon Details eines Vorgangs kennen, der wohl für 99,9 Prozent aller Briten bedeutungslos war.

Zudem diskreditierte Johnson jemanden mit einer widersprechenden Meinung auf mehrfache Art. Einerseits wurde Obama unterstellt, Churchill nicht ausreichend zu würdigen und damit implizit eine anti-britische Haltung zu haben. Zum Zweiten wurde einem

Menschen, der eine unwillkommene Meinung vertritt, die Fähigkeit zu rationalem Überlegen abgesprochen mit Hinweis auf seine (koloniale) Abstammung. Zum Dritten wurde selbst der unaufmerksamste Beobachter mit dem Wort „halbkenianisch" an die Hautfarbe des US-Präsidenten erinnert, und was damit gesagt werden sollte, war wohl auch jedem klar. Viertens ging Johnson nicht einmal auf die Behauptung seines Opponenten ein, sondern versuchte ihn stattdessen unglaubwürdig zu machen. Nicht zu Unrecht bezeichnete ihn der frühere Vizepremier Clegg Johnson in der Kampagne als „Trump mit einem Thesaurus".

Das Rühren an und Schüren von ausländerfeindlichen Stimmungen wurde zum Kernelement der „Leave"-Kampagne: In ihrer Wahlwerbung zeigte man einen Fernsehspot, bei dem eine ältere Frau wegen eines akuten Hustenanfalls von ihrer Tochter in die Notaufnahme eines Krankenhauses gebracht wird. Auf der linken Hälfte des Bildschirms wird dann geschildert, wie es ihr ergeht, wenn Großbritannien innerhalb der EU bleibt, während auf der rechten Seite gezeigt wird, wie das Gesundheitswesen außerhalb der EU arbeiten würde. In der EU muss sich die Frau zunächst lange anstellen, wird von einer dunkelhäutigen Krankenschwester umständlich registriert (sie hat offenbar Schwierigkeiten beim Lesen) und muss dann in einem vollen Wartezimmer mit grimmig blickenden Menschen möglicherweise ausländischer Herkunft Platz nehmen. Außerhalb der EU sitzt dieselbe Schwester am Empfang, aber mit einer zweiten Kollegin als Unterstützung. Freundlich lächelnd greift sie sofort zum Telefon, wenig später steht ein britisch aussehender Arzt im Wartezimmer, reicht der Patientin die Hand und bittet sie zur Behandlung. Sie geht längst vergnügt nach Hause, während sie im Bild innerhalb der EU immer noch auf den Arzt wartet und immer wieder ausländisch aussehende Menschen vor ihr aufgerufen werden. Dem verzweifelten Blick der Frau auf der linken Seite steht dann auf der rechten Seite die Aussage gegenüber: „Unser NHS ist an der Grenze der Belastbarkeit angelangt. Jede Woche zahlen wir 350 Millionen Pfund, um Teil der EU zu sein. Das sind 350 Millionen, mit denen jede Woche ein neues

Krankenhaus gebaut werden könnte. 350 Millionen, die für unsere Ärzte und Krankenschwestern ausgegeben werden könnten. Jetzt ist Ihre Chance da, die Kontrolle zurückzugewinnen und unser Geld in unsere Prioritäten wie das NHS zu investieren."

Ähnlich wurde vor einer angeblich unmittelbar bevorstehenden Masseneinwanderung aus den Balkanstaaten und der Türkei gewarnt. EU-Beitrittskandidaten und -werber wurden bunt zusammengewürfelt und die Mitgliedschaft in die Union als Eintrittskarte nach Großbritannien dargestellt. Gove sprach in einem Artikel für die Tageszeitung *Daily Mail* am 28. April von 88 Millionen Menschen, die „bald Zugang zu unserem Gesundheitswesen und unseren Schulen" genießen würden. Nachdem er nicht vergaß, die anderen sensiblen Punkte wie Druck auf Wohnraum und Gehälter zu erwähnen, stellte er die dramatische Frage: „Warum würden sie nicht so schnell wie möglich hierherkommen wollen?"

Auf einem Poster behauptete das Brexit-Lager: „Die Türkei (Einwohnerzahl 76 Millionen) ist dabei, der EU beizutreten." Die Botschaft wurde in einem weiteren Videoclip untermauert, in dem für eine Wette geworben wurde: Für das Erraten aller Ergebnisse der kommenden Fußball-Europameisterschaft versprach „Vote Leave" einen Preis von 50 Millionen Pfund.

Zwei weiße Männer sitzen nun im Pub beim Bier und reden über Fußball – was könnte britischer sein? Während sie über die Höhe des Gewinns schon in heller Vorfreude sind, empfiehlt der eine dem anderen die Türkei als Geheimtipp mit den Worten: „Das sind wirklich viele. Darunter sind sicher auch ein paar Talente."

Einmal davon abgesehen, dass die Chance, den scheinbar so großzügigen Preis zu gewinnen, bei 1:1.000.000.000.000.000.000.000 (eins zu einer Trilliarde) lag, lässt sich auch mit diesem Beispiel die Vorgehensweise des Brexit-Lagers aufzeigen. 50 Millionen Pfund waren angeblich der Betrag, den Großbritannien täglich an die EU zahlen musste. Der knallrote Wahlkampfbus trug die Angabe von 350 Millionen pro Woche in riesigen Lettern durchs ganze Land. Sie wurde unermüdlich wiederholt.

Ähnlich wie die Behauptung über die Churchill-Büste war die Aussage aber bewusst irreführend und unrichtig. Die 350 Millionen berücksichtigten nämlich weder den „Briten-Rabatt" noch die Rückflüsse aus EU-Töpfen an Großbritannien für eine breite Palette von Regionalförderungen bis zu Forschungsgeldern. Zieht man die empfangenen von den bezahlten Geldern ab, blieb ein Nettobetrag von rund 160 Millionen Pfund in der Woche. Obwohl durch mehrfache Studien belegt wurde, dass „Vote Leave" mit einer falschen und irreführenden Zahl warb und die staatliche Statistikbehörde sogar eine offizielle Beschwerde veröffentlichte, blieb das Brexit-Lager bei seiner Zahl: Sie war hoch genug, um zu beeindrucken, sie war eingängig genug, um sich einzuprägen, und sie war falsch, aber nicht vollkommen ohne Grundlage.

Vor allem aber brachte sie das EU-Lager unter Druck. „Jedes Mal, wenn jemand die Zahl 350 wiederholt, ist das schon ein Punkt für uns", sagte ein konservativer Abgeordneter aufseiten der EU-Gegner. Die Befürworter der Union mussten sich erst abmühen, die falsche Behauptung richtigzustellen, während die EU-Gegner bereits das Blaue vom Himmel versprachen, was mit den Geldern alles gemacht werden könne.

Ebenso ließ sich auch in der Türkei-Aussage ein Körnchen Wahrheit finden. Tatsächlich hatte sich die britische Regierung in der Vergangenheit für EU-Beitrittsgespräche mit der Türkei ausgesprochen, nicht zuletzt aus traditioneller Interessenpolitik („balance of power"): Die Aufnahme eines großen Landes wie der Türkei würde nachhaltig die Kräfteverhältnisse in der Union verschieben und wohl das endgültige Aus für jede weitere politische Integration bedeuten. Außerdem war Großbritannien mit der Türkei als NATO-Partner verbunden. Zu den lautesten Fürsprechern einer Annäherung an die Türkei gehörte über viele Jahre hinweg ausgerechnet Boris Johnson, der sich unter anderem seiner osmanischen Vorfahren rühmte: Sein Urgroßvater väterlicherseits war der liberale Journalist und Kurzzeit-Innenminister der Türkei, Ali Kemal.

Dennoch war kein Wort wahr an der Behauptung, dass ein EU-Beitritt der Türkei in der gegenwärtigen Situation unmittelbar bevorstünde. Der Satz „Turkey is joining the EU" bedarf schon einer sehr weiten Interpretation des englischen „Present Progressive", wenn man bedenkt, dass die Türkei ihren EU-Mitgliedsantrag 1987 stellte und bisher erst eines von 35 Verhandlungskapiteln abgeschlossen werden konnte. Für Fortschritte gibt es auf absehbare Zeit weder politischen Willen noch Anzeichen. Das hinderte aber das Brexit-Lager nicht daran, seine Behauptung unablässig zu wiederholen. Meinungsumfragen wiesen regelmäßig nach, dass das Thema EU-Beitritt der Türkei eines der wirkungsvollsten in der Kampagne war. Der Londoner Bürgermeister Sadiq Khan beschuldigte seinen Vorgänger Johnson in der letzten Fernsehdiskussion vor der Abstimmung, in der Kampagne „Hass geschürt" zu haben.

Paradoxerweise schadeten die Übertreibungen und Unwahrheiten des Brexit-Lagers auch den EU-Befürwortern. Während die eine Seite mit der Wahrheit zumindest „kreativ" war, neigte ein bedeutender Teil der Wähler dazu, von der gegnerischen Seite nichts anderes zu erwarten. Zudem untergrub das Ja-Lager mit apokalyptischen Prognosen über die wirtschaftlichen Auswirkungen eines EU-Austritts seine eigene Glaubwürdigkeit und Autorität. So legte die Regierung Mitte April einen Bericht vor, der bis zum Jahr 2030 je nach Szenario ein Wachstumsminus von 3,8, 6,2 oder 7,5 Prozent, Verluste pro Haushalt von 2.600, 4.300 oder 5.200 Pfund im Jahr und entgangene Steuerleistungen des Staates von 20, 36 oder 45 Milliarden Pfund vorhersagte. Viele Ökonomen bezweifelten, dass es möglich sei, für einen so langen Zeitraum so genaue Prognosen machen zu können. Die EU-Gegner verwiesen darauf, dass Wirtschaftsprognosen sich regelmäßig als ähnlich zuverlässig erwiesen wie der Wetterbericht. Mit der Aussage „Die Menschen in diesem Land haben genug von Experten" lieferte Gove einen der Höhepunkte der Kampagne.

Goves Aussage fiel als Antwort auf die Frage, ob er namhafte Ökonomen nennen könne, die einen EU-Austritt befürworten würden. Ebenso wenig war sein Lager fähig oder bereit, konkrete und verbindliche Aussagen zu machen, wie man sich die Zukunft des

Landes außerhalb der EU vorstellte. Auf medialen Druck bekannte sich das Brexit-Lager zu einem Punktesystem bei der Einwanderung, das man von Ukip übernommen hatte. Umgehend stellte sich heraus, dass eine Umlegung des australischen Vorbilds auf Großbritannien eine Erhöhung, nicht eine Verringerung der Einwanderung bringen würde.

Auf festerem Boden wähnten sich die EU-Gegner, wenn sie den Verlust der Souveränität Großbritanniens durch die Mitgliedschaft in der Union beklagten. Ukip-Chef Farage wurde nicht müde zu behaupten, dass 75 Prozent der in Großbritannien gültigen Gesetze in der EU gemacht würden. Auf diese Zahl kamen andere nicht einmal, wenn sie alle Harmonisierungbestimmungen des Binnenmarktes mitzählten. Eine Studie des Parlaments beziffert die Gesetzesmaterien, die in Brüssel ihren Ausgang haben und in nationales Recht übertragen werden, mit knapp 15 Prozent. Die Botschaft aber, dass eine „fremde" Macht die Oberherrschaft in der 800-jährigen britischen Demokratie übernommen habe, kam bei vielen Wählern an. Der Politikwissenschaftler John Curtice von der University of Strathclyde in Glasgow sagte: „Der entscheidende Punkt ist, dass wir unseren Politikern, egal für wie nutzlos wir sie halten, das Recht einräumen, uns zu vertreten. Den EU-Bürokraten wird diese Legitimität nicht zugestanden."

In exakt dieselbe Kerbe schlug auch Gove, als er sein Engagement für den EU-Austritt mit den Worten begründete: „Ich glaube, dass die Entscheidungen, die unser Leben bestimmen, die Gesetze, die wir einhalten müssen, und die Steuern, die wir bezahlen müssen, von jenen Menschen beschlossen werden sollen, die wir wählen und das Recht haben abzuwählen. (…) Aber unsere Mitgliedschaft in der Europäischen Union hindert uns daran, riesige Gesetzesbereiche zu ändern, und nimmt uns die Fähigkeit, zu wählen, wer kritische Entscheidungen trifft, die unser Leben betreffen. Gesetze, die das Leben der Bürger in diesem Land bestimmen, werden von Politikern anderer Nationen beschlossen, die wir niemals gewählt haben und nicht hinauswerfen können."

Die Antwort der EU-Gegner lautete „Take back control", insbesondere in Verknüpfung mit der Einwanderung. Die Harmonisierung der Schlagzahl von Bohrmaschinen, die es ermöglichte, ein britisches Produkt ohne Modifikation in 27 andere EU-Staaten zu verkaufen, interessierte keinen Menschen. Die Tatsache, dass die vier Grundfreiheiten des Binnenmarkts auch die Personenfreizügigkeit beinhalten, empörte Personen im ganzen Land, denen die Zuwanderung zu viel geworden war. Dass die Übertragung der Befugnisse und Kompetenzen an Brüssel insgesamt zum Vorteil Großbritanniens ausgefallen war, dass jeder Mitgliedstaat weiterhin auf vielen Ebenen (vom Europäischen Rat bis zum Europaparlament) vertreten und mitspracheberechtigt blieb und dass Goves Argumente daher ein weiteres Beispiel für einen sehr „großzügigen" Umgang mit der Wahrheit darstellten, wurde durch den Slogan der Befürworter „Stronger In" nicht einmal unzureichend artikuliert.

Das Wesen der Mitgliedschaft einer Gemeinschaft ist es, gewisse Befugnisse zu übertragen, an ihrer Gestaltung mitzuwirken und sie anzuerkennen. Von der UNO bis zur Welthandelsorganisation, vom Weltwährungsfonds bis zur NATO haben die Briten kein Problem damit. Das westliche Militärbündnis schreibt ihnen sogar vor, dass sie zwei Prozent des BIP jährlich in die Verteidigung stecken müssen – das sind aktuell 45,6 Milliarden Pfund im Jahr und damit mehr als für Erziehung, Infrastruktur und innere Sicherheit gemeinsam ausgegeben wird. Zum Vergleich: Der tatsächliche jährliche Nettobeitrag Großbritanniens zum EU-Budget betrug zuletzt 8,5 Milliarden Pfund. Artikel 5 des NATO-Vertrags sieht zudem vor, „für Verbündete im Verteidigungsfall in den Krieg zu ziehen". „Eine noble Verpflichtung" nannte der Brexit-Anhänger und frühere Sozialminister Iain Duncan Smith die Tatsache, dass über Leben oder Tod junger britischer Frauen und Männer von „gesichtslosen, ungewählten Bürokraten in einer Tintenburg in Brüssel" entschieden wird. Neben den verhassten EU-Institutionen hat auch die NATO ihren Hauptsitz in Brüssel.

Oft erinnerten die EU-Gegner an die Verschwörer gegen die Römer in der Monty Python-Komödie „The Life of Brian":

- „Sie haben uns ausbluten lassen, diese Schweine. Sie haben uns alles genommen, was wir hatten. Und nicht nur von uns. Von unseren Vätern und von unserer Väter Väter.
- Und von unserer Väter Väter Väter.
- Ja.
- Und von unserer Väter Väter Väter Väter.
- Das reicht. Noch genauer brauchen wir es nicht. Was haben sie dafür als Gegenleistung erbracht, frage ich?
- Das Aquädukt.
- Was?
- Das Aquädukt.
- Oh. Jajaja. Das haben sie uns gegeben, das ist wahr.
- Und die sanitären Einrichtungen.
- Oh ja. Die sanitären Einrichtungen. Weißt du noch, wie es früher in der Stadt stank?
- Also gut, ja, ich gebe zu, das Aquädukt und die sanitären Einrichtungen, das haben die Römer für uns getan.
- Und die schönen Straßen.
- Ach ja, selbstverständlich die Straßen. Das mit den Straßen versteht sich ja von selbst, oder? Abgesehen von den sanitären Einrichtungen, dem Aquädukt und den Straßen …
- Medizinische Versorgung …
- Schulwesen …
- Na ja gut. Das sollte man erwähnen.
- Und der Wein …
- Oh ja.
- Ja. Das ist wirklich etwas, was wir vermissen würden, wenn die Römer weggingen.
- Die öffentlichen Bäder …
- Und jede Frau kann es wagen, nachts die Straße zu überqueren.
- Jaja. Die können Ordnung schaffen, denn wie es hier vorher ausgesehen hat, davon wollen wir ja gar nicht reden.
- Also gut. Mal abgesehen von sanitären Einrichtungen, der Medizin, dem Schulwesen, dem Wein, der öffentlichen Ordnung, der

Bewässerung, den Straßen, der Wasseraufbereitung und der allgemei-
nen Krankenkasse, was, frage ich euch, haben die Römer JEMALS
für uns getan?
- Den Frieden gebracht ...
- Ach! Frieden! Halt die Klappe."

„Ach! Frieden! Halt die Klappe", das war sinngemäß auch die Reaktion der EU-Gegner, als Premier Cameron in einer Rede die Rolle
der Europäischen Union als Friedensprojekt und ihren positiven Beitrag zur Aussöhnung auf dem Kontinent würdigte: „Die Europäische
Union hat geholfen, Länder miteinander zu versöhnen, die sich jahrzehntelang gegenseitig an die Kehle gegangen sind. Großbritannien
hat ein fundamentales Interesse daran, gemeinsame Ziele in Europa
zu bewahren, um künftige Konflikte zwischen europäischen Staaten zu verhindern." Als Cameron einen Monat später im Studio des
Senders Sky News Platz nahm, musste er sich von Interviewer Faisal
Islam die Frage gefallen lassen: „Was kommt zuerst: der Dritte Weltkrieg oder die globale Brexit-Rezession?"

In der nachfolgenden Befragung durch das Publikum versuchte
Cameron, die Bürger von seinen Argumenten für den EU-Verbleib
zu überzeugen, indem er immer wieder auf die wirtschaftlichen Vorteile der Mitgliedschaft zu sprechen kam. Die Studiogäste waren
sichtlich nicht beeindruckt und warfen ihm unter anderem „absto-
ßende Angstmache" und „Heuchelei" vor. In einer allgemeinen Atmosphäre der Feindseligkeit forderte die 21-jährige Studentin Soraya
Bouazzaoui von Cameron aggressiv „Garantien" dafür, dass es keine
Annäherung an die Türkei geben werde. Als Cameron antwortete,
eine Mitgliedschaft der Türkei stünde „für Jahrzehnte nicht zur Debatte", unterbrach sie ihn und sagte: „Sie beantworten meine Frage
nicht. Ich kann Geschwafel erkennen, wenn ich Geschwafel höre."

Während Cameron so schmerzhaft lächelte, als hätte er gerade
mit einer Metallplombe auf ein Stück Alufolie gebissen, tobte das
Publikum vor Begeisterung und die Referendumskampagne erlebte
einen ihrer Höhepunkte. Robuste Auseinandersetzungen mit ihren

Politikern sind für die Briten üblich. Aber dass eine 21-Jährige den Premierminister vor laufender Kamera anherrschte und seine Antwort als Unsinn bezeichnete, zeigte dem ganzen Land den ungeheuren Respektverlust, den Cameron zu diesem Zeitpunkt bereits erlitten hatte. Die Studentin hatte ihm nicht einmal richtig zugehört, da griff sie ihn bereits an. Das macht man nicht mit jemandem, den man respektiert und dessen Antwort man tatsächlich hören möchte. Das traut man sich auch nur, wenn man besonders selbstbewusst oder respektlos ist und das Gefühl hat, das Publikum auf seiner Seite zu haben. Die Reaktion der Studiogäste zeigte, dass dies durchaus der Fall war.

Es war eine Szene, wie man sie genauso in den letzten Monaten der Amtszeit von Premierminister Blair erlebt hatte, der damals durch das Land zog, um zu erklären, dass er mit dem Irak-Krieg richtig gehandelt hatte, und dem schließlich niemand mehr zuhörte. Genauso demonstrierte die Episode mit Cameron, dass das Land ihm die Aufmerksamkeit verweigerte. Ein Jahr zuvor hatte man ihn noch gesehen, wie er im Wahlkampf Bürger im Gespräch überzeugen konnte. Nun erging es ihm, wie es Labour-Aktivisten im schottischen Unabhängigkeitsreferendum 2014 ergangen war: Ob der Premier positiv für Europa werben oder negativ vor den Folgen eines Austritts warnen wollte, die Bevölkerung schlug ihm die Tür ins Gesicht.

Mit dem Ukip-Poster „Breaking point: The EU has failed us all" („An der Grenze der Belastbarkeit: Die EU hat uns alle im Stich gelassen"), das einen Massenansturm von Flüchtlingen auf Großbritannien suggerierte und eine Nachahmung eines Nazi-Propagandamotivs war, erreichte die Auseinandersetzung kurz vor Schluss der Kampagne einen Tiefpunkt. Die prominente Konservative Sayeeda Warsi, die aus einer pakistanischen Einwandererfamilie stammt und von 2010 bis 2012 Tory-Kovorsitzende war, wechselte unter Protest in das Pro-EU-Lager. In einem Radio-Interview sagte die erste muslimische Frau, die 2010 am britischen Kabinettstisch Platz nehmen hatte dürfen: „Was hören wir Tag für Tag? Dass die Flüchtlinge kommen, dass die Vergewaltiger kommen, dass die Türken kommen. Diese Art von augenzwinkernder, an stillschweigende Reflexe appellierender, fremdenfeindlicher, rassistischer Kampagne mag politisch kurzfristig geschickt und nützlich sein, aber sie verursacht langfristige Schäden in den Gemeinschaften."

Wenige Stunden später erstach ein Mann mit dem Ruf „Britain First" die Labour-Abgeordnete Joe Cox in ihrem Wahlkreis Batley and Spen im Süden der Stadt Leeds. Cox hatte sich überparteilich für Flüchtlinge engagiert und für den Verbleib in der EU geworben. Großbritannien stand unter Schock. Die Kampagne wurde suspendiert, und von fast allen Seiten wurde eine „Abrüstung der Worte" gelobt. Doch als sich Cameron drei Tage später das letzte Mal live einem BBC-Studiopublikum stellte, verglich ein Zuseher (wie schon zuvor der heutige Außenminister Johnson) die EU mit Nazi-Deutschland und fragte den Premierminister: „Sind Sie nichts anderes als ein weiterer Chamberlain, der mit einem wertlosen Fetzen Papier von einer europäischen Diktatur nach Haus kommt und sagt: ‚Mehr konnte ich nicht erreichen.'?"

Neville Chamberlains Verdienste sind längst vergessen, in die Geschichte ging er schmachvoll als der Premierminister des „Appeasement" ein, der Hitler in München auf den Leim ging und am 30. September 1938 bei der Rückkehr nach London „peace for our time" versprach. Camerons Platz in den Geschichtsbüchern wird durch den Ausgang der EU-Volksabstimmung am 23. Juni bestimmt werden: 51,9 Prozent (17.410.742 Bürger) votierten für den Austritt, 48,1 Prozent (16.141.241 Bürger) für den Verbleib. Die Wahlbeteiligung betrug 72,2 Prozent. Um 04.40 Uhr am Morgen des 24. Juni verkündete BBC-Anchorman David Dimbleby: „We are out." Kurz nach 08.00 Uhr trat Cameron vor die berühmte Tür von 10 Downing Street, dem Amtssitz des Premierministers, und musste einräumen: „Das britische Volk hat entschieden, aus der Europäischen Union auszutreten, und der Wille des Volkes muss respektiert werden." Als Konsequenz kündigte er seinen Rücktritt für den Herbst an. Doch es sollte nur Tage dauern, da war auch Cameron „out".

Das Referendumsergebnis: A nation divided

Das Brexit-Lager gewann die Volksabstimmung mit mehr als einer Million (1.269.501) Stimmen Vorsprung. 51,9 Prozent stimmten für den Austritt (Leave) und 48,1 Prozent für den Verbleib (Remain). Die Differenz für den Austritt betrug im Gesamtlandesschnitt im Vereinigten Königreich 3,8 Prozentpunkte. Mit 72 Prozent war die Beteiligung die höchste in einer landesweiten Abstimmung seit der Parlamentswahl 1992.

Man mochte das Ergebnis bedauern, von einem Unfall konnte man nicht sprechen. Aber selbst für das siegreiche Lager war das Resultat eine Überraschung: 54 Prozent der Leave-Wähler erwarteten am Tag der Stimmabgabe, die Volksabstimmung zu verlieren, während unter allen Teilnehmern 70 Prozent mit einem Sieg der Remain-Seite rechneten.

Die Entscheidung war eindeutig. Das Ergebnis der Volksabstimmung zeigte zugleich ein vielfach gespaltenes Land. Schottland und Nordirland stimmten für den Verbleib in der EU. London war eine Insel der EU-Anhänger in einem Meer der EU-Gegner. Wales und England votierten für den Austritt. Junge, gut ausgebildete und wohlhabende Wähler stimmten für den Verbleib; alte, wenig ausgebildete und ärmere Bürger entschieden sich für das Verlassen der Union.

Die Politologen Matthew Goodwin und Oliver Heath schrieben in einer ersten Analyse: „Die EU-Volksabstimmung hat tiefe Trennlinien in der britischen Gesellschaft zum Ausdruck gebracht, die sich durch Generationen, Ausbildung und Klassen ziehen."

Regionale Verteilung

Von den vier Landesteilen des Vereinigten Königreichs stimmten Schottland und Nordirland für den Verbleib in der EU, während England und Wales für den Austritt votierten. In England endete die Volksabstimmung mit 53,4 zu 46,6 Prozent für den Brexit, in Wales lautete das Ergebnis 52,5 zu 47,5 Prozent. Schottland stimmte mit 62 zu 38 Prozent für den Verbleib in der EU, Nordirland mit 55,8 zu 44,2 Prozent.

Das Brexit-Lager gewann die stärkste Unterstützung in den englischen Gebieten West Midlands (59,3 Prozent), gefolgt von den East Midlands (58,8 Prozent), dem Nordosten (58 Prozent), Yorkshire and the Humber (57,7 Prozent), Ostengland (56,5 Prozent), dem Nordwesten (53,7 Prozent), dem Südwesten (52,6 Prozent), Wales (52,5 Prozent) und dem Südosten (51,8 Prozent). Es blieb in der Minderheit in Nordirland (44,2 Prozent), London (40,1 Prozent) und Schottland (38 Prozent).

In London endete die Volksabstimmung mit 59,9 zu 40,1 für den Verbleib, wobei die EU-Anhänger in 28 der 33 Bezirke die Mehrheit erzielten. Die höchste Zustimmung für den Verbleib gab es in den Bezirken mit dem höchsten Anteil von nicht in Großbritannien geborener Bevölkerung und unter den Jungwählern, insbesondere mit höherer Bildung. Hingegen gewannen die EU-Gegner in drei Ostlondoner Arbeitergebieten die Mehrheit.

Mehr als 33 Millionen Stimmen wurden landesweit abgegeben, aber die Beteiligung war ungleichmäßig. Die Wahlbeteiligung lag in den „Brexit"-Ländern England (73,0 Prozent) und Wales (71,7 Prozent) deutlich höher als in den „Bremain"-Ländern Schottland (67,2 Prozent) und Nordirland (62,7 Prozent).

Von den 50 Wahlbezirken mit der niedrigsten Beteiligung lag die Hälfte in London oder Schottland. In London lag die Beteiligung mit 70 Prozent zwei Punkte unter dem Landesschnitt. Im Gegensatz dazu war die Wahlbeteiligung hoch in Gebieten, in denen Ukip bei den Europaparlamentswahlen 2014 stark abgeschnitten hatte.

Die höchste Zustimmung für den Verbleib in der EU in allen 382 Wahlbezirken wurde mit 95,9 Prozent in Gibraltar registriert. Die höchste Zustimmung für den Austritt verzeichnete die Stadt Boston in der Grafschaft Lincolnshire im Osten Englands mit 75,6 Prozent. In 9 der 382 Wahlbezirke gewann Leave mehr als 70 Prozent der Stimmen. In 38 Wahlbezirken sprach sich eine Zwei-Drittel-Mehrheit für den Austritt aus, darunter zahlreiche Gemeinden im post-industriellen Norden. Im Südwesten stimmten auch die von EU-Zahlungen besonders abhängigen Regionen für den Austritt.

Insgesamt wählten 263 der 382 Wahlbezirke den Brexit. Von den 119 Wahlbezirken, in denen Remain gewann, lagen 32 in Schottland und 28 in London.

Am knappsten beisammen lagen Watford im Nordwesten Londons mit 50,27 Prozent für den EU-Austritt und Moray im Norden Schottlands mit 50,13 Prozent für den EU-Verbleib. Nur 122 Stimmen betrug im Wahlkreis des früheren ORF-Radiomoderators Angus Robertson die Mehrheit, während der heutige SNP-Spitzenfunktionär bei der Unterhauswahl im Vorjahr noch 9.065 Stimmen vor dem Zweitplatzierten gelegen war.

Die EU-Gegner fanden die stärkste Unterstützung in Gemeinden, die wirtschaftlich schlechtergestellt waren als der Durchschnitt, in denen die Arbeitslosigkeit in den letzten Jahren schneller als der Landesschnitt gestiegen war, in denen das allgemeine Bildungsniveau niedrig und die lokale Bevölkerung vornehmlich weiß war. Orte mit großer nicht-weißer Bevölkerung waren weniger für Leave. Von den 20 derartigen Orten waren 17 in London und stimmten 15 für den Verbleib.

Die EU-Befürworter fanden die größte Unterstützung in Städten mit großen Universitäten, zum Beispiel mit 70,3 Prozent in Oxford und 73,9 Prozent in Cambridge. In Schottland stimmten in Edinburgh 74,4 Prozent der Wähler für den Verbleib. In der walisischen Hauptstadt Cardiff, ebenfalls Standort einer großen Universität, lag das Votum für die EU bei 60 Prozent. In der nordirischen Hauptstadt Belfast waren es 59,9 Prozent. Von den vier Stadtteilen stimmte nur der protestantische Osten mit 51,4 Prozent für den Brexit.

In Schottland gewann das EU-Lager in jedem der 32 Wahlbezirke des Landes die Mehrheit. Dennoch war die Zahl der EU-Gegner mit etwas mehr als einer Million Wählern bzw. 38 Prozent weit höher als erwartet. Deutlich geringer als vom Remain-Lager erhofft fiel die Wahlbeteiligung mit 67,2 Prozent aus. Beide Faktoren spielten eine Rolle für die Niederlage der EU-Befürworter.

Soziale Verteilung

Lord Ashcroft wurde einst von David Cameron als Geldgeber für die Tories hofiert, ehe er ihn angesichts öffentlicher Kritik an seinen allzu vorteilhaften Steuerarrangements fallen ließ. Der Geschäftsmann hat das dem Politiker nie verziehen. Heute finanziert er einige der aufwendigsten und angesehensten Umfragen Großbritanniens zu aktuellen politischen und gesellschaftlichen Fragen. Am Tag der EU-Volksabstimmung befragte Ashcrofts Team 12.369 Wähler nach den Motiven für ihre Entscheidung. Die Antworten auf die insgesamt 30 Fragen lieferte ein klares Bild der Hintergründe für die Brexit-Entscheidung.

Nach der Untersuchung von Ashcroft stimmten in den sozioökonomischen Gruppe A (Topmanagement) und B (mittleres Management) jeweils 57 Prozent der Wähler für den Verbleib in der EU. In allen anderen Kategorien lagen hingegen die Austrittsbefürworter voran: 51 Prozent waren es im Grad C1 (niedriges Management), jeweils 64 Prozent in den Gruppen C2 (Facharbeiter), D (Hilfsarbeiter) und E (Unterstützungsempfänger).

Unter mehr als 100 sozialen Merkmalen erwies sich der Bildungsgrad als der zuverlässigste Indikator für das Abstimmungsverhalten. Je höher die Ausbildung war, desto höher fiel das Ja-Votum für die EU aus. 64 Prozent der Wähler mit höherem Universitätsabschluss (wie einer Professur) stimmten für den Verbleib, ebenso 57 Prozent der Wähler mit Universitätsabschluss und 81 Prozent der Personen in Ausbildung. Dagegen sprachen sich 64 Prozent der Menschen mit Pflichtschulabschluss (sekundäre Bildung), 72 Prozent mit Grundschulabschluss und 82 Prozent der Personen ohne Schulausbildung für den Austritt aus der EU aus.

Weiße stimmten 53 zu 47 Prozent für den Austritt aus der EU, 67 Prozent der Briten asiatischer Herkunft stimmten für den Verbleib und ebenso 73 Prozent der dunkelhäutigen Wähler. 58 der Wähler christlichen Glaubens und 54 Prozent der Juden stimmten für den Austritt, während jeweils 70 Prozent der Moslems und der Hindus für den Verbleib waren.

Gebiete, in denen eine große Zahl der Menschen keinen Reisepass hatte – und somit keine Auslandserfahrung –, verzeichneten besonders hohe Zustimmungsraten für den EU-Austritt. Mehr als 60 Prozent der Briten verbringen ihr Leben in einem Umkreis von 20 Meilen zu dem Ort, an dem sie im Alter von 14 Jahren zu Hause waren. David Goodhard, Direktor für Immigrationsfragen beim Thinktank Policy Exchange, meinte dazu: „Sie beziehen ihre Identität aus ihrer Gruppe und ihrem Ort und sind daher leichter verwirrt durch Masseneinwanderung und sozialen Wandel."

Personen, die der Ansicht waren, dass die britische Wirtschaft stagnierte oder im Niedergang war, stimmten eher für den Austritt. Menschen mit Einkommen über dem nationalen Durchschnitt stimmten mehrheitlich für den Verbleib in der EU. Regionen mit Einkommen unter dem nationalen Durchschnitt wählten den Brexit. Aber auch je höher der Exportanteil einer Region in die EU war oder die Abhängigkeit von EU-Fördergeldern (Südwestengland und Wales), desto mehr Menschen stimmten für den Austritt.

Keine Abweichung gab es im Stimmverhalten zwischen den Geschlechtern vom Gesamtergebnis: Männer und Frauen stimmten wie die Gesamtbevölkerung mit 52 zu 48 Prozent für den EU-Austritt.

Die Mehrheit der Voll- und Teilzeitbeschäftigten stimmte für den Verbleib, die Mehrheit der Menschen ohne Beschäftigungsverhältnis stimmte für den Austritt. Mehr als die Hälfte der Pensionisten mit privater Altersvorsorge votierte gegen die EU-Mitgliedschaft und zwei Drittel der Rentner mit staatlicher Pension.

Altersverteilung

Alter war eines der klar zugeordneten Kriterien für das Abstimmungsverhalten: Je höher das Alter der Wähler, desto höher die Ablehnung der EU. Umgekehrt stimmten junge Wähler mit großer Mehrheit für den Verbleib in der Union: In der Altersgruppe 18–24 Jahre waren es 73 Prozent, in der Gruppe 25–34 Jahre 62 Prozent, während noch 52 Prozent in der Gruppe 35–44 Jahre für den Verbleib stimmten.

Danach wendete sich das Blatt: In der Altersgruppe 45–55 Jahre stimmten 56 Prozent für den Austritt, in der Gruppe 55–64 Jahre waren es 57 Prozent und bei den Wählern über 65 Jahren schließlich 60 Prozent.

Die Wahlbeteiligung der Jungen blieb jedoch hinter dem Landesdurchschnitt zurück. Am niedrigsten lag sie in der Altersgruppe 18–24 Jahre mit 64 Prozent, am höchsten bei den Wählern über 65 Jahren mit 90 Prozent. Erst die Über-55-Jährigen erreichten mit 74 Prozent eine Wahlbeteiligung über dem Landesschnitt von 72,2 Prozent.

Unter den Jungen war auch der Bildungsgrad deutlich höher: 40 Prozent der 21-jährigen Wähler hatten einen Universitätsabschluss, während es unter den 60-Jährigen nur sieben Prozent waren.

Sowohl Wähler mit als auch ohne Kinder stimmten mehrheitlich für den Brexit. Eltern mit Kindern unter fünf Jahren stimmten mit 55 Prozent für den Verbleib, während Eltern mit Kindern im Alter von 11–15 Jahren mit 57 Prozent für den Austritt votierten. Bei der einen Gruppe war die Hoffnung auf die Zukunft ausschlaggebend, bei der anderen die Sorge vor dem nahenden Eintritt in ein immer härteres Berufsleben. Unter den Wählern ohne Kinder stimmte eine Mehrheit von 52 zu 48 für den Austritt.

Verteilung nach Parteien

Das EU-Lager gewann nur 42 Prozent der Stimmen im Nordosten Englands, einer traditionellen Labour-Region. Ähnlich fiel das Resultat in Yorkshire mit 42,3 Prozent aus. Etwas besser war das Ergebnis für Remain im Nordwesten mit 46,3 Prozent, während es in den West Midlands nur 40,7 Prozent und in den East Midlands 41,2 Prozent waren. Im Südosten blieben die EU-Befürworter mit 48,2 Prozent der Stimmen und im Südwesten mit 47,4 Prozent in der Minderheit.

In diesem Ergebnis zeigte sich eine nie da gewesene Übereinstimmung zwischen den traditionellen Labour-Kerngebieten im Norden Englands und den Midlands auf der einen Seite und konservativen Bastionen in den ländlichen Regionen Südenglands auf der anderen Seite. Die Wähler beider großen politischen Parteien verweigerten ihren jeweiligen Führungen die Gefolgschaft: Obwohl mit David Cameron ein Konservativer an der Spitze der Remain-Kampagne stand, stimmten 58 Prozent der konservativen Wähler, die ihn nur ein Jahr zuvor zum Premierminister gemacht hatten, gegen die EU. Im Parlament in London war die Partei in der Europa-Frage gespalten. Aber an der Basis war sie überwältigend gegen die EU.

Unter Labour-Anhängern stimmten 63 Prozent der Wähler von 2015 für den Verbleib in der EU, aber immerhin 37 Prozent dagegen. Bei den Wählern der Liberaldemokraten waren 70 zu 30 Prozent für den Verbleib in der Union und bei den Grünen 75 zu 25. Die geschlossenste Partei war Ukip mit 96 Prozent der Wähler für den Austritt – dem Lebenszweck der Bewegung.

Unter den Anhängern der schottischen Nationalisten SNP votierten zwar 64 Prozent für die EU. Mit 36 Prozent lag die Zahl der EU-Gegner aber deutlich höher als erwartet. Im schottischen Parlament hatten im Mai 106 der 129 Abgeordneten für eine symbolische Erklärung zur Unterstützung von Schottlands Verbleib in der EU gestimmt. Nicht nur das Londoner Unterhaus hat das Problem einer wachsenden Kluft zwischen Volksvertretung und Volk.

Unter Wählern, die von sich sagten, der Politik keine Aufmerksamkeit zu schenken, waren 58 zu 42 Prozent für den Austritt aus der EU. Jene, die regelmäßig und aufmerksam das Tagesgeschehen verfolgen, waren 50 zu 50 Prozent gespalten. Befürworter des Internets waren mit 51 zu 49 Prozent für den Verbleib, während seine Gegner mit 71 Prozent für den Austritt stimmten.

So hitzig und umstritten die Auseinandersetzung geführt wurde, stellte sich dennoch die Frage, welchen Einfluss sie in Wahrheit auf die Entscheidung hatte. Waren die Meinungen nicht bereits längst vorgefasst und das Referendum nur eine Gelegenheit, „denen da oben" eine Lektion zu erteilen? Die Kampagne zeigte eine starke Polarisierung nach dem von „Vote Leave" ausgegebenen Motto „Das Establishment gegen das Volk": Die Mehrheit der Regierung, die Labour-Führung, Liberaldemokraten, Grüne, SNP, Plaid Cymru, Gewerkschaften und die Industrie waren für den Verbleib.

Die Entscheidung wurde für viele dadurch vielleicht sogar noch leichter, wenn auch nicht in dem von den Eliten gewünschten Sinn: 43 Prozent der Leave- und 44 Prozent der Remain-Wähler gaben an, immer schon gewusst zu haben bzw. sich bereits ein Jahr vor dem Referendum ihre Meinung gebildet zu haben, wie sie abstimmen würden. Camerons Neuverhandlungen, zahllose Reden, uneinlösbare Versprechen und eine Kampagne, die nach Schätzungen fast 30 Millionen Pfund kostete, hätte man sich demnach ersparen können. Beide Seiten beschädigten durch die Kampagne ihre Glaubwürdigkeit. Zehn Prozent der Wähler gingen am 23. Juni in die Wahllokale und entschieden sich erst an Ort und Stelle. Die Durchführung der Volksabstimmung kostete den Steuerzahler 142,4 Millionen Pfund.

Motive

In seiner Untersuchung befragte Ashcroft die Wähler auch nach den Motiven für ihre Entscheidung:

- 49 Prozent der Austrittswähler nannten als Hauptmotiv ihre Unterstützung für „das Prinzip, dass Entscheidungen über Großbritannien in Großbritannien getroffen werden sollten".
- 33 Prozent sagten, dass der Brexit „die beste Chance für Großbritannien darstellt, die Kontrolle über die Einwanderung und die Grenzen zurückzugewinnen".
- 13 Prozent erklärten, in der Union zu bleiben, bedeute, keine Kontrolle zu haben „über die Erweiterung der EU-Mitgliedschaft oder die Ausdehnung ihrer Kompetenzen in den kommenden Jahren".
- 6 Prozent schließlich meinten, sie hätten für den Austritt gestimmt, weil Großbritannien außerhalb der EU „bessergestellt ist in Wirtschaft und Handel".

Unter den Wählern, die für den Verbleib stimmten, waren folgende Motive ausschlaggebend:

- 43 Prozent sagten, „das Risiko, für den Austritt zu stimmen, schien zu groß in Hinblick auf die Wirtschaft, Arbeitsplätze und Preise".

- 31 Prozent meinten, dass der Verbleib in der EU für Großbritannien bedeute, „das Beste aus beiden Welten" zu haben – einerseits den Zugang zum Gemeinsamen Markt, andererseits ohne Verpflichtung für einen Beitritt zum Euro oder zur Schengen-Zone.
- 17 Prozent gaben als Grund für ihre Entscheidung an, dass Großbritannien außerhalb der EU „isolierter von seinen Freunden und Nachbarn" sein würde.
- 9 Prozent nannten schließlich eine „starke Bindung an die EU und eine gemeinsame Geschichte, Kultur und Traditionen."

Sowohl bei den EU-Befürwortern als auch -Gegnern bestand Übereinstimmung zwischen Konservativen und Labour-Anhängern in den Motiven und ihrer Gewichtung. Die parteipolitische Einschätzung trat hinter eine parteiübergreifende Sicht sowohl der guten auch der schlechten Seiten der EU zurück.

In der Frage der nationalen Identität bezeichneten sich in England doppelt so viele Leave-Wähler (39 Prozent) als Remain-Wähler (18 Prozent) entweder als „englisch, nicht britisch" oder „mehr englisch als britisch". Umgekehrt sahen sich Remain-Wähler doppelt so oft als britisch. Zwei Drittel (63 Prozent) jener, die sich als „mehr englisch als britisch" bezeichneten, stimmten für den Austritt. 60 Prozent der Wähler, die sich als „britisch, nicht englisch" beschrieben, stimmen für den Verbleib in der EU.

Spiegelverkehrt dazu sahen sich in Schottland mehr Remainer (55 Prozent) als Leaver (46 Prozent) entweder als „schottisch, nicht britisch" oder „mehr schottisch als britisch". Wie schon die Schottland-Volksabstimmung 2014 zeigte, gab es einen positiv definierten und pro-europäischen schottischen Nationalismus, während der englische Nationalismus vorwiegend in Ablehnung zu den anderen Landesteilen und der Außenwelt seinen Ausdruck fand. Während die Gleichsetzung „british = english" nicht mehr funktionierte, war „englisch" vorwiegend dadurch bestimmt, was es nicht war.

In ihrer Lebenseinstellung zeigten sich Befürworter des Brexit deutlich pessimistischer als EU-Anhänger. 61 zu 39 Prozent von ihnen dachten, dass das Leben ihrer Kinder schlechter sein werde als ihr eigenes. In einem noch höheren Verhältnis, nämlich 71 zu 29 Prozent, sahen sie in Veränderungen der Wirtschaft und Gesellschaft mehr Gefahren als Chancen für die Zukunft. Während 73 Prozent der EU-Anhänger der Ansicht waren, dass in der Gegenwart das Leben besser war als vor 30 Jahren, sagten 58 Prozent der EU-Gegner, es sei schlechter geworden.

Mit großen Mehrheiten stimmten Wähler, die eine multikulturelle Gesellschaft, die Grünen, die Globalisierung, den Feminismus und die Einwanderung positiv bewerteten für den Verbleib in der EU. Nicht zu übersehen war aber, dass es auch unter diesen Gruppen teilweise signifikante Unterstützung für den Austritt gab. So stimmten 29 Prozent der Befürworter einer multikulturellen Gesellschaft, 32 Prozent der Menschen, die sich als gesellschaftlich liberal bezeichneten, 40 Prozent der Anhänger des Feminismus, 38 Prozent der Grün-Sympathisanten, 38 Prozent der Befürworter der Globalisierung und 21 Prozent der Befürworter von Einwanderung für den EU-Austritt.

Umgekehrt waren die Mehrheiten für den Austritt unter jenen, die all diese Phänomene negativ beurteilten, noch größer: Von den Gegnern einer multikulturellen Gesellschaft stimmten 81 Prozent gegen die EU, unter den Gegnern des gesellschaftlichen Liberalismus waren es 80 Prozent, unter den Gegnern des Feminismus 74 Prozent, den Gegnern der Grünen 78 Prozent, den Gegnern der Globalisierung 69 Prozent und den Gegnern der Einwanderung 80 Prozent.

Die Volkabstimmung zeigte auch eine tiefe Unzufriedenheit mit der bestehenden Wirtschafts- und Gesellschaftsordnung. Von jenen, die sich als Gegner des Kapitalismus bezeichneten, stimmten 80 Prozent für den Brexit. Von jenen, die den Kapitalismus als eine „Kraft des Guten" ansahen, waren 51 Prozent für den Austritt und 49 Prozent für den Verbleib in der EU.

Der Kolumnist Philip Stephens kommentierte: „Es gibt ein halbes Dutzend von Erklärungen, warum die Briten für den EU-Austritt stimmten. Aber der rote Faden ist eine tiefe Verstimmung über ein politisches und wirtschaftliches System, das gegen die hart arbeitenden Menschen manipuliert zu sein scheint. Für sie funktioniert die

Globalisierung nicht, bleiben Wachstums- und Wohlstandsstatistiken abstrakt und spiegeln nicht die Erfahrung der Mehrheit wider. Seit 2008 ist die Ungerechtigkeit des Systems durch den Sparkurs noch verschärft worden: Die Reichsten haben am wenigsten Einbußen erlitten. Durch die Rettung der Banken mit Steuerzahlergeld haben die Regierungen die Belastungen aus den Märkten in die Politik transferiert."

69 Prozent der Leave-Wähler meinten, „die Entscheidung wird uns vielleicht ein wenig reicher oder ärmer machen, aber im Grund geht es nicht um viel". Dagegen meinten 77 Prozent der EU-Befürworter, „die Entscheidung könnte katastrophale Folgen haben, wenn wir die falsche Wahl treffen".

Simon Tilford vom Centre for European Reform charakterisierte das Lager der britischen EU-Gegner mit den Worten: „Eine Koalition derer, die glauben, nichts mehr zu verlieren zu haben, mit jenen, die es sich leisten können, etwas zu verlieren."

Schlussfolgerung

In seinem 1845 erschienen Roman „Sybil, or the Two Nations" schrieb der spätere konservative Premierminister Benjamin Disraeli:

Two nations; between whom there is no intercourse and no sympathy; who are as ignorant of each others habits, thoughts, and feelings, as if they were dwellers in different zones, or inhabitants of different planets; who are formed by a different breeding, are fed by a different food, are ordered by different manners, and are not governed by the same laws.

„Zwei Nationen, zwischen denen es keinen Austausch und keine Sympathie gibt ..." Das war das Land, das im selben Jahr Friedrich Engels in seiner Studie „Die Lage der arbeitenden Klasse in England" beschrieb, die für den Sozialismus bahnbrechend werden sollte. Seither hat Großbritannien ein Imperium errichtet, zwei Weltkriege gewonnen, ein Kolonialreich aufgelöst, neun Labour-Regierungen erlebt, die Dominanz und Zerschlagung der Gewerkschaften gesehen und mehr als vier Jahrzehnte die EU als Mitgliedstaat mitgestaltet – und dennoch scheinen heute die Trennlinien so tief und die Gräben so weit zu sein wie vor mehr als 150 Jahren.

Die britische EU-Volksabstimmung vom 23. Juni legte eine tiefe Spaltung in der britischen Gesellschaft offen, die sich durch Generationen und Klassen zieht. Wie die Politologen Matthew Goodwin und Oliver Heath zeigen, fand sich die stärkste Unterstützung für den EU-Austritt vor allem – aber nicht ausschließlich – in Gebieten, in denen Pensionisten, gering qualifizierte und weniger gebildete Arbeiter und Bürger dominierten, die sich nicht nur durch die ökonomische Transformation des Landes in den letzten Jahrzehnten, sondern auch durch die vorherrschenden Werte einer gesellschaftlich liberaleren politischen und medialen Elite marginalisiert sahen. Dem traditionsbewussten Arbeiter aus Sheffield war das politische Establishment in London genauso fremd (und verhasst) wie dem konservativen Landwirt aus Taunton.

Dieses Unbehagen war nicht in den Monaten der Referendumskampagne entstanden, sondern über Jahre gewachsen. In der United Kingdom Independence Party fand es sein politisches Vehikel. Tatsächlich zeigten die Referendumsergebnisse 2016 enge Übereinstimmung mit den Resultaten der Europaparlamentswahl 2014, in denen Ukip erstmals landesweit stärkste Partei wurde: Die Gemeinden, die 2016 am stärksten für den EU-Austritt stimmten, waren dieselben, die 2014 in der Europawahl für Ukip votiert hatten. Um der rechtspopulistischen Partei das Wasser abzugraben, hatte Cameron das Referendum ausgerufen. Er erreichte damit das Gegenteil: Durch das Referendum wurde das einzige Ziel Ukips Staatsräson: „Brexit means Brexit."

Doch während es Ukip im Jahr 2014 gelang, 29 Prozent der Stimmen zu gewinnen, stimmten zwei Jahre später 52 Prozent der Wähler für den Brexit. Wie kam es zu dieser (beinahe) Verdoppelung? Die Entscheidung für den Brexit trafen jene gesellschaftlichen Gruppen, denen parteiübergreifend ein Gefühl der Unsicherheit, des Pessimismus und der Ausgrenzung gemeinsam war. Sie fühlten sich nicht vertreten von

Eliten (sei es in London oder in Brüssel), die nach ihrem Empfinden ihre Werte nicht teilten, ihre Interessen nicht repräsentierten und ihre Angst vor gesellschaftlicher, wirtschaftlicher und kultureller Veränderung nicht verstanden. Den Abgeordneten in Westminster wurde brutal vor Augen geführt, dass sie längst nicht mehr die Meinung ihrer Wähler vertraten – aus Missachtung ebenso wie aus Verachtung.

Das Referendum bot die Gelegenheit, angesammelte Frustrationen zum Ausdruck zu bringen. Die Zuwanderungsfrage war dabei das Brennglas. Die Masseneinwanderung aus den neuen EU-Staaten begann 2004 und nach allgemein akzeptierten Schätzungen leben heute 3,3 bis 3,5 Millionen EU-Bürger in Großbritannien. Der Politikwissenschaftler Rob Ford meinte: „Die Masseneinwanderung war etwas, das diese Wähler niemals gewollt, wofür sie niemals gestimmt und was sie niemals wirklich akzeptiert hatten."

Für die etablierten Kräfte in Politik und Medien ebenso wie für die liberale Mittelklasse waren die Vorteile der Einwanderung so offensichtlich, dass sie lange Zeit nicht einmal realisierten, dass es ein Problem gab. Vom Nutzen für die Wirtschaft bis zum privaten Vorteil, endlich einen zuverlässigen, kompetenten und billigen Handwerker zur Hand zu haben, bis zur vielfältigen Bereicherung schienen die positiven Auswirkungen der Einwanderung absolut überzeugend. Dort, wo die Menschen das nicht so sahen, verabsäumten die Politiker es, entweder für die Vorteile der Immigration zu werben oder vermittelnde Maßnahmen zu setzen.

Als sich der damalige Premierminister Gordon Brown im Wahlkampf 2010 über eine angeblich „bigoted lady" empörte, die ihn auf die Einwanderung angesprochen hatte, zeigte sich, wie groß die Kluft zwischen Politikern und Wählern schon geworden war. Wenn sie sich nicht ungehalten zeigten, machten die Politiker Versprechungen, die sie entweder nicht ernst meinten oder von denen sie wissen mussten, dass sie nicht einlösbar waren.

Zugleich zeigten die Ergebnisse des Referendums, dass nicht notwendigerweise dort, wo die meisten Fremden lebten, die meisten Stimmen für den Brexit verzeichnet wurden. Zum Beispiel: Der

Wahlbezirk South Staffordshire in den West Midlands hatte eines der niedrigsten Niveaus der EU-Einwanderung mit weniger als einem Prozent der Bevölkerung. Dennoch stimmten 64,9 Prozent für den Austritt. Von den 20 Orten mit den wenigsten EU-Immigranten stimmten 15 für den Austritt aus der EU. Umgekehrt votierten von den 20 Orten mit den meisten EU-Immigranten 18 für den Verbleib.

Dies widerspricht der These, dass für den Brexit vor allem Gemeinden verantwortlich waren, in denen öffentliche Leistungen, Wohnraum und die lokale Wirtschaft durch starke EU-Einwanderung besonders unter Druck geraten waren. In vielen Gebieten, die sich am empfänglichsten für die Leave-Kampagne zeigten, gab es in Wahrheit kaum Einwanderer. Umgekehrt stimmten Großstädte wie London, die seit je Zentrum der Einwanderung waren und auch Erfahrung im Umgang damit hatten, für den Verbleib in der EU.

Der Meinungsforscher Anthony Wells meinte daher: „Es kommt entscheidend auf die Wahrnehmung an. Wo es in kurzer Zeit einen steilen Zuwachs gegeben hatte, zählte das mehr als die absolute Zahl an Einwanderern, die in den meisten Brexit-Gebieten weit unter dem Durchschnitt lag." Boston, mit 75,6 Prozent Nummer eins der EU-Gegner, hatte einen Ausländeranteil von 13 Prozent. Lambeth, mit 78,6 Prozent Nummer eins der EU-Befürworter (ausgenommen Gibraltar) verzeichnete einen Ausländeranteil von 38 Prozent.

Obwohl Immigration die Zündschnur war, hatte das Brexit-Votum mehr als eine Ursache. Die britische Gesellschaft ist gespalten in tiefe Unterschiede in Lebensaussichten und Werte, Hoffnungen und Perspektiven, Universitätsabsolventen und Schulabbrecher, globalisierte Kosmopoliten und lokalisierte Nativisten, Alt und Jung sowie London und die Provinzen. Wie Disraeli schrieb: „Two nations; between whom there is no intercourse and no sympathy."

In „Revolt on the Right" zeigten die Politikwissenschaftler Matthew Goodwin und Robert Ford schon 2014, wie die Veränderungen in der britischen Wirtschafts- und Sozialstruktur eine Gruppe von „links liegen gelassenen" Wählern an den Rand gedrängt hatten: ältere, weiße Wähler aus der Arbeiterklasse mit weniger Ausbildung, die mit niedrigen Einkommen leben mussten und denen die Fertigkeiten fehlten, sich einer modernen, post-industriellen Wirtschaft anzupassen und darin zu prosperieren. Sie waren 2016 die Brexit-Wähler.

Die Studie zeigte auch die Bedeutung langfristiger Veränderungen der Werte zwischen den Generationen, von denen die Haltung zu Fragen wie Einwanderung, nationale Identität und EU-Mitgliedschaft geprägt werden. Die Unterschiede wurden umso akuter empfunden, als die Wähler eine Annäherung der Großparteien Konservative und Labour in Richtung eines „liberalen Konsens" zu den Themen EU-Mitgliedschaft und Einwanderung erlebten und sich umso mehr vernachlässigt fühlten. Diese Wähler vertraten im Gegensatz dazu ein Wertemodell, das eine autoritärere Antwort auf die Herausforderungen der Gegenwart verlangte und bei der das eigene Land an erster Stelle stand („Britain First!"). In ihrer Antrittsrede schlug Premierministerin May exakt in diese Kerbe.

Die Brüche in der britischen Gesellschaft entstanden über Jahrzehnte, aber vor dem Auftauchen von Ukip gab es keine politische Stimme, sie zu artikulieren. Durch das Referendum wurde die Tiefe des Grabens zwischen der globalisierten Mittelklasse und der verängstigten Mehrheit klar sichtbar. Dass die Wahlbeteiligung in Kerngebieten der Brexit-Anhänger oft über dem Durchschnitt lag, war ein Hinweis, dass Bürger, die sich lange vom etablierten Diskurs ausgeschlossen gefühlt hatten, das Referendum als Chance zur Durchsetzung ihrer Ansichten sahen. Wie die Untersuchung der Motive zeigte, ging es dabei keineswegs nur um Großbritanniens EU-Mitgliedschaft, sondern auch um vermeintliche Bedrohungen der nationalen Identität, Werte und Lebensweise.

Das Ergebnis war ein Schock für die Eliten in London, Edinburgh und den anderen kosmopolitischen Städten, die feststellen mussten, dass die englische Provinz ihre europafreundliche Weltsicht ablehnte. Die Städte wählten anders als das Land, wurden aber überstimmt. Das Brexit-Votum legte die Bruchlinien in der britischen Politik und Gesellschaft offen, aber es hat sie nicht geschaffen und nicht überbrückt. Es dürfte erst der Anfang gewesen sein.

Die Ursachen: Us and them

In ihrem Buch „Watching the English" aus dem Jahr 2004 versuchte die Sozialanthropologin Kate Fox, den Nationalcharakter der Engländer aus ihrem Verhalten abzuleiten und zu verstehen. Als eines der herausragendsten Merkmale identifizierte sie alles, was mit dem Wort „to moan" bereits lautmalerisch umschrieben ist: jammern, klagen, meckern, raunzen, maulen. Ausführlich beschreibt sie die mehrstufigen Rituale des Jammerns („Monday-morning Moan", „Time Moan", „Meeting Moan" etc.) und kommt zu der Schlussfolgerung:

In all English moaning rituals, there is a tacit understanding that nothing can or will be done about the problems we are moaning about. We complain to each other, rather than tackling the real source of our discontent, and we neither expect nor want to find a solution to our problems – we just want to enjoy moaning about them. Our ritual moaning is purely therapeutic, not strategic or purposeful: the moan is an end in itself.

Als Fox das Buch veröffentlichte, erlebte Großbritannien die längste Aufschwungphase seit dem Zweiten Weltkrieg. Seit Anfang 1992 war die Wirtschaft Quartal für Quartal gewachsen und der damalige Schatzkanzler Brown rühmte sich, seine New Labour-Regierung (1997–2010) habe den „Boom and Bust"-Zyklus (sinngemäß: „Wie gewonnen, so zerronnen") früherer konservativer Regierungen „für immer" überwunden.

„Für immer" endete vier Jahre später – und Großbritannien fiel tief: Allein vom ersten Quartal 2008 bis zum zweiten Quartal 2009 ging die Wirtschaftsleistung um 5,8 Prozent zurück, das war der stärkste Einbruch seit 1945. Ende des Jahres 2009 war das Bruttoinlandsprodukt mit 1,46 Milliarden Pfund preisbereinigt auf den Stand von 2005 gesunken. Die Kosten sollten sich als enorm herausstellen – nicht nur ökonomisch.

Wer aber im Jahr der Veröffentlichung von Fox' Studie vor einem ungleichgewichtigen Entwicklungsmodell warnte und dunkle

Wolken am Horizont aufziehen sah, wurde bestenfalls als Rufer in der Wüste wahrgenommen. 2004 eröffnete in London ein als „Gherkin" berühmt gewordenes Hochhaus in der City, das rasch zu einem neuen Wahrzeichen der Stadt wurde. Das zigarrenförmige Gebäude drückte ein Selbstbewusstsein aus, das die konventionellen Formen eines viereckigen Hauses sprengte und entschlossen bis in den Himmel zu ragen schien. Mit seiner gläsernen Fassade signalisierte es Transparenz, doch die dunkle Tönung sorgte zugleich dafür, dass der Betrachter letztlich sich selbst sah.

So präsent der ursprünglich von der Versicherungsgesellschaft Swiss Re errichtete Turm im Stadtbild der Londoner City war, dem allgemeinen Publikum blieb er (mit wenigen Ausnahmen) verschlossen. Die Menschen, denen der Finanzdistrikt dienen sollte, waren zur Staffage geworden. Man nahm das zwar hin, aber es gefiel einem nicht. Der Brite passt sich (äußerlich) den Veränderungen, denen er in seinem Leben ausgesetzt ist, vielleicht geschmeidiger an als Personen anderer Nationalität. Mit einem Schulterzucken wird hier hingenommen, was anderswo zu Aufständen führt. Das betrifft keineswegs nur unzureichende öffentliche Dienste, bei denen einem nicht nur beim Bezahlen die Tränen kommen, sondern auch bei der Inanspruchnahme. Es sind keine Freudentränen.

Dieser äußeren Konformität liegt aber nicht unbedingt eine innerliche Übereinstimmung mit den Herausforderungen des modernen Lebens mit seinen Chancen und Schattenseiten zugrunde. Die Sehnsucht nach einer Vergangenheit, in der angeblich alles besser war, ist unstillbar, wie Fox schreibt:

The English do suffer from a sort of ‚nostalgia isn't what it used to be' syndrome. The belief that the country is going to the dogs, that things are not what they were, that some cherished bastion or emblem of Englishness (such as the pub, queuing, sportsmanship, the monarchy, courtesy) is dead or dying, seems to be endemic.

Weil die Nostalgie vorherrschend und das Klagen allgegenwärtig waren, zugleich aber alle messbaren Daten in einer ununterbrochenen Linie immer weiter nach oben in eine strahlend helle Zukunft zu zeigen schienen – vom Wirtschaftswachstum zu den jährlichen Schulresultaten, von der Höhe der verfügbaren Realeinkommen bis zur Dominanz der englischen Premier League im weltweiten Fußball-Business –, sah niemand, welch brisante Mischung sich in der Gesellschaft zusammenbraute.

Hinter der Fassade von „Cool Britannia", der pulsierenden Metropole London mit ihren Attraktionen, der sprachlichen und kulturellen Dominanz des Landes von BBC bis Harry Potter, der scheinbaren Verwirklichung des Traums von einem Wachstum ohne Grenzen und dem festen Glauben, dass „eine steigende Flut alle Boote in die Höhe hebt", wollte oder konnte man Entwicklungen nicht sehen, die mit dem Brexit ans Tageslicht traten. George Orwell schrieb 1941: „Die englische Revolution hat vor einigen Jahren begonnen. Wie alles andere in England geschieht sie in einer schläfrigen, unwilligen Art und Weise. Aber sie findet statt."

Elitenversagen

Jede Gesellschaft hat ihre Vorbilder: Politiker, Wirtschaftstreibende, Sportler, Künstler oder Prominente. Was sie leisten, wofür sie stehen, wie sie sich benehmen, hat Vorbildwirkung und beeinflusst das Verhalten der Menschen. Bradley Wiggins war 2012 nicht nur der erste Brite, der die Tour de France gewinnen konnte, er löste damit auch einen Radsportboom in seiner Heimat aus. Als Tony Blair 1997 New Labour nach 18 Jahren in der Opposition wieder in die Regierung führte, errang er nicht nur einen Erdrutschsieg, sondern damals verkörperte seine Bewegung auch den Aufbruch einer ganzen Gesellschaft. Heute ist Blair eine Unperson, aber dieselben Menschen, die ihn heute verachten, hassen und verurteilen, verehrten ihn vor 20 Jahren als ihren Helden.

Der Weg vom Helden zur Hassfigur führte für Blair über Bagdad. Nach den Terroranschlägen vom 11. September 2001 in den USA stellte sich der britische Premier in die erste Reihe der Solidarität mit den Vereinigten Staaten. An pro-amerikanischer Gesinnung ließen sich Blair und seine Regierung von niemandem übertreffen. Während Berlin und Paris in späteren Jahren angesichts der Kriegsvorbereitungen in Washington gegen den Irak zunehmend auf Distanz gingen, rückte London den USA immer näher. Europäische Solidarität und eine gemeinsame Außenpolitik entpuppten sich – je nach Blickpunkt des Betrachters – als hohle Phrasen oder Wunschdenken.

Als noch verhängnisvoller sollte sich die Art herausstellen, wie die britische Öffentlichkeit auf den Krieg gegen den Irak vorbereitet wurde. Saddam Hussein war ein brutaler Diktator, der sein Land mit eiserner Faust regierte und einen Unruheherd in der Region darstellte. Zugleich war er durch Sanktionen geschwächt und stand unter UNO-Rüstungskontrollen. Selbst mit größter Anstrengung konnte niemand Saddam und sein Regime für die Anschläge des 9. September verantwortlich machen. Das verhinderte schon die Terrororganisation al-Qaida, die sich diese „Ruhmestat" nicht streitig machen lassen wollte.

Es war bekannt, dass Saddams Irak und Osama bin Ladens al-Qaida einander spinnefeind waren. Der eine war ein säkularer Diktator, der andere ein fanatischer Glaubenskrieger. Saddam verweigerte Al-Qaida-Leuten Zuflucht und Unterstützung, bin Laden rief zum Sturz des „heidnischen Regimes in Bagdad" auf. Zudem hatten alle Vorbehalte gegen die irakische Führung den Westen lange nicht daran gehindert, das Regime in Bagdad als Gegengewicht zur Islamischen Republik Iran zu unterstützen. Nun den Regimewechsel erzwingen zu wollen, verstieß nicht nur gegen internationales Recht, sondern mangelte auch der Glaubwürdigkeit. Dafür war nicht zu leugnen, dass der Irak über die fünftgrößten bekannten Ölreserven der Welt und von allen führenden Ölproduzenten über die größten noch nicht erschlossenen Lagerstätten verfügte.

Das britische Volk auf einen Krieg gegen den Irak aufgrund der Terroranschläge von New York und Washington einzustimmen, war daher nicht unbedingt eine direkte Argumentation. Blair und seine Regierung sprachen auch bis zuletzt von einem Vorgehen im Rahmen der UNO für den Fall des Verstoßes des Irak gegen die Sanktionen der Vereinten Nationen. Obwohl internationale Rüstungsinspektoren keinen Hinweis dafür finden konnten, behauptete London, der Irak sei „im Besitz von Massenvernichtungswaffen".

So wie die New Labour-Maschine Wahlen gewann, wurde gezielt die öffentliche Meinung bearbeitet, um sie von etwas zu überzeugen, was offensichtlich nicht der Fall war. Ein Geheimbericht wurde aus dem Internet zusammengeschustert, und das in so miserabler Qualität, dass das sogenannte „sexed-up dossier" als Paradebeispiel für schamlose Manipulation Geschichte machte. Zeitungen wurden mit Schlagzeilen wie „Brits 45mins from doom" gefüttert (so der Aufmacher der *Sun* am 25. September 2002). Am 15. Juli 2003 nahm sich der ehemalige UN-Waffeninspektor David Kelly unter Umständen, die vielen bis heute dubios erscheinen, das Leben.

Zu dieser Zeit waren bereits „shock and awe" über Bagdad hereingebrochen, das Regime von Saddam Hussein vertrieben und der blutige Zerfall des Irak in die Wege geleitet worden. Von den Massenvernichtungswaffen, dem angeblichen Kriegsgrund, fand sich keine Spur. Die Suche wurde nach einem Jahr erfolglos abgebrochen. Im September 2004 schrieb die U.S. Iraq Survey Group in ihrem Abschlussbericht: „Wir haben keine Beweise gefunden, dass Saddam im Jahr 2003 Massenvernichtungswaffen besaß."

Der Irak-Krieg richtete einen Schaden im Mittleren Osten an, der Generationen belasten wird. Er kostete Großbritannien 179 Todesopfer (die irakische Opferzahl wird auf 160.000 geschätzt) und 8,2 Milliarden Pfund (nach Regierungsangaben von Jänner 2015). Er zerstörte die Reputation Blairs. In Erinnerung blieben der Spottname „Bush's poodle", den der damalige Chef der Liberaldemokraten, Charles Kennedy, geprägt hatte. Der Sozialforscher Will Dahlgreen vom Meinungsforschungsinstitut YouGov schrieb 2015: „Der Irak-Krieg ist für viele Menschen das Einzige, woran sie sich aus der Zeit der Labour-Regierung 1997–2010 erinnern können."

Was damals geschah, war die offene Manipulation der öffentlichen Meinung durch einen zumindest selektiven Umgang mit der Wahrheit, einer Instrumentalisierung willfähriger Medien und einer beinharten Einschüchterung kritischer Berichterstattung sowie einem Zusammenstehen des politischen Establishments wider besseres Wissen. Die regierende Labour Party und die oppositionellen Konservativen stimmten trotz weltweiter Bedenken und trotz der größten Massenkundgebung in der Geschichte Londons mit drei Millionen Teilnehmern (nach Angaben der Veranstalter), die gegen den Krieg protestierten, am 15. Februar 2003 fast geschlossen für den Angriff auf den Irak.

Ebenfalls in Erinnerung blieb die scheinbar willenlose Unterordnung Großbritanniens unter Wohl und Wehe der US-Administration von Präsident George W. Bush. In der Polemik „Yo Blair" – den Worten, mit denen Bush am G8-Gipfel von St. Petersburg 2006 Blair in herablassender Verachtung wie einen Befehlsempfänger begrüßte – rechnete der Publizist Geoffrey Wheatcroft mit dem Premier ab, der in einer Mischung aus Eitelkeit und Größenwahn gedacht habe, als kleines britisches Schlauchboot dem riesigen amerikanischen Flugzeugträger den Kurs vorgeben zu können. Die Wahrheit aber war: Großbritannien war überall dabei, von Guantanamo bis zu Auslieferungsflügen (rendition flights), aber allein die USA bestimmten. Alle, außer „Yo Blair" schienen das auch zu erkennen. „Danke für den Pullover, sehr aufmerksam von Ihnen", bedankte sich Bush in derselben Unterhaltung herablassend. „Sie haben ihn sicher selbst ausgesucht."

Mittlerweile haben sich drei Kommissionen mit dem Irak-Krieg beschäftigt. Geleitet von und besetzt mit honorigen Vertretern des Establishments – Richter, Professoren, Spitzenbeamte, Diplomaten –, endeten die ersten beiden Untersuchungen mit beschönigenden Abschlussberichten für die Regierung. Selbst Blair-freundliche Medien sprachen von einem „whitewash": Während die Butler-Untersuchung (2004) den Geheimdiensten vorwarf, „unzuverlässige Informationen" geliefert zu haben, sprach der Hutton-Bericht (2003) die Regierung von jeder Mitschuld oder -verantwortung am Tod von Kelly frei.

Statt für Transparenz und Rechenschaftspflicht zu sorgen, verstärkten die Berichte den Eindruck der Öffentlichkeit, dass die Vertreter des Establishments sich gegenseitig deckten. Erst die

Chilcot-Kommission, die im Juli 2016 nach sieben Jahren Arbeit ihren Bericht vorlegte, übte scharfe Kritik an der Regierung Blair.

Dass Blair unbeirrt an der Richtigkeit des Kriegs festhielt und nun mit dem Regimewechsel rechtfertigte, der nicht nur völkerrechtswidrig, sondern angeblich auch nie das Ziel der Intervention gewesen war, machte den Premier in den Worten von Wheatcroft zum „Generalsekretär der Partei jener, die glauben, immer recht zu haben". Die wachsende Unruhe in der Labour Party zwang Blair schließlich vor dem Herbstparteitag 2004 zu der Ankündigung, er werde sich bei der Parlamentswahl im folgenden Jahr zum letzten Mal für eine dritte Amtszeit bewerben und danach zugunsten seines langjährigen Mitstreiters und Kontrahenten Brown zurücktreten.

Im Wahlkampf 2005 waren dennoch landauf, landab Plakate mit Blairs Konterfei und der Aufschrift „Bliar" zu sehen. Der Premier wurde mehr und mehr zu einer Belastung für seine Partei, nicht nur wegen seiner Realitätsverweigerung, sondern auch als lebende Erinnerung an eine unangenehme Wahrheit: Im Februar 2003 waren die Briten laut Umfragen mit 53 zu 46 Prozent mit deutlicher Mehrheit für den Irak-Krieg gewesen. Zum Zeitpunkt der Unterhauswahl im Mai 2005 waren 55 zu 30 Prozent gegen den Krieg, und heute meint eine Mehrheit von 43 zu 37 Prozent, das Land sei immer schon dagegen gewesen.

Warnsignale für drohende Konflikte gab es schon damals. Bei der Europaparlamentswahl 2004 feierte Ukip die größten Zugewinne aller Parteien, obwohl sich die Gruppe vorwiegend öffentlich ausgetragenen inneren Streitigkeiten widmete. Es war das Jahr der großen EU-Erweiterung, die am 1. Mai in Kraft trat. Über Jahre hinweg war Großbritannien einer der größten Fürsprecher der Aufnahme der Staaten Ost- und Mitteleuropas in die Union gewesen und auf Übergangsfristen bei der Personenfreizügigkeit für ihre Bürger verzichtete man nun.

Das Werbevideo von Ukip für die Wahl am 10. Juni 2004 begann mit den Worten: „Großbritannien ist ein vielfältiges und tolerantes Land. Wir haben eine sehr stolze Geschichte, Menschen aus aller Welt willkommen zu heißen, und die UK Independence Party möchte das beibehalten. Aber im Mai haben Politiker in London beschlossen, unsere Türen für 73 Millionen mögliche Einwanderer zu öffnen."

In weiterer Folge sagte der damalige Spitzenkandidat Robert Kilroy-Silk, als prominenter Fernsehmoderator für Millionen Briten ein vertrautes Gesicht: „Die britische Wirtschaft ist die viertgrößte der Welt. Dennoch haben wir massiv überfüllte öffentliche Verkehrsmittel, lange Wartelisten für Krankenhäuser, zu wenige Lehrer und Millionen Pensionisten in Armut. Und was machen wir? Wir zahlen jeden Tag 50 Millionen Pfund an die EU. Geld, das wir in unser Gesundheitswesen, in unsere Schulen und in die Verbesserung unserer Pensionen investieren könnten."

Wenige Augenblicke später rückte ein junger Nigel Farage ins Bild mit der Aufforderung an die Wähler: „Wenn Sie ebenso wie die Mehrheit der britischen Bevölkerung denken, dass wir die Europäische Union verlassen und die Kontrolle über unser Land zurück in unsere Hände nehmen sollen, dann wählen Sie Ukip und sagen Sie Nein zu unkontrollierter Einwanderung."

Alles, was „Vote Leave" in der Referendumskampagne des Frühjahrs 2016 sagte und versprach, war in diesem Werbespot aus dem Jahr 2004 in 4:44 Minuten bereits enthalten: die Warnung vor „unkontrollierter Einwanderung"; die Behauptung, Großbritannien werde von „ungewählten Bürokraten in Brüssel regiert" mit einer „Flut von Regulierungen" (auch die Bananenkrümmung findet Erwähnung); die angeblichen Zahlungen von 50 Millionen Pfund am Tag – also 350 Millionen Pfund in der Woche – an die EU; die Worte „take back control" fallen das erste Mal; die Behauptung, dass Großbritannien als Netto-Importeur bei einem Austritt aus dem Gemeinsamen Markt keine Nachteile zu fürchten habe; dass man sowieso immer nur einer Handelszone beitreten wollte und dass man für „das Recht, britisch zu sein" kämpfe – alles, was die vermeintlichen Masterminds und Genies der Kampagne 2016 tun mussten, war ein zwölf Jahre altes Video anzusehen, in mundgerechte Häppchen zu zerteilen und einer hungrigen Bevölkerung zu servieren.

Ukip steigerte sich in der EU-Wahl 2004 von drei auf zwölf Mandate. In den East Midlands wurde die Partei mit 26,1 Prozent ebenso Zweiter wie in Ostengland mit 19,6 Prozent. Als die Partei 2005 bei der Unterhauswahl ein Debakel erlitt und von 16,2 Prozent auf 2,2 Prozent fiel, dachten die etablierten Parteien, das Ukip-Phänomen sei ausgestanden. 2016 kam das böse Erwachen – und genau dieselben Regionen, die 2004 Ukip gewählt hatten, stimmten nun für den Brexit. Rache, sagt man im Englischen, ist ein Gericht, das man am besten kalt serviert.

Während das Establishment nach der Unterhauswahl 2005 zur Tagesordnung überging, die vorwiegend aus internen Kämpfen in beiden Großparteien bestand, braute sich im Londoner Unterhaus ein Skandal zusammen, der das Ansehen der politischen Klasse so nachhaltig und dauerhaft untergraben sollte wie der Irak-Krieg. Erneut reichen die Wurzeln ins Jahr 2004 zurück, als zwei Journalisten Anträge auf die Offenlegung der Ausgaben der Parlamentsabgeordneten stellten. Sie lösten damit einen „politischen Tsunami" aus, wie es ein Labour-Mitarbeiter später ausdrückte.

Das britische parlamentarische System rühmt sich der engen Verbindung zwischen den Wahlkreisen, in denen die Abgeordneten nach dem Mehrheitswahlrecht („First-past-the-post") gewählt werden, und dem Unterhaus in London. Die Mandatare sind ihren Wählern direkt Rechenschaft schuldig und angehalten, den Kontakt mit ihren Wahlkreisen zu pflegen. Nicht anonyme Listen der Parteizentralen in London, zusammengestellt von „gesichtslosen Bürokraten, die niemand gewählt hat", sondern Kandidaten aus Fleisch und Blut, die sich Wählern aus ebensolchem Fleisch und Blut in einer Ochsentour stellen, sitzen im Unterhaus, um die Anliegen ihrer persönlichen Wähler zu vertreten, lautet das Selbstbild des britischen Parlamentariers.

Damit die Abgeordneten aus allen Ecken des Vereinigten Königreichs ihren Pflichten nachgehen können, gibt es eine Reihe von weit in die Geschichte zurückreichenden Bestimmungen. So beginnen Parlamentssitzungen am Montag nicht vor 14.30 Uhr und enden

Freitag um spätestens 15.00 Uhr, als würden die Abgeordneten noch mit der Kutsche zwischen ihren Wahlkreisen und London verkehren. 74 der 650 Mandatare des Unterhauses repräsentieren Londoner Sitze. Wer aber die fernen Shetland Islands im Norden oder das idyllische St Ives im Osten vertritt, braucht eine Unterkunft und eine Aufwandsentschädigung. Wie sich herausstellte, waren die Abgeordneten dabei mit sich selbst bemerkenswert großzügig.

Die konservative Tageszeitung *Daily Telegraph* begann am 8. Mai 2009 mit der Veröffentlichung von geheimen Unterlagen. Wie sich vor den Augen der staunenden Öffentlichkeit herausstellte, hatten die Abgeordneten für sich üppig gesorgt. Zusätzlich zu einem Jahreseinkommen von 63.291 Pfund im Jahr 2009 (ungefähr das Doppelte des damaligen Durchschnittseinkommens) lag im Parlament eine „John Lewis List" auf, benannt nach dem von der gehobenen Mittelklasse geliebten britischen Kaufhaus. Das Verzeichnis enthielt die Güter, die den Abgeordneten ohne weitere Fragen quasi als Mindeststandard zugebilligt wurden. Die Liste reichte von der Klimaanlage bis zur Kaffeemaschine und vom Esstisch bis zum Eisschrank. Geknausert musste nicht werden, allein für den Einbau einer neuen Küche durften Abgeordnete eine Pauschale von 10.000 Pfund in Rechnung stellen.

Dass Parlamentarier einen zweiten Wohnsitz brauchten und sich diesen (halbwegs) wohnlich gestalteten, hätte jeder eingesehen. Für einen Skandal sorgte aber, dass Abgeordnete aller Parteien das ohnehin großzügige System auch noch schamlos ausnützten, um Zuschüsse für längst abbezahlte Hypothekarkredite zu bekommen, Beihilfen für vermietete Wohnungen zu beziehen, Familienangehörige zu beschäftigen, Steuern zu minimieren oder zu vermeiden, überhöhte Ausgaben in Rechnung zu stellen und vieles andere mehr. Im Jahr 2007 allein betrug die durchschnittliche Spesenabrechnung pro Mandatar 135.600 Pfund. Das war nicht nur das Doppelte des Gehalts. Es war auch der höchste Betrag im internationalen Vergleich der Parlamente.

Nicht nur die Höhe sorgte für Empörung, mindestens ebenso sehr war es die Natur der Forderungen. Sprichwörtlich wurde die Rechnung des konservativen Abgeordneten Sir Peter Viggers, der für die Reinigung eines schwimmenden Entenhauses auf dem Teich seines Anwesens in Hampshire 1.645 Pfund im Jahr an Spesenrückerstattung beantragte – und erhielt. Nichts symbolisierte für weite Teile der Bevölkerung die Abgehobenheit, die Entrückung und die Unverschämtheit der politischen Klasse besser als dieses Beispiel.

Oft waren es minimale Ersatzforderungen, die in ihrer Enthüllung von Gier, Schamlosigkeit und Kleinkariertheit verheerende Folgen für das Ansehen der Politiker hatten. Dass fast alle in den Grenzen der Regeln gehandelt hatten, machte die Sache nur schlimmer: Bis heute wurden vier Abgeordnete wegen des Spesenskandals verurteilt, gegen zwei wird ermittelt.

Für viele Wähler, die zum Zeitpunkt des Auffliegens des Spesenskandals im Mai 2009 bereits die Folgen der Bankenkrise spürten, bestätigte sich das Vorurteil einer korrupten, unglaubwürdigen und nur auf den eigenen Vorteil bedachten politischen Elite. Die Großparteien Labour und Konservative sowie die ebenfalls etablierten Liberaldemokraten wurden als Proponenten eines Kartells gesehen, das nicht mehr den Wählern diente, sondern nur sich selbst. Die völlig überraschte – und in vielen Fällen auch unverständige – Reaktion der Politik („Alle Abrechnungen sind korrekt erfolgt") bestärkte die Wähler noch in ihrer Haltung, die von A wie Ablehnung bis Z wie Zynismus reichte. Dieselben Politiker, die etwa mit der Verdreifachung der Studiengebühren die Zukunftshoffnungen der aufstrebenden britischen Jugend vermeintlich zerstört hatten, beanspruchten 213,95 Pfund vom Steuerzahler für die „Anbringung der Beleuchtung an einem Weihnachtsbaum" durch einen Elektriker.

Die Zahl der nicht für die drei etablierten Westminster-Parteien abgegebenen Stimmen bei Unterhauswahlen explodierte förmlich von 2010 mit 11,9 Prozent auf 24,8 Prozent in 2015 – mit SNP und Ukip als den neuen Sammelbewegungen der Protestwähler. Die etablierten Parteien hingegen verspielten, was sie bisher für selbstverständlich erachtet hatten: dass man ihnen zuhörte, dass man sie ernst nahm und dass man ihnen vertraute – sowohl im Erkennen der Anliegen der Menschen als auch in der Problemlösung.

Nach der jüngsten Ausgabe des jährlichen Glaubwürdigkeitsindex des Meinungsforschungsinstituts Ipsos MORI sind heute Politiker mit 21 Prozent die Berufsgruppe mit dem geringsten Vertrauen in der Bevölkerung. Selbst Journalisten und Immobilienmakler schneiden mit 25 Prozent besser ab. An der Spitze stehen Ärzte (89 Prozent), Lehrer (86 Prozent) und Richter (80 Prozent).

„Misrepresentation" – Die unrepräsentative Demokratie

Einer der Kernpunkte des Brexit-Lagers gegen die EU war das Argument, dass es eine Verletzung der Demokratie sei, von „gesichtslosen und ungewählten Bürokraten aus Brüssel regiert" zu werden. Der führende EU-Gegner Michael Gove pries wiederholt als größten Vorzug des britischen politischen Systems, „dass wir die Möglichkeit haben, unsere Politiker zu wählen und hinauszuwerfen, wenn wir es wünschen".

Das britische Mehrheitswahlrecht wird dafür gerühmt, die direkte Verbindung zwischen Wähler und Politiker herzustellen. Befürworter unterstreichen auch, dass durch ein System, in dem nur die siegreichen Stimmen zählen, stabile Mehrheits- und Machtverhältnisse geschaffen werden, während das Verhältniswahlrecht insbesondere in Zeiten der politischen Fragmentarisierung zu oft kaum handlungsfähigen Koalitionsregierungen zwinge. Die Unterhauswahl 2010 widerlegte dieses Argument, als das Ergebnis nur eine Mehrparteien- oder eine Minderheitsregierung möglich machte.

Wenn das Mehrheitswahlrecht den Briten vorgeblich auch erlaubt, Politiker friedlich loszuwerden, die sie nicht mehr wollen, so sorgt es jedoch nicht dafür, dass sie auch durch jene Politiker im Parlament vertreten werden, die sie gewählt haben. Die Geschichte von Ukip ist die Geschichte eines kontinuierlichen Gewinns von Stimmen, der nicht in Mandate umgelegt werden konnte. Diese Entwicklung war seit Jahren zu beobachten, ehe sie in der Unterhauswahl 2015 kulminierte: Mit 3,9 Millionen Stimmen und einem Anteil von

12,6 Prozent der abgegebenen Stimmen konnte die Partei nur einen von 650 Unterhaussitzen gewinnen. Nach einem Verhältniswahlrecht hätte Ukip 83 Mandate gewonnen und wäre nicht nur nach Stimmen, sondern auch Mandaten drittstärkste politische Kraft geworden.

Dass es dazu nicht kam, lag daran, dass nach dem „First-past-the-post"-System in den 650 Wahlkreisen des Landes nur die Stimmen des siegreichen Kandidaten zählen, während alle anderen verloren gehen. Konservative und Labour haben über Generationen Hochburgen gebildet, die sie selbst mit stetig fallenden Stimmanteilen meist immer noch verteidigen können. Die SNP hatte im Schottland-Referendum 2014 erfolgreich mit der Behauptung geworben, dass Schottland die Londoner Regierung „nicht gewählt" habe, da in London die Konservativen regierten, die in Schottland damals nicht mehr als einen Unterhaus-Abgeordneten hatten. Für neue politische Kräfte kann es Jahrzehnte dauern, landesweit den Durchbruch zu schaffen. Das galt vor Ukip auch für die Liberaldemokraten, die es schafften, aber ebenfalls in Mandaten stets weit unter der Stimmenanzahl blieben, oder die Grünen, die bis heute nur eine marginale Rolle spielen. Andere scheiterten völlig und verschwanden.

Nicht so Ukip. Ungeachtet einer populistischen, fremdenfeindlichen und untergriffigen Propaganda – von einem ernsthaften Programm sprach nicht einmal Parteichef Farage – und ungeachtet der Ablehnung durch alle etablierten Parteien und gesellschaftlichen Kräfte wuchs der Zustrom zu der Gruppierung über die Jahre kontinuierlich. Die EU-Volksabstimmung lieferte dann die Gelegenheit, zu artikulieren, was bisher zwar vorhanden war, aber anscheinend ungehört blieb.

Das Mehrheitswahlrecht schützte die Großparteien vor Herausforderern und sorgte für extrem ungerechte Verhältnisse: Ein Ukip-Mandat „kostete" in der Wahl 2015 hundert Mal mehr als ein Tory-Sitz. Das andere Extrem war der Erdrutschsieg der schottischen Nationalisten, die mit einem Plus von 3,1 Prozent der Stimmen einen Zugewinn von 50 Mandaten verzeichneten und 56 der 59 verfügbaren Sitze in Schottland gewinnen konnten.

Als Resultat erhielt die SNP für 1,5 Millionen Stimmen, einem Gesamtstimmenanteil von 4,7 Prozent in ganz Großbritannien und einem Zugewinn von 3,1 Punkten, 56 der 650 Unterhausmandate und wurde damit zur drittstärksten Kraft im Londoner Parlament. Ukip gewann 3,9 Millionen Stimmen, kam auf einen Gesamtstimmenanteil von 12,6 Prozent bzw. ein Plus von 9,5 Punkten und erhielt dafür 1 Mandat.

Es war kein Wunder, dass sich die Wähler der Partei nicht ernst genommen und vom politischen Prozess ausgeschlossen fühlten. In den britischen Unterhauswahlen (2005, 2010 und 2015) nach dem Mehrheitswahlrecht zählte ihre Stimme nichts. Die Europawahlen (2004, 2009 und 2014) nach dem Verhältniswahlrecht dienten dagegen regelmäßig als Erinnerung, was den Wählern der Rechtspopulisten nach einem fairen System der Repräsentation zugestanden wäre.

Die Bürger hatten nach der Unterhauswahl 2010 die Chance, diese Situation zu ändern. Als Preis für die Koalition mit den Konservativen hatten die Liberaldemokraten eine Volksabstimmung über ein gerechteres Wahlrecht durchgesetzt. Bei der Abstimmung am 5. Mai 2011 stand eine Mischform zur Entscheidung, die den Bürgern die Gelegenheit geboten hätte, durch Reihung der Kandidaten eine gerechtere Abbildung ihres Willens zu erreichen.

Nach einer übellaunigen Kampagne, in der die Koalitionspartner sich offen bekämpften – die Konservativen (und große Teile von Labour) waren gegen jede Änderung eines Systems, das sich für Traditionalisten spätestens seit der Magna Charta von 1215 als unfehlbar erwiesen hatte, während die Liberalen für eine Reform eintraten, von der sie hofften, permanent zum Zünglein an der Waage im politischen Kräftespiel gemacht zu werden – und die Bevölkerung großteils desinteressiert blieb, lehnten die Briten eine Änderung des Wahlrechts mit 68 Prozent zu 32 Prozent ab.

Die Teilnahme an der Abstimmung betrug nur 42,2 Prozent. Nur 10 der 440 Wahlbezirke stimmten für ein neues Wahlrecht. Sie befanden sich in London, Cambridge, Oxford, Edinburgh und Glasgow – das waren auch die Hochburgen der EU-Befürworter im Referendum 2016. Umgekehrt stimmten die Regionen mit dem höchsten Stimmanteil von Ukip wie die Midlands sowie Ost- und Südwestengland mit Stimmanteilen um die 70 Prozent mit überwältigender Mehrheit gegen jede Veränderung. Es waren jene Gegenden, die am 23. Juni 2016 mehrheitlich auch gegen den Verbleib Großbritanniens in der EU stimmten. Mastermind der Kampagne gegen ein neues Wahlrecht war ein gewisser Matthew Elliott. 2016 führte er die „Vote Leave"-Bewegung zum Triumph.

Bankenrettung

Politiker waren keineswegs die einzige Berufsgruppe, von der sich die Briten enttäuscht fühlten. Die Wirtschafts- und Finanzkrise, die ab dem Herbst 2008 durch das Land fegte, entblößte nicht nur strukturelle Systemprobleme. Sie war auch von zahlreichen Fällen individuellen Fehlverhaltens mitgeprägt und mitverursacht, die Politiker im Vergleich zu Vertretern des Finanzsektors geradezu wie Chorknaben dastehen ließen. Gier, Leichtfertigkeit und Unverantwortlichkeit wurden in einem Umfeld noch belohnt, das sich als „too big to fail" und damit über den Gesetzen von Staaten, Recht und Ordnung oder moralischen Geboten wähnen durfte. Heute rangieren Banker mit 37 Prozent und Wirtschaftsführer mit 35 Prozent auf dem Vertrauensindex im untersten Bereich. Statt dem Glauben an die steigende Flut und die Boote gilt heute das Wort des US-Investors Warren Buffett: „Wenn die Ebbe kommt, sieht man, wer nackt baden gegangen ist."

Nach der Liberalisierung des Kapitalmarkts („Big Bang") unter der Regierung Thatcher im Jahr 1986 hatte sich das Bankgeschäft von einer besonders konservativen und unaufregenden Tätigkeit zu einem Motor der britischen Wirtschaft entwickelt. Neben der Verwaltung von Sparguthaben war die Hauptaufgabe bis dahin gewesen, Geld für britische Firmen aufzutreiben. Vorzugsweise dezent. Die Londoner City war die Domäne eines kleinen Kreises von weißen Männern aus besseren Schulen, die in holzgetäfelten und verrauchten Zimmern ihre Deals auf Basis des Ehrenworts eines Gentlemans schlossen. Der ehemalige City-Trader Farage ist ein Mann dieses Systems, dessen Verschwinden er nicht müde wird zu beklagen, nicht zuletzt die altehrwürdige Tradition des „boozy lunch", eines geschäftlichen Mittagessens, aus dem ein formidables Besäufnis wird, nach dem man entweder das Geschäft seines Lebens macht oder die Bank seines Urgroßvaters verjubelt.

Wie weit sich die heutige Finanzwirtschaft von ihren Wurzeln entfernt hat, ist schon rein äußerlich an den Gebäuden der Banken und Fonds zu erkennen. Die Bank of England im Herzen der City ragt wie eine uneinnehmbare Festung mit dicken Mauern und vergitterten Fenster über den alten Finanzdistrikt. Hier spürt man, dass sein Geld sicher ist. Anders der neue Finanzbezirk Canary Wharf mit seinen Hochhäusern, die am Himmel zu kratzen scheinen, mit ihren gleißenden Glasfronten Transparenz versprechen und mit ihrer Beleuchtung durch die Nacht immerwährende Betriebsamkeit signalisieren. Gearbeitet wird heute an modernsten Computerterminals, mit denen sich rund um die Uhr Milliarden rund um den Globus bewegen lassen.

Allein die schiere Expansion der Finanzbranche und der damit zusammenhängenden Tätigkeiten – von Rechtsangelegenheiten bis zur Gebäudeverwaltung – zu einem Sektor, der rund 25 Prozent des britischen Bruttonationalprodukts erwirtschaftet, hat auch die Kontrolle des „old boys networks" aufgebrochen. Es wäre nicht Großbritannien, würden nicht bestimmte, nicht immer sichtbare Barrieren fortbestehen. Aber der unerschöpfliche Bedarf des Sektors nach Arbeitskräften, mit denen man im globalen Wettbewerb reüssieren kann, ließ der Finanzbranche gar keine andere Wahl, als über die engen Grenzen der Vergangenheit hinauszugehen. Jungen, innovativen und motivierten Talenten standen Chancen auf Karriere und Geld offen, von denen ihre Väter nicht einmal zu träumen gewagt hatten.

Der Boom der City brach die britische Klassengesellschaft auf. Die protzige Zurschaustellung von obszönem Reichtum, die unersättliche Gier nach immer neuen Rekordbonuszahlungen, das rowdyhafte Benehmen beim freitäglichen Komatrinken („binge drinking") – das alles waren Verhaltensweisen neureicher Emporkömmlinge und entsprach keineswegs der „feinen englischen Art", die ebenfalls ihre Exzesse kennt, bei denen man aber am liebsten „unter sich" bleibt.

Ein Musterbeispiel war der Aufstieg und Fall von Fred Goodwin, der es als Sohn eines Elektrikers aus dem schottischen Paisley bis an die Spitze der Royal Bank of Scotland (RBS) brachte. Er machte RBS mit einem ehrgeizigen Expansionskurs vorübergehend zur größten Bank der Welt nach Assets, ehe er sie in eine Pleite führte. Diese war so gewaltig, dass kurzfristig der gesamte britische Finanzsektor auf der Kippe stand. Schließlich wurden im Oktober 2008 45,8 Milliarden Pfund für einen 79-Prozent-Anteil in die Bank gepumpt und mehr als 200 Milliarden Pfund als Garantien bereitgestellt. Einen Monat später meldete RBS mit einem Abgang von 24,1 Milliarden Pfund den größten Verlust in der britischen Unternehmensgeschichte.

Goodwin, der sich als schonungsloser Kostenoptimierer den Beinamen „Fred the Shred" erworben hatte, zeigte sich gänzlich unberührt und konnte erst nach zähen Auseinandersetzungen und Millionenzahlungen aus seinem Posten entfernt werden. Er verwies darauf, stets mit Unterstützung aller internen Gremien und der Aufsicht gehandelt zu haben.

Tatsächlich: RBS unter Goodwin war vielleicht ein Extrem-, aber kein Einzelfall. Im britischen und internationalen Finanzsektor herrschte in den frühen 2000er-Jahren ein beispielloses Expansions- und Übernahmefieber. In Großbritannien warfen Banken mit Krediten um sich, der chronische Mangel an Wohnraum sorgte für eine niemals versiegende Nachfrage. Die Aussicht auf billige Kredite verdrehte Kunden wie Banken den Kopf. Damals war es häufig möglich, ohne Eigenkapital den Kauf einer Immobilie finanziert zu bekommen. Die Banken rechneten, dass der Wert des Objekts mehr steigen als ein Kreditausfall kosten würde.

Alle machten mit, nicht zuletzt die Konsumenten: Die Verschuldung britischer Privathaushalte stieg in der Periode 1997–2008 von 600 Milliarden Pfund auf 1,6 Billionen Pfund bzw. von 95 Prozent des Haushaltseinkommens auf 160 Prozent. Es war ein kollektiver Rausch, der das Land mit einem riesigen Brummschädel zurückließ. Das hatten nicht einzelne Individuen verursacht, das war ein System. RBS war nicht die einzige Bank, die vom Staat gerettet werden musste.

Davor hatte man freilich darauf gehofft, das ewige Goldspinnrad entdeckt zu haben. RBS warb mit der Aufforderung „Make it happen". Der Nummer 1-Hit „The only way is up" erschien wie der Soundtrack zur damaligen Zeit. Versprachen Politiker nicht, dass der Aufschwung niemals enden würde? Nicht zufällig war das Lieblingsprogramm der damaligen Zeit die Fernsehshow „The Apprentice", in der sich Kandidaten im Kampf um einen vermeintlichen Traumjob öffentlich bloßstellen und demütigen lassen mussten. Am Ende stand das gefürchtete Machtwort des, auch das kein Zufall, Selfmade-Milliardärs Alan Sugar: „You are fired." Sugar wurde unter der Regierung Brown Berater für die Anliegen britischer Unternehmen. Was sich wie eine Satire auf den realexistierenden Kapitalismus anhört, wurde zum symbolischen Programm für eine ganze Ära.

Diese Faszination kam nicht allein aus dem voyeuristischen Vergnügen, anderen Menschen beim Verletzen sozialer Normen zuzusehen und nicht zu wissen, ob sie dafür bestraft oder belohnt würden. Die Anziehungskraft rührte mindestens ebenso sehr daraus, dass die in „The Apprentice" lockende Karriere theoretisch jedem offenstand: Der junge Arbeitersohn in Middlesbrough konnte sich ebenso angesprochen fühlen wie die Tochter einer indonesischen Einwandererfamilie aus Margate oder der dunkelhäutige Schulabsolvent aus Liverpool.

Diese Verlockung versprach auch der Finanzsektor: Um Banker zu werden, musste man keinen Vater mit Landsitz, keine Mutter mit Adelstitel und kein Diplom einer Eliteuniversität haben. Dafür reichten Verstand, Einstellung und Charakter. Die Belohnung war gut. Zu gut, um wahr zu sein, wie sich herausstellen sollte. Aber nicht nur wegen der ungeheuren finanziellen Belastung, die sie dem Staat und damit letztlich dem Steuerzahler zumutete, war die Bankenkrise ein schwerer Schlag für die britische Gesellschaft, sondern auch für die Zukunftschancen und Karrierehoffnungen von Generationen.

Die britische Gesellschaft ist nicht auf Neid, sondern auf Aspiration aufgebaut. Wenn sich jedoch die Politiker als Lügner, die Banker als Betrüger und die Fußballer als Versager herausstellen, wird es schwer, eine Orientierung zu finden, die einem allgemeinen Gefühl des Niedergangs und der Unsicherheit entgegensteht.

Bedroom Tax

Der Zusammenbruch des Finanzsektors erzwang eine Kursänderung in der staatlichen Wirtschafts- und Fiskalpolitik. Für die Bankenrettung stellte die Regierung in den Jahren 2007–2011 nach einem Bericht des National Audit Office, des britischen Rechnungshofs, 1,2 Billionen Pfund zur Verfügung. Das entsprach dem Bruttoinlandsprodukt des Jahres 2002 zu heutigen Preisen. Der Staat wurde Eigentümer der vier Banken Royal Bank of Scotland (sie erhielt 45,8 Milliarden Pfund), Lloyds (20,5 Milliarden Pfund), Northern Rock (22,9 Milliarden Pfund) und Bradford and Bingley (8,5 Milliarden Pfund).

Das waren nicht nur ungeheure Beträge. Das war vor allem Geld, das der britische Staat nicht hatte und erst finden musste. Das jährliche Haushaltsdefizit stieg nach Angaben des Office for Budget Responsibility von 3,4 Prozent des BIP im Haushaltsjahr 2004/05 auf 10,2 Prozent für 2009/10, die Staatsverschuldung wuchs von 33,7 Prozent des BIP im März 2004 auf 71,2 Prozent.

Vor diesem Hintergrund stellte der neue Schatzkanzler George Osborne am 22. Juni 2010, wenige Wochen nach Bildung der Koalitionsregierung zwischen Konservativen und Liberaldemokraten, ein „Notbudget" vor, in dessen Mittelpunkt dramatische Sparmaßnahmen standen. Die Politik der „austerity" – ein Wort, das für Einschränkung, Einsparung, Enthaltsamkeit, Entbehrung und Strenge steht – sollte zum prägenden Merkmal der Politik der kommenden Jahre werden.

Was von den Märkten und den Kreditagenturen begrüßt wurde, bedeutete für Millionen Bürger und Haushalte schmerzliche Verluste. Zusätzlich zu geplanten Sparmaßnahmen der Vorgängerregierung von 73 Milliarden Pfund stellte Osborne ein weiteres Paket aus Steuererhöhungen und Ausgabenkürzungen von 40 Milliarden Pfund vor. Neben der Herstellung des Vertrauens internationaler Investoren und Kreditgeber in Großbritannien nannte Osborne als Ziel ein Null-Defizit bis Ende der Legislaturperiode 2015.

Während Sparmaßnahmen und Anpassungen angesichts der kritischen Lage der Staatsfinanzen wohl unvermeidlich waren, verfolgte Osborne mit seinen Maßnahmen Ziele, die weit über die Sanierung des Staatshaushalts hinausgingen: Erfolgreich machte er die Labour Party für die wirtschaftlichen und budgetären Probleme des Landes verantwortlich und versuchte mit immer neuen Manövern, die wirtschaftliche Glaubwürdigkeit der Partei zu zerstören. Versuche der Labour Party, das Handeln der Regierung Brown als Rettung der britischen Banken und Wirtschaft vor einem globalen Tornado zu rechtfertigen, blieben erfolglos. Als Premier Brown im Dezember 2008 vor dem Parlament in einem Freud'schen Versprecher sagte: „Nicht nur haben wir die Welt, äh, die Banken gerettet …", wurde er nicht nur von den konservativen Oppositionsbänken verspottet und verhöhnt.

In parteitaktischer Hinsicht waren Osbornes Manöver erfolgreich, wie die Wahlen 2015 beweisen sollten. Aber sein Kurs schuf zahlreiche Verlierer und Unzufriedene, die sich zwar von Labour abwandten, deshalb aber noch lange nicht zu den Konservativen überliefen. Dass sie Labour erfolgreich in Misskredit brachten, machte die Tories noch lange nicht beliebt. Ihnen blieb der Ruf, die Partei der Reichen und Bessergestellten zu sein. Osbornes Politik trug dazu bei.

Viele Ökonomen argumentierten, dass der Sparkurs der Regierung die falsche Antwort auf die Krise war und Großbritannien in eine längere und tiefere Rezession stürzte als notwendig gewesen wäre. Die niedrigen Zinsen hätten die Gelegenheit für ein Konjunkturpaket geschaffen, das nicht nur die Wirtschaft angekurbelt, sondern auch erlaubt hätte, zentrale Probleme des Landes wie die Erneuerung der Infrastruktur oder die Ankurbelung des Wohnbaus zumindest in Angriff zu nehmen. Die Labour Party hatte ihre Glaubwürdigkeit im Crash von 2008 und der Rezession von 2009 ruiniert. Was noch übrig war, zerstörte Osborne systematisch ab 2010.

Damit konnte er sein Programm als alternativlos darstellen. Das war aber nicht die Wahrheit: Der Schatzkanzler wählte bewusst einen Kurs, der auf eine substanzielle und dauerhafte Reduzierung der Rolle des Staates ausgerichtet war. Einzelne Ministerien mussten in den Jahren nach 2010 mit Budgetkürzungen von bis zu 25 Prozent zurechtkommen. Personal wurde abgebaut, ausgegliedert, pensioniert. Investitionen blieben aus, auch in hochsensiblen Bereichen wie der Sicherheit. Dahinter stand ein höheres Ziel: Der Rückbau des Staates, dessen Aufgabenbereiche die Regierung dauerhaft verkleinern wollte, indem sie seine Fähigkeiten durch Kürzungen reduzierte. Das traf vorwiegend die Labour-Wählerschaft und unterminierte den Wohlfahrtsstaat. Obwohl einst unter Labour geschaffen, bestand über den „welfare state" traditionell so weitreichender Konsens, dass selbst Margaret Thatcher von radikalen Änderungen abgesehen hatte.

Osborne hingegen plante unter Hinweis auf die leeren Staatskassen eine völlige Neuordnung des Systems der staatlichen Leistungen und Unterstützungen. Was die Opposition lange übersah und teilweise bis heute nicht sehen will: Es fehlte dafür nicht an öffentlicher Unterstützung. Fast jeder Brite kannte eine Geschichte von jemandem, der wiederum jemanden kannte, der auf Kosten der Öffentlichkeit ein wunderbares Leben in einer öffentlich finanzierten Wohnung in bester Lage mit ständig wachsender Kinderschar und ohne jede reguläre Erwerbstätigkeit genoss.

Wer nicht selbst jemanden kannte, konnte nahezu täglich entsprechende Berichte in epischer Breite und einem ciceronischen Ton schärfster Empörung („Wie lange noch müssen wir uns bieten lassen ...") in den auflagenstärksten Zeitungen *The Sun* und *Daily Mail* lesen, aber auch in Fernsehprogrammen sehen. Die „Doku"-Serie „Benefits Street" über eine Straße in Birmingham, in der 90 Prozent der Bewohner Sozialhilfe bezogen und in kleinkriminelle Tätigkeiten von Haschischanbau bis Ladendiebstahl verstrickt waren, bescherte dem Sender Channel 4 Rekordseherzahlen und führte zu mehreren Nachfolgeprogrammen im selben Geiste über Sozialhilfeempfänger und Einwanderer.

Übersehen wurde dabei oft, dass es neben Missbrauch und Betrug auch viele echte Fälle sozialer Not gab: In Liverpool, Rotherham oder Hartlepool konnte man im Großbritannien des beginnenden 21. Jahrhunderts Menschen kennenlernen, die in dritter Generation arbeitslos waren. Während nach einer Untersuchung des National Audit Office aus dem Jahr 2013 die Mehrheit der Briten glaubte, dass 24 Prozent aller Sozialhilfe missbräuchlich bezogen wurde, waren es nach Regierungsangaben in Wahrheit 0,8 Prozent (oder 1,2 von 150 Milliarden Pfund).

Mit der 2013 angekündigten Einführung eines „Universal Credit" versuchte der Staat, sechs verschiedene Beihilfen zusammenzuführen. Der Start des neuen Systems kostete Milliarden und sorgte noch Jahre später für Aufregung, weil immer wieder ausgerechnet die schwächsten und bedürftigsten Empfänger (wie etwa Behinderte) Nachteile erlitten.

Keine andere „Reform" war jedoch umstrittener und zugleich symbolischer als die im selben Jahr (1. April 2013) eingeführte „bedroom tax". Dabei ging es darum, die Höhe der Mietzinsbeihilfe an die Größe der Unterkunft in Sozialwohnungen anzupassen. Wer ein leer stehendes Zimmer hatte, musste Kürzungen von 14 Prozent in Kauf nehmen, für zwei ungenützte Zimmer wurden 25 Prozent gestrichen. Ziel war eine effizientere Nutzung des unzureichend vorhandenen geförderten Wohnraums.

Die Maßnahme kostete in Verwaltung und Umsetzung mehr, als sie an Einsparungen brachte. Weder wurde neuer Wohnraum geschaffen noch vorhandener gerechter verteilt. Die Tatsache, dass Vertreter des Staates in private Wohnungen kommen und die Nutzung der Räumlichkeit kontrollieren konnten, ließ Befürchtungen über einen orwellianischen Überwachungsstaat laut werden. Der Umstand, dass die Mehrheit der Fälle, in denen die „bedroom tax" anwendbar war, auf die Ärmsten und Schwächsten der Gesellschaft außerhalb der Großstädte zutraf, ließ die Regierung als grausam, herzlos und abgehoben erscheinen. Es waren dieselben Vorwürfe, die in der Referendumskampagne 2016 erneut laut wurden.

In seinem ersten Budget nach der Parlamentswahl 2015 bediente sich Schatzkanzler Osborne geschickt im Fundus der Labour Party: In Abkehr von der bisherigen Position der Konservativen griff er die Forderung der Opposition nach einem „Minimum Wage" auf und führte einen „Living Wage" ein. Damit verschob er Sozialleistungen zu den Unternehmen als Kompensation für die Sozialkürzungen der vergangenen Jahre. Am Ende bedeutete die Maßname dennoch einen Realverlust für die untersten Schichten. Trotzdem war das Budget für Labour schwer angreifbar.

Der Umbau und die Kürzungen des Wohlfahrtsstaats trafen die Bevölkerung umso härter, als die Wirtschaftskrise zu einem deutlichen Rückgang der Realeinkommen und fallenden Lebensstandards geführt hatte. Nach einer Studie des Institute for Fiscal Studies aus dem Juli 2016 fiel das Durchschnittseinkommen britischer Haushalte zwischen 2010 und 2014 um 6,1 Prozent. Nur ein Rekordtiefstand der Inflation und des Leitzinssatzes verhinderte noch dramatischere Einbußen. Nach einer starken Erholung des Arbeitsmarkts mit Rekordbeschäftigung und einem erstmaligen Reallohnzuwachs seit sieben Jahren erreichte das Durchschnittshaushaltseinkommen 2014–15 wieder das Niveau von 2008–09. Da der Anteil von Sozialleistungen und Transferzahlungen an den niedrigsten Einkommen prozentuell am höchsten lag, waren diese von den Kürzungen der Regierung am stärksten betroffen. Nach Berechungen des Instituts fielen sie allein im Haushaltsjahr 2014–15 real um 2,7 Prozent.

Nach fast drei Jahrzehnten Realwachstums fielen die Löhne von 2009 bis 2013 auf das Kaufkraftniveau von 2002–03, wie das staatliche Statistikamt berechnete. Das Fallen der Löhne war durch das Einfrieren mittlerer Einkommen und das Streichen hoch bezahlter Spitzenjobs verursacht. Stattdessen heuerte die britische Wirtschaft wenig oder nicht qualifizierte, aber billige Arbeitskräfte an. Hier bestand direkte Konkurrenz zwischen britischen und ausländischen Arbeitnehmern und hier fürchteten heimische Arbeiter „Lohndumping". Dies wurde eine der Hauptsorgen in der Brexit-Debatte, insbesondere in den industrialisierten und post-industriellen Regionen Englands.

Die Belastungen waren ungleich verteilt. Während Großbritannien insgesamt Massenarbeitslosigkeit vermeiden konnte, stieg sie in einzelnen Regionen signifikant und rasch an. Hier wählten die Menschen am 23. Juni mit großer Mehrheit den Brexit. Der Trussel Trust berichtete Anfang 2016 von einem starken Zuwachs der Armut: In den Jahren 2014 und 2015 wurden mehr als eine Million Essenspakete an Bedürftige verteilt, 400.000 davon an Kinder. Der Erzbischof von Canterbury, Justin Welby, beklagte die Situation als „schockierend".

Das Gefühl wachsender Ungleichheit wurde dadurch verstärkt, dass die Regierung gleichzeitig Maßnahmen zum Schutz und Vorteil der älteren Bevölkerung setzte, die traditionell Wähler der Konservativen waren. Während beispielsweise die Studiengebühren im Jahr 2010 um das Dreifache angehoben wurden, blieben die Pensionen unantastbar. Studenten sind Wähler der Liberaldemokraten, Pensionisten wählen die Konservativen.

Ebenso investierte die Regierung enorme Energie in die Bekämpfung von Sozialmissbrauch und erklärte den Sozialstaat für nicht mehr finanzierbar, während sie sich aber lange Zeit bemerkenswert entspannt gegenüber Steuervermeidung und jede Art steuerschonender Arrangements zeigte. Wie sich im Frühjahr 2016 in politisch höchst schädlicher Form erweisen sollte, war Premierminister Cameron dank seines Vaters selbst Nutznießer einer derartigen Konstruktion. In einem Akt besonderer politischer Ungeschicklichkeit senkte Osborne im März 2012 am Höhepunkt der Einkommenskrise den Spitzensteuersatz von 50 auf 45 Prozent. Während Betrug mit Sozialleistungen den Staat 1,2 Milliarden Pfund (0,8 Prozent der gesamten Sozialausgaben) kostete, bezifferte der Fiskus für das Haushaltsjahr 2013/14 die Lücke zwischen erwarteten und realisierten Steuereinnahmen auf 34 Milliarden Pfund (6,4 Prozent der Gesamteinnahmen).

Nach offizieller Statistik gingen von den 258 Milliarden Pfund, die der britische Staat im Finanzjahr 2014/15 an Sozialleistungen ausgab, 108 Milliarden Pfund an Pensionszahlungen. Während alle anderen Altersgruppen in der Rezession Einbußen erlitten, stieg das Einkommen der Über-60-Jährigen. Der Thinktank Resolution Foundation zeigte in einer Studie vom Juli 2016, dass in den letzen sechs Jahren eine massive Umverteilung von der jüngeren zur älteren Generation stattgefunden hat.

Der Fokus auf die eigene Klientel war auch einer der Gründe für die Festlegung der Konservativen, das Budget für das staatliche Gesundheitswesen nicht nur unangetastet zu lassen, sondern in der Legislaturperiode 2015–20 auszudehnen. Allein für England und Wales betrug der Haushalt des NHS im Jahr 2016/17 fast 110 Milliarden Pfund. Steigende Lebenserwartung, vermehrte Zivilisationskrankheiten, eine wachsende Bevölkerung, ein ineffizientes System – seit Jahrzehnten steht Großbritanniens Gesundheitswesen vor existenziellen Herausforderungen. Jede Regierung der letzten 20 Jahre hat versprochen: „Bei uns ist das NHS sicher." Eine Basis dafür fehlte und wäre auch nur herzustellen, wenn zunächst ein Konsens gebildet würde, was das staatliche Gesundheitswesen schaffen soll und kann. Der Grundsatz der freien Versorgung für alle kostete besonders jene enorm viel, die sich keine teure Abhilfe durch private (Zusatz-)Leistungen verschaffen konnten.

Dennoch stimmten die Über-65-Jährigen am 23. Juni mit 60 Prozent für den Brexit. Von Proteststimmen konnte man kaum sprechen. Vielmehr ging es hier um ein Gefühl der Bedrohung – einerseits, dass man materiell etwas zu verlieren hatte, andererseits, dass die traditionelle Weltsicht und Werteordnung erschüttert worden war. Es war ein Konservativismus, in dem sich viele Tory- und Labour-Wähler gemeinsam fanden. Zum Symbol der Bedrohung wurden die Globalisierung und der Fremde – und für beides machte man in dem Referendum die EU verantwortlich.

Globalisierung

Großbritannien hat in den vergangenen 30 Jahren einen radikalen Wandel seiner Wirtschaftsstruktur erlebt. Eine Nation, die einst das Mutterland der „Industriellen Revolution" war, erzielte 2015 nach einer Studie des Parlaments nur mehr knapp zehn Prozent ihres Bruttoinlandsprodukts mit der Herstellung von Gütern. 1948 hatte der Anteil des sogenannten „Manufacturing" noch 41 Prozent betragen.

Obwohl alle fortgeschrittenen Industrienationen seit 1945 eine ähnliche Entwicklung verzeichneten, erfolgte der Niedergang in Großbritannien besonders rasch und radikal: In Deutschland betrug 2015 der Anteil der Industrie am Bruttoinlandsprodukt 22 Prozent, in Japan waren es 19 Prozent. Nur in Frankreich war der Anteil ähnlich gering wie in Großbritannien – und das Land hat vergleichbare Probleme.

Zwischen 1990 und 2015 fiel der reale Wert der britischen Industrieproduktion um zwei Prozent. Das Wachstum anderer Sektoren führte aber dazu, dass ihr Anteil an der Gesamtwirtschaft im selben Zeitraum von 18 Prozent auf 10 Prozent sank. Dominiert wird die britische Wirtschaft der Gegenwart vom Dienstleistungssektor, der rund 80 Prozent des BIP erwirtschaftet. Der Finanzsektor und der angeschlossene Finanzdienstleistungssektor allein machen knapp 25 Prozent aus. Die Bauwirtschaft ist seit Jahren konstant bei 6 Prozent. Die Landwirtschaft fiel von 6 Prozent in 1948 auf rund 1 Prozent.

Die Beschäftigungszahlen entwickelten sich weitgehend parallel zu den Sektoren. 2014 waren 85 Prozent der Beschäftigten im Dienstleistungsgewerbe tätig, 8 Prozent in der Industrie und 4 Prozent in der Bauwirtschaft. Innerhalb des produzierenden Gewerbes gab es starke regionale Unterschiede: Während in den East Midlands 13 Prozent und in den West Midlands 12 Prozent der Erwerbstätigen in der Industrie beschäftigt waren, betrug der Wert in London nur mehr 2 Prozent (während 94 Prozent im Dienstleistungssektor tätig waren).

Je höher der Anteil der Industriebeschäftigten war, desto stärker fiel das Brexit-Votum aus. In den drei Regionen mit der geringsten Zahl an Industriebeschäftigten stimmte der Südosten Englands von allen Brexit-Gebieten mit der knappsten Mehrheit für den Ausstieg, während Schottland und London für den Verbleib in der Union votierten.

Dafür gibt es mehrere Erklärungen. Die britische Industrie leidet an einem chronischen Problem mangelhafter Produktivität, die 20 bis 30 Prozent unter der Konkurrenz liegt. Was Jack in einer britischen Fabrik in fünf Tagen herstellt, schafft Jacques in einem französischen Werk in vier. Das liegt an einem Mangel an Investitionen, mehr aber noch an gravierenden Problemen bei der Ausbildung. Großbritannien kennt kein System der Lehrlingsausbildung wie Österreich oder Deutschland. Zwischen extrem gut ausgebildeten Absolventen der Eliteuniversitäten und Arbeitskräften ohne Qualifikation klafft eine riesige Lücke.

Diese wurde immer schon mit ausländischen Arbeitskräften geschlossen: Was im 19. Jahrhundert die Iren waren, stellten in den 1950er-Jahren die Einwanderer aus den ehemaligen Kolonien dar. Noch nie aber erlebte das Land einen so rapiden Zuwachs an Fremden wie in den vergangenen zehn Jahren mit der Zuwanderung aus Osteuropa. Die Nachfrage der britischen Wirtschaft scheint unstillbar. Trotz Rekordeinwanderung herrschte in den letzten Jahren gleichzeitig Rekordbeschäftigung. Großbritannien hat heute 3,75 Millionen registrierte Betriebe mit Beschäftigten, während es 1979 erst 785.000 waren. Das Land hat keinen Mangel an Arbeit. Aber es hat ein Problem mit der Qualität der Arbeit und ihrer Verteilung.

Erschwerend kam hinzu, dass zu der jüngsten Generation der Einwanderung keine historische Verbindung oder kulturelle Affinität bestand: Irische Einwanderer, das war fast Familiennachzug, und mit Indern hatte man schon im Rahmen des British Empire zu tun gehabt. Aber Bulgaren, Litauer oder Ungarn? Und warum eigentlich sollte die größte Gruppe der nicht in Großbritannien geborenen Bewohner des Landes (wie die jüngsten Zahlen des Statistikamts zeigten) aus Polen kommen, fragten sich unzufriedene Bürger in den Midlands.

Zu Gefühlen der Angst oder Bedrohung kommt eine Erfahrung der fundamentalen Entwurzelung. Es gibt exzellente, international erfolgreiche Firmen in Großbritannien – oft in der Hand ausländischer Eigentümer, aber diese Offenheit ist häufig zum gegenseitigen Vorteil. „What matters is what works", definierte die Labour Party 1997 ihre Wirtschaftspolitik, was nicht weit entfernt war vom neoliberalen Credo „Anything goes".

In der Luftfahrtindustrie, in der Pharmazeutik, in der Biotechnologie, in der Informationstechnologie, in der Kulturindustrie genießt das Land heute oft Weltgeltung. Mehr als 95 Prozent aller Smartphones der Welt sind mit einem Microchip der Firma ARM aus Cambridge ausgestattet (mitbegründet 1990 von dem Österreicher Hermann Hauser und im Juli 2016 an einen japanischen Konkurrenten verkauft), der Airbus fliegt mit Flügeln aus Wales und die medizinische Industrie in Clustern um Forschungszentren wie Cambridge oder Oxford ist weltweit führend.

Aber das sind zunehmend „pockets of excellence" in einem Meer an Importen. Großbritannien verzeichnete zuletzt das höchste Außenhandelsdefizit seiner Geschichte in Friedenszeiten, 2015 betrug das Minus 96,2 Milliarden Pfund bzw. 5,2 Prozent des Bruttoinlandsprodukts. Wer in der Gegenwart an britische Unternehmen denkt, dem fallen Betriebe wie das traditionelle Modehaus British Home Store (BHS) des umstrittenen Milliardärs Philip Green oder die Sporthandelskette Sports Direct ein, deren Eigentümer Mike Ashley seine Mitarbeiter nach Ansicht der Gewerkschaften in Verhältnissen „wie in viktorianischen Arbeitshäusern" schuften lässt.

Mit mehr als 21.000 Beschäftigten allein in Großbritannien ist Sports Direct aber ein großer Arbeitgeber. 90 Prozent der Beschäftigten sind auf Basis sogenannter „zero-hour contracts" beschäftigt. Das sind Arbeitsverhältnisse, bei denen Arbeitnehmer keinen fixen Beschäftigungskontrakt haben, sondern nach Bedarf beschäftigt und bezahlt werden. Arbeitgeber sind verpflichtet, den gesetzlichen Mindestlohn zu bezahlen, aber das ist oft nicht der Fall. Sie verteidigen diese Arbeitsverhältnisse als notwendige Flexibilisierung, die sich nach den Notwendigkeiten des Geschäftsverlaufs richte. In der breiten Öffentlichkeit sind sie ein Symbol für ein Wirtschaftssystem geworden, das nicht dem Menschen dient, sondern dem Unternehmen (und seinen Eigentümern).

Die *Sunday Times* bezifferte das Vermögen von Ashley in ihrer jährlichen „Rich List 2016" auf 2,43 Milliarden Pfund. Der 16-jährige Schulabbrecher lag damit aber immer noch ein gutes Stück hinter Green, den die Zeitung auf 3,22 Milliarden Pfund taxierte. Der Unternehmer aus dem Süden Londons hatte im Jahr 2000 BHS erworben, doch mehr Fantasie als in die Erneuerung der immer schon antiquiert wirkenden Kette steckte Green offenbar in Überlegungen, das Kaufhaus auszupressen wie die sprichwörtliche Zitrone. Allein zwischen 2002 und 2004 zahlte er Dividenden von 423 Millionen Pfund an seine Frau Tina, die in Monaco lebt und dafür keine Steuern zahlte. Im Jahr 2015 stieß Green BHS ab. Ein Jahr später war das Unternehmen pleite. 11.000 Mitarbeiter verloren ihren Job. 20.000 ehemalige Mitarbeiter mussten um ihre Pension zittern. Wie sich herausstellte, hatte Green BHS über die Jahre mit einer Milliarde Pfund Schulden belastet. Statt in Investitionen flossen die Kredite unter anderem in drei Superjachten, einen Privatjet und Luxuslimousinen. Die Konservativen, die Green 2010 zum Regierungbeauftragten für Effizienzsteigerung gemacht hatten, nannten ihn nun in einem Parlamentsausschuss das „inakzeptable Gesicht des Kapitalismus".

Für die überwiegende Mehrheit der Wähler war es nicht nur die Ungleichheit zwischen Ashleys oder Greens Milliarden und ihrem Mindestlohn, die sie empörte. Großbritannien ist eine Klassengesellschaft, „die da unten" mögen voller Ressentiments gegen „jene da oben" sein, aber am Ende des Tages kennen sie ihren Platz. Die britische Literatur und Filmgeschichte der letzten 100 Jahre ist voller vermeintlicher Rebellen, die am Ende resigniert die Revolution gegen den Rausch eintauschen: „What I'm out for is a good time – all the rest is propaganda!", hieß es in dem Klassiker „Saturday Night and Sunday Morning" von Alan Sillitoe aus dem Jahr 1960.

Was das Leben vieler britischer Arbeitnehmer nachhaltig erschütterte, war die tief greifende Unsicherheit, die mit der Globalisierung Einzug hielt. Der Zwang für Unternehmen zur Flexibilisierung, Beschleunigung und ständigen Anpassung in Echtzeit bedeutete für Arbeitnehmer tiefe Verunsicherung. Wer kann ein Leben aufbauen, eine Familie gründen, Kinder aufziehen auf der Basis von unsicheren Beschäftigungsverhältnissen, bei denen die Volatilität des Geschäftsverlaufs, die Auslagerung von Tätigkeiten, die Konkurrenz durch vielleicht noch billigere und ausgebeutetere Arbeitnehmer ein ständiges Fragezeichen über der Existenz bedeuten? Wo man Angst haben muss, krank zu sein, wo Ausbildung keinen Wert hat, Weiterbildung nicht existiert und Erfüllung durch den Beruf bestenfalls Luxus ist? Wo Arbeitplätze heute geschaffen und morgen ans andere Ende der Welt transferiert werden, wo der Arbeiter in Shirebrook in einer der gigantischen Lagerhallen von Sports Direct, Amazon oder Tesco jeden Tag im Jahr mit einem anderen Arbeiter irgendwo auf der Welt in Konkurrenz steht – und am Ende werden beide durch einen computergesteuerten Roboter ersetzt.

Es ist die Bedrohung gesicherter Arbeit und die Zerstörung sinnvoller, erfüllender, identitätsstiftender Tätigkeiten, die viele Menschen gegen die Veränderungen der Arbeitswelt, die durch die Globalisierung und die technologische Revolution ausgelöst wurden, aufbringt. 69 Prozent der Wähler, die sich als Gegner der Globalisierung bezeichneten, stimmten für den Brexit. Es verhält sich so wie in der Frage der Immigration: Die Veränderung, die Unsicherheit bringt und vor der man Angst hat, wird von jenen, die sich als ihre Opfer sehen, abgelehnt. Das EU-Referendum – ausgerufen von Vertretern eines Establishments, das von denselben Veränderungen profitiert hat (sowohl von der Globalisierung als auch der Immigration) und die Ängste der Zurückgebliebenen und die Nöte der Verlierer nicht kennt, nicht versteht und auch nicht kennen will – wurde zu einem Ventil, diesen gewaltigen Druck abzulassen. Dabei wurde aber der Kochtopf selbst zerstört.

Die Unsicherheiten durch die Notwendigkeiten der Globalisierung spielen im heutigen Großbritannien eine umso größere Rolle, als Osbornes Sparpakete auf die dauerhafte Reduktion des Staates ausgerichtet waren. Ein Staat, der auf Mindestaufgaben reduziert und nach Effizienzmaximen ausgerichtet ist, wird seinen Bürgern nicht nur massiv verkleinerte Leistungen gewähren, sondern auch keine Sicherheits- und Auffangfunktion mehr wahrnehmen können. Vielleicht ist das in Zeiten knapper Budgets unausweichlich. In jedem Fall aber trägt es zu einem Klima der Angst und Unsicherheit bei.

Die Automatisierung in der Industrie (Stichwort: Industrie 4.0) erfordert ein immer höheres Bildungsniveau, da immer weniger Arbeit für ungelernte Arbeitskräfte zur Verfügung steht. Hier zeigt sich eine Schwäche des britischen Bildungssystems, weil eine der österreichischen oder deutschen Lehre vergleichbare Berufsausbildung, die qualifizierte Arbeitskräfte hervorbringt, gänzlich fehlt.

Arbeit ist für viele unsicher geworden: Unsicher, weil jeder jederzeit ersetzt werden kann. Unsicher aber auch, weil der einst erkämpfte gewerkschaftliche Schutz nicht mehr existiert und dort, wo die Gewerkschaftsmacht nicht zerschlagen wurde, sie zu einem Teil des Kartells der Elite geworden ist. Die Arbeitnehmervertretungen sind für jene da, die bereits etwas haben (beispielsweise einen geregelten, sicheren Job) und nicht für jene, die etwas brauchen (beispielsweise die Arbeiter mit „zero-hour contracts").

Arbeit ist aber auch leer – entleert von Inhalt, Formen und Tradition – geworden. Ein ehemaliger Stahlarbeiter in Redcar findet einen neuen Job als Fenstereinpasser in Middlesbrough, ein Bergarbeiter in Knottingley kann nach seiner Entlassung bei Tesco in Leeds im Lager unterkommen. Geld verdient man hier wie dort, und nichts ist schlimmer als die erzwungene Untätigkeit. Aber es fehlt etwas.

Besonders in schweren Berufen hatten sich über Jahrzehnte Traditionen gebildet. Bergarbeiter zu sein bespielsweise, das ging vom Großvater an den Vater und an den Sohn weiter. Das waren keine glorreichen Zeiten. Das waren Zeiten der Ausbeutung. Die

Sicherheitsvorrichtungen waren unzureichend. Um die Gesundheit der Kumpels kümmerte sich niemand, und einem ebenso zerstörerischen Raubbau war die Umwelt ausgesetzt. Aber es gab einen Stolz, die Härtesten der Harten zu sein. Als Margaret Thatcher die Bergarbeiter 1984/85 in die Knie zwang, brach sie nicht nur die Macht der Gewerkschaften, sondern auch die Identität der traditionellen Arbeiterklasse.

Der Kampf gegen die Ausbeutung einte die Arbeiter. Er schuf ein Bewusstsein und Traditionen. Die Gewerkschaften waren ein Ersatz für Kirchen (nicht zufällig organisierten sich Journalisten einst gewerkschaftlich in „chapels"). Ob in Protest- oder in Feierstimmung zogen die Arbeiter mit Bannern, in Berufsuniformen und singend durch die Straßen wie eine kirchliche Prozession. Arbeiter in Lagerhäusern, Teilzeitbeschäftigte in Call-Centres, Hilfskräfte in Supermärkten vereinigen sich nicht hinter machtvollen Symbolen der solidarischen Arbeiterklasse und Botschaften wie „Alle Räder stehen still, wenn dein starker Arm es will".

Wer heute Städte in Yorkshire wie Sheffield oder Rotherham besucht, kann sehen, welche Schneise der Zerstörung die Deindustrialisierung geschlagen hat. Zwar gibt es neue Jobs. Aber nicht nur sind sie schlechter bezahlt, unsicher und in Konkurrenz zu ungezählten Mitbewerbern überall auf der Welt. Sie sind außerdem leer und ohne Erfüllung. Ganze Stadtteile scheinen dem Verfall preisgegeben zu sein. Alte Fabrikshallen sind riesige Einkaufszentren oder Museen geworden. Trotz Millioneninvestitionen und oft beeindruckenden Ausstellungen bleiben sie genau das – eine tote Erinnerung an eine unwiederbringlich vergangene Zeit. Vielen missfällt das. Ein Motiv vieler Brexit-Wähler war die Sehnsucht nach der Vergangenheit, selbst wenn es, wie der Historiker Geoff Smith am Tag nach dem Referendum sagte, „eine Vergangenheit ist, die es nie gegeben hat".

Wertewandel – „Memories are made of this"

Diese Sehnsucht richtete sich nach einer Zeit wie etwa dem Jahr 1956, als ein Lied wie „Memories are made of this" von Dean Martin an der obersten Stelle der britischen Hitparade stand. Scheinbar selige Zeiten, in denen alles noch in Ordnung schien:

Take one fresh and tender kiss
Add one stolen night of bliss
One girl, one boy
Some grief, some joy
Memories are made of this

Ein Kuss war damals noch zwischen einem Mädchen und einem Jungen. Zwei kleine Schluck Wein im Mondschein reichten für ein Gefühl der Glückseligkeit. Geheiratet wurde noch mit Kirchenglocken, danach zog man in sein eigenes Haus, hatte drei Kinder, vertraute auf Gottes Segen, und die Liebe zwischen Mann und Frau war auf ein ganzes Leben angelegt.

Es gab diese vermeintlich heile Welt auch 1956 nicht. In diesem Jahr stürzte der damalige britische Premierminister Anthony Eden die Welt in die Suez-Krise. Nikita Chruschtschow enthüllte die Verbrechen Stalins und in der Volksrepublik Ungarn brach ein Aufstand gegen die Unterdrückung durch die Sowjetunion aus. Am Londoner Royal Court Theatre hatte das Theaterstück „Look Back in Anger" Premiere, das einer erstarrten Gesellschaft voll unausgesprochener Konflikte schonungslos den Spiegel vorhielt. Eine der Hauptrollen spielte der Schauspieler Alan Bates, der zeit seines Lebens zahllose Affären mit Männern hatte. Im Geheimen.

Die Durchsetzung der Homosexuellen-Ehe in England und Wales nannte Premierminister Cameron bei seinem Rücktritt als einen seiner größten Erfolge. Seit 2004 kannte Großbritannien gleichgeschlechtliche Partnerschaften, doch was in großen Städten, der liberalen Mittelklasse und der jungen Generation kein Thema mehr war, wurde von vielen Konservativen weiter heftig abgelehnt. Bei der Parlamentsabstimmung am 5. Februar 2013 stimmte eine Mehrheit der Tories gegen ihren Premierminister, der nur dank der anderen Parteien seinen Gesetzesentwurf durchsetzen konnte. Der Westminster-Legende zufolge begannen an diesem Tag wütende Tory-Hinterbänkler mit dem Schmieden von Plänen für den Sturz von Cameron. In Europa fanden sie ihr – in der Partei ohnehin stets schwelendes – Thema und mit dem Referendum sollten sie ihre Rache bekommen.

Meinungsumfragen zeigten, dass die überwältigende Mehrheit der Briten die Homosexuellen-Ehe unterstützte. Nach einer Untersuchung von Ipsos MORI von April 2014 waren 69 Prozent dafür und 28 Prozent dagegen. Im November 1975 waren nur 16 Prozent dafür und 53 Prozent dagegen gewesen. Darin zeigt sich ein massiver Wertewandel in den vergangenen 40 Jahren.

Die Formen des Zusammenlebens veränderten sich in dieser Periode massiv. So fiel die Zahl der Eheschließungen (trotz wachsender Bevölkerung) von 459.389 im Jahr 1971 auf 301.254 im Jahr 2012. Das Alter für die erste Ehe stieg bei Männern von 28,8 Jahren in 1972 auf 36,5 Jahre in 2012 und bei Frauen im selben Zeitraum von 26,2 auf 34,0 Jahre. Im Jahr 2014 waren 51,2 Prozent der Bevölkerung verheiratet, lebten 12,5 Prozent ohne Trauschein zusammen und waren 33,9 Prozent alleinstehend. Seit 1976 werden mehr Ehen zivilrechtlich als religiös geschlossen.

Die Geburtenrate sank von 2,4 im Jahr 1971 auf 1,82 im Jahr 2014. Das Durchschnittsalter, in dem Mütter ihr erstes Kind zur Welt brachten, stieg im selben Zeitraum von 26,6 Jahren auf 30,3 Jahre. Wurden 1980 noch 88 Prozent aller Kinder in der Ehe geboren, waren es 2012 nur mehr 52,3 Prozent. 27,5 Prozent aller Kinder, die im Jahr 2015 in Großbritannien geboren wurden, waren von einer nicht im Land geborenen Mutter zur Welt gebracht worden.

Diese Beispiele zeigen eine Gesellschaft, in der sich traditionelle Formen und Normen rasch und grundlegend gewandelt haben. Das neue Rollenbild der Geschlechter stimmt ebenso wenig mehr mit „Memories are made of this" überein wie die Formen des Zusammenlebens. Was einst fest gefügte Einheiten waren (mit der Formel

„warts and all" versprechen sich Paare traditionell, gute wie schlechte Seiten ihrer Partner anzunehmen), ist heute ein buntes Kaleidoskop in ständiger Bewegung. Veränderungen und Anforderungen der Arbeitswelt spielen ebenso eine Rolle wie neue Wertvorstellungen und Prioritätensetzungen. In den vergangenen 40 Jahren stieg der Anteil der erwerbstätigen Frauen von 53 Prozent auf 67 Prozent. Gleichzeitig fiel der Anteil der Männer von 92 auf 76 Prozent. Die beiden Werte nähern sich kontinuierlich an.

Das sind epochale Veränderungen des gesellschaftlichen Gefüges und der Rolle der Geschlechter, auf die nicht alle Menschen vorbereitet sind, die nicht alle gutheißen und vor denen nicht wenige Angst haben und sich daher bedroht fühlen. Dass von Schule über Politik bis Medien Zustimmung zu den Veränderungen zu bestehen scheint, bedeutet noch lange nicht, dass sie von den Menschen auch angenommen werden. Die „Man wird doch noch sagen dürfen"- und „Früher war alles besser"-Brigaden fühlen sich in ihren Gefühlen des Alleingelassen- und Nichtverstandenseins dadurch im Gegenteil noch bestärkt: Das Gefühl der Ausgrenzung schweißt sie zusammen. Der Zuspruch zu Bewegungen, die dieses Selbstverständnis ansprechen und politisch artikulieren, ist nicht nur in Großbritannien hoch.

Die Umwälzungen in der Arbeits- und Lebenswelt änderten auch die Rolle und Wahrnehmung des Staates. New Labour unternahm große Anstrengungen, die städtische Mittelklasse von ihrer liberalen Gesinnung zu überzeugen. Dazu gehörte die Nicht-Einmischung in die Wirtschaft ebenso wie die demonstrativ positive Haltung zu Reichtum und damit implizit eine Abwendung von der Ideologie der Umverteilung. Diese Gesinnung bedeutete einen Staat, der ermöglichen, statt sich einmischen sollte. Bei allen schien darüber Konsens zu bestehen – nur bei einem wachsenden Teil der sich links liegen gelassen fühlenden Wähler nicht.

Dass derselbe Staat, der den Menschen Freiheit versprach, wenig später begann, ihnen in ihrem persönlichen Verantwortungsbereich Vorschriften zu machen, brachte die Regierung in Erklärungsnöte. Die Vernachlässigung der Gesundheit durch die Briten mit einer

Rekordzahl an Übergewichtigen, alarmierenden Raten an Herzinfarkten und einem berüchtigten Umgang mit Alkohol führte zu Maßnahmen wie dem Rauchverbot, aber auch ständigen Warnungen über die zuträgliche Menge an Alkohol, Kampagnen für gesunde Ernährung und zuletzt die Ankündigung einer Zuckersteuer. Für all das gab es viele gute Gründe. Aber viele Menschen empfanden es als Einmischung in ihre Privatsphäre. Ein Staat, der sich auf dem Gebiet der Sozialhilfe als Nachtwächterstaat präsentierte, hatte ein Glaubwürdigkeitsproblem, wenn er in anderen Bereichen die „Super Nanny" sein wollte.

Ukip-Chef Farage ließ sich nicht zufällig als jener Politiker beschreiben, mit dem der Brite im Pub bei einem Pint und einer Zigarette seine Sorgen teilen konnte. Das war es auch, was er tat. Das war auch eine demonstrative Ohrfeige gegen die „political correctness" und symbolisierte den Wählern, dass da einer war, der sie verstand, weil er so war und dachte und lebte wie sie. Nicht ein elitärer Besserwisser aus London, der vielleicht auch noch Antialkoholiker und Nichtraucher war. Die Zahl der Raucher war unter den unteren Bevölkerungsschichten immer überdurchschnittlich hoch. Als die Regierung Blair 2004 erstmals Pläne für ein Rauchverbot wälzte, warnte ausgerechnet der damalige Gesundheitsminister (!) John Reid – ein Labour-Veteran mit Arbeiterwurzeln und dem Ohr an der Basis – seine Partei: „Wir müssen aufpassen, dass wir die Leute nicht bevormunden. Menschen aus niedrigen sozioökonomischen Schichten haben sehr wenige Freuden im Leben und als eine davon sehen sie das Rauchen an."

Das Rauchen war kein entscheidender Faktor in der EU-Volksabstimmung, zumindest hat kein Wahlforscher dazu Daten erhoben. Entscheidend war vielmehr die Zurückweisung einer liberalen Elite, die nicht nur anders lebte, sondern – im Gegensatz zu ihren Versprechungen – dem Volk auch noch sagte, wie es zu leben, denken und wählen hatte.

Die Arbeitsmarktforscher Brian Bell und Stephen Macin wiesen nach, dass die Anti-EU-Stimmen bei der Volksabstimmung im Juni dort am stärksten waren, wo das Einkommenswachstum seit 1997 am schwächsten war. Andere orteten hingegen einen kulturellen Graben als entscheidende Ursache: Demnach war das Nein der Ausdruck eines Unbehagens mit den gesellschaftlichen Veränderungen der letzten Jahrzehnte. Nach dieser Interpretation war das Referendum ein massiver Versuch, die Uhr zurückzudrehen. Die Befragung von Ashcroft nach der Volksabstimmung zeigte, dass die Brexit-Wähler zu Multikulturalismus, Liberalität, Feminismus und Umweltschutz überwiegend eine ablehnende Haltung hatten. In der EU sahen sie einen Bannerträger für Entwicklungen, die ohne ihr Einverständnis stattfanden und die sie ablehnten, weil sie sich als ihre Verlierer sahen.

Eric Kaufman von der London School of Economics verwies darauf, dass Brexit-Wähler auch ausgeprägtere Ansichten über die Todesstrafe hatten. In der Satireserie „The Thick of It", die wie ihr spiritueller Vorgänger „Yes, Minister" oder die Puppen von „Spitting Image" den Kern der britischen Politik enthüllten, suchen in der folgenden Szene zwei politische Berater verzweifelt eine Maßnahme zur Verbesserung der Umfragewerte der Regierung:

Glenn Cullen: Was wir brauchen, ist etwas, das die Menschen wollen, unglaublich populär ist und nichts kostet.
Olly Reeder: Die Wiedereinführung der Todesstrafe.

Nach Ansicht von Kaufman war der kulturelle Graben wichtiger als die Ungleichheit der Einkommen. Die große Kluft zwischen den Über-50-Jährigen und den Jüngeren in ihrer Haltung für oder gegen die EU schien in dieselbe Richtung zu weisen.

Kein Zweifel aber besteht, dass die Debatte beim Thema Zuwanderung kulminierte. Farage sagte nach dem Referendum: „Der Tag Ende Mai, an dem die Regierung die Netto-Einwanderungszahlen von 333.000 veröffentlichte, war der Tag, an dem wir richtigen Aufwind bekamen. Damals begann das Referendum zu einer Volksabstimmung über die Einwanderung zu werden. Es waren nicht nur die Zahlen, es war auch die Art, wie die Zahlen Camerons unkluges und unerreichbares Ziel einer Reduzierung der Einwanderung entlarvten, die unsere Kampagne beflügelte."

Die Kleinstadt Boston in der Grafschaft Lincolnshire im Osten Englands hat einst der nordamerikanischen Küstenstadt Boston ihren Namen geschenkt. Als Hochburg des Calvinismus befand sich die damalige Hafenstadt in offenem Konflikt mit der Church of England. Nach einem gescheiterten Emigrationsversuch nach Holland, wo sie Religionsfreiheit suchten, machten sich Pilger aus Boston 1620 mit Gleichgesinnten mit dem Segelschiff *Mayflower* auf den Weg nach New England, wo sie ein neues Leben beginnen wollten. In den nächsten Jahren folgten weitere Auswanderer aus Boston nach Nordamerika, wo sie sich der Massachusetts Bay Colony im Küstengebiet des gleichnamigen heutigen US-Bundesstaates anschlossen. Hier entstand 1630 als Gründung englischer Siedler die Stadt Boston, und hier wurde im Dezember 1773 mit der Boston Tea Party der Startschuss zur Unabhängigkeit der USA gegeben.

Heute kennt die ganze Welt Boston, Massachusetts, und niemand kennt Boston, Lincolnshire. In der mächtigen St Botolph's Kirche, die wegen ihres Turms ohne Spitze auch „The Stump" (Der Stumpf) genannt wird, erinnert eine Schautafel an die Geschichte der Stadt. 400 Jahre nach der Reise der *Mayflower* ist Boston eine Einwanderungsgemeinde geworden. Rund 13 Prozent der ansässigen Bevölkerung wurden nach der letzten, wohl längst überholten Volkserhebung von 2011 nicht im Land geboren. Die Zahl der Polen wuchs von 40 im Jahr 2001 auf 3.000 im Jahr 2011. Im Jänner 2016 wurde die 65.000 Einwohner zählende Stadt von dem Thinktank Policy Exchange als die „am wenigsten integrierte Gemeinde" unter 160 Städten in England und Wales eingestuft.

Wer heute Boston besucht, findet wenige Meter entfernt von der englischen High Street eine Parallelwelt mit Geschäften, Lokalen und Arbeitsvermittlungen für Einwanderer aus Ost- und Südosteuropa. Der Supermarkt *Pasikonik* ist gut bestückt mit Waren aus polnischer Produktion und würde sich auch in Warschau hervorragend machen. Bei der EU-Volksabstimmung am 23. Juni verzeichnete

Boston, wie bereits erwähnt, mit 75,6 Prozent den höchsten Anteil an Brexit-Stimmen in ganz Großbritannien. Dass die Stadt einst selbst auf die „kindness of strangers" angewiesen war, haben die guten Bürger von Boston vergessen. Nur Besucher sehen sich in der Kirche die Ausstellung über die Auswanderung an. Die Botschaft des Referendums war klar: Boston wollte nicht länger „Endstation Sehnsucht" für osteuropäische Einwanderer sein.

Schulen seien überfüllt mit fremdsprachigen Kindern, Gemeindewohnungen würden bevorzugt an Ausländer vergeben, die Wartezeiten im staatlichen Gesundheitswesen seien dramatisch angestiegen, der öffentliche Verkehr komme mit der gestiegenen Nachfrage nicht mehr zurecht. Und außerdem: Die Ausländer würden für Hungerlöhne arbeiten. Sie würden in großen Gruppen auf kleinstem Raum leben, so wenig Geld wie möglich ausgeben und so weit wie möglich unter sich bleiben. Ihre Einkünfte legten sie zur Seite oder schickten sie nach Hause. Sie drückten die Löhne für einheimische Arbeitnehmer, und weil diese es sich nicht leisten konnten, zu ähnlichen Konditionen zu arbeiten, verdrängten die Ausländer sie von ihren angestammten Arbeitsplätzen, besonders in wenig oder unqualifizierten Tätigkeiten wie Fabriks- oder Feldarbeit. Gleichzeitig hatte die Gastgemeinde nichts von den Fremden, denn sie kauften in ihren eigenen Geschäften ihre eigenen Waren.

Das Resultat der unkontrollierten und scheinbar unaufhörlichen Einwanderung ist in den Augen der guten Bürger von Boston ein Gefühl der Bedrohung und der Angst. Die Fremden reden in Sprachen, die niemand versteht. Niemand kann wissen, was sie vorhaben. Was macht eine Gruppe junger Männer an einem Freitagabend, nachdem sie sich im öffentlichen Park mit Bier aus der Dose und Wodka aus der Flasche in Stimmung gebracht haben? Väter, sperrt eure Töchter ein, verbergt eure Frauen, versteckt den besten Whisky und verriegelt die Hintertür! Wohin mit all dem Testosteron nach einer Woche Knochenarbeit? Ein Blick auf die Gerichtsseiten der lokalen Tageszeitung sagt doch alles. Was früher Stoff für eine Spalte lieferte, füllt nun Seiten.

So klagte Boston, so klagten Bürger in weiten Teilen Englands. Nach der Entscheidung für den Austritt aus der EU ging eine Welle der Fremdenfeindlichkeit durch Großbritannien. Hunderte verbale Attacken wurden ebenso registriert wie Handgreiflichkeiten und Gewaltakte. Die Stimmung im Land wurde mit den Worten auf den Punkt gebracht, mit denen Fremde im nordenglischen Wakefield auf offener Straße konfrontiert wurden: „Wir haben für Raus gestimmt. Also haut endlich ab!" Die Übergriffe sorgten für Bestürzung. Sie waren nicht erwartet worden. In Wahrheit kamen sie alles andere als überraschend.

Manche sprachen von einem „Wendepunkt", andere sahen Entwicklungen, die lange nicht wahrgenommen wurden. Weil man nicht konnte oder nicht wollte. Die britische Gesellschaft ist lange nicht so tolerant, liberal und großzügig, wie sie von sich selbst glauben will. Es ist nur etwas mehr als 50 Jahre her, dass die konservative Partei 1964 im Wahlkreis Smethwick bei Birmingham mit dem Slogan warb: „If you want a nigger for a neighbour vote Labour." Vier Jahre später warnte der konservative Abgeordnete Enoch Powell in einer Rede in Birmingham angesichts eines Anti-Diskriminierungsgesetzes der damaligen Labour-Regierung vor „rivers of blood". Der Politikprofessor Tim Bale sagte: „Die konservative Partei hat die längste Zeit des 20. Jahrhunderts damit verbracht, fundamentale Ängste der Menschen auszubeuten, und – mit Ausnahme von ein paar Jahren – macht sie dasselbe bis heute. Viele aufseiten der Rechten sehen das Hochspielen von Ängsten vor Einwanderung und Multikulturalismus als Trumpfkarte gegen die Linken."

Birmingham ist die zweitgrößte Stadt Großbritanniens. Mehr als ein Viertel der Bevölkerung ist asiatischer Herkunft und sie hat den größten Anteil aller britischen Städte an Moslems, Buddhisten und Sikhs. Zugleich ist Birmingham die wichtigste Metropole der West Midlands, eines traditionell von Industrie geprägten Gebiets mit rund drei Millionen Bewohnern. Wegen der einst so starken Autoindustrie trägt die Stadt den lautmalerischen Kosenamen „Brum". Die West Midlands sind auch die Region Großbritanniens mit dem größten Anteil an Menschen, die sich dazu bekennen, „rassistische Voruteile" zu haben: Gemäß British Social Attitudes Survey sagten 35 Prozent der Bewohner der Region im Jahr 2013, sie hätten Vorurteile, basierend auf Rasse, Herkunft, Hautfarbe oder Religion ihrer Mitbürger. In der EU-Volksabstimmung verzeichneten die West Midlands mit 59,3 Prozent die höchste Ablehnung der EU in ganz Großbritannien.

Dieselbe Untersuchung zeigte für den Zeitraum 2000–2013 in Großbritannien eine Zunahme rassistischer Vorurteile von 25 auf 29 Prozent. Es stand also im Gegensatz zum Empfinden fast eines Drittels der britischen Bevölkerung, wenn sich das offizielle Großbritannien seiner toleranten Haltung gegenüber Einwanderern und Schutzbedürftigen rühmte. Selbst Ukip verwies in ihrem Werbefilm von 2004 auf die „stolze Tradition der offenen Tür".

Die sprichwörtliche britische Toleranz beruht auf einem gegenseitigen „Leben und leben lassen". Wenn aus Frankreich Schreckensgeschichten über die Banlieues im Fernsehen laufen oder aus Deutschland Berichte über die schwierige Integration in Berliner Problembezirken zu sehen sind, lobt man sich in Großbritannien für seine großzügige Haltung gegenüber Fremden. Wer der Öffentlichkeit nicht zur Last fällt, wird, wenn schon nicht geschätzt, so zumindest in Ruhe gelassen.

In weiten Teilen ist die britische Toleranz aber auch ein Ausdruck von Ignoranz. Nach den Anschlägen in London im Jahr 2005 ging das Entsetzen über den „home-made terror" und den „enemy within" durch das Land. Auf einmal entdeckte man die Existenz von Parallelgesellschaften, die in anderen Sprachen, nach anderen Regeln und Werten von unbekannten Religionen lebten, wo Gedanken der Aufklärung, Gleichberechtigung und Chancengleichheit nicht existierten und wo man von der britischen Gesellschaftswirklichkeit des beginnenden 21. Jahrhunderts ebenso weit entfernt war, wie es umgekehrt der britische Mainstream von diesen Außenseitergemeinden inmitten des Landes war.

Die einstige Stahlstadt Rotherham, wo vorwiegend asiatische Täter über Jahrzehnte einen kriminellen Ring der sexuellen Ausbeutung jugendlicher Opfer in einer Größenordnung aufgezogen hatten, die ein Nichtwissen der lokalen Behörden unvorstellbar erscheinen ließ, wurde zu einem der Symbole für diese Entwicklung. In Quartieren, die von den asiatischen Einwanderern längst verlassen worden sind, wohnen heute osteuropäische Hilfsarbeiter. In vielen Fenstern sind Gläser durch Holzverschläge ersetzt. Das schützt vor lästigen Blicken, aber auch Steinwürfen. Niemand stoppt den freien Verfall der Gegend. Die Wege um den lokalen Fluss Don sind von einer Müllhalde oft kaum zu unterscheiden, von alten Autoreifen bis zu Präservativen ist hier alles zu finden, was man auf seinem Sonntagsspaziergang sicher nicht sehen will. Im EU-Referendum stimmte Rotherham mit 67,9 Prozent für „Leave".

Wer nach dem Brexit das Ende der multikulturellen Gesellschaft ausruft, übersieht, dass es diese in Großbritannien mit Ausnahme von London überhaupt nicht gegeben hat. Die Gegenden mit dem höchsten Ausländeranteil stimmten, wie bereits erwähnt, für den Verbleib in der EU. Im Jahr 2014 lebten 36,9 Prozent der im Ausland geborenen Bevölkerung in London, aber nur 1,6 Prozent im Nordosten Englands. Im EU-Referendum stimmten 40,1 Prozent der Londoner für den Brexit, aber 58 Prozent der Wähler im Nordosten:

Region	Anteil an im Ausland geborenen Bürgern 2014	Anteil der Brexit-Stimmen im EU-Referendum 2016
London	36,9	40,1
Südost-England	13,3	52,6
Ostengland	8,2	56,5
West Midlands	7,6	59,3
Nordwest-England	7,6	53,7
East Midlands	5,8	58,8
Yorkshire and Humberside	5,7	57,7
Südwest-England	5,2	52,6
Schottland	4,3	38,0
Wales	2,3	52,5
Nordost-England	1,6	58,0
Nordirland	1,5	44,2

Nach einer Studie des Migration Observatory der University of Oxford von Jänner 2016 nahm die Zahl der im Ausland geborenen Bevölkerung (diese Gruppe enthielt auch jene, die im Laufe der Zeit britische Staatsbürger geworden waren, sowie im Ausland geborene Kinder britischer Staatsbürger) in Großbritannien zwischen 1993 und 2014 um mehr als das Doppelte zu und stieg von 3,8 auf 8,3 Millionen (bei einer Gesamtbevölkerung von 64,5 Millionen). Im selben Zeitraum stieg die Zahl der ausländischen Bürger (alle in Großbritannien lebenden Ausländer, die nicht britische Staatsangehörige waren) von fast 2 auf mehr als 5 Millionen Menschen. Das bedeutete: 2014 waren 13,1 Prozent der britischen Bevölkerung im Ausland geboren (1993: 7 Prozent) und 8,5 Prozent waren ausländische Bürger (1993: 4 Prozent).

Von den im Ausland geborenen Bürgern lebten drei Millionen in London (1,3 Millionen in Inner London und 1,7 Millionen in Outer London). Dahinter folgten der Südosten mit 1,1 Millionen, Ostengland mit 686.000 und die East Midlands mit 485.000. Die kleinste Zahl wurde im Gebiet Newcastle/Sunderland (Tyne and Wear) und im übrigen Nordwesten Englands mit jeweils 66.000 verzeichnet, während es in Liverpool (Merseyside) 84.000 und in South Yorkshire 105.000 waren. Hier befindet sich Rotherham.

Der Zuwachs war aber in den vergangenen 20 Jahren prozentuell in jenen Regionen am stärksten, die den niedrigsten Ausgangsbestand hatten: Tyne and Wear +168 Prozent, Schottland +144, Merseyside +143, East Midlands und Wales +139, Ostengland +122. Die Gesamtzunahme für Großbritannien betrug 103 Prozent, das war mehr als eine Verdoppelung.

Region	Gesamtzahl im Ausland geborener Bürger an Gesamtbevölkerung		Veränderung in Prozent	Anteil im Ausland geborener Bürger an Gesamtbevölkerung in Prozent		Anteil der Zuwanderung an der Bevölkerung 2014 in Prozent		
	1995	2014	1995–2014	1995	2014	Im Ausland geboren	Ausländische Bürger	Zuwanderer ab 2009
Tyne and Wear	24.000	66.000	168	2	6	6	4	2
Restlicher Nordosten	29.000	66.000		2	4	4	3	1
Greater Manchester	166.000	353.000	113	6	12	12	8	3
Merseyside	35.000	84.000	143	2	6	6	4	2
Restlicher Nordwesten	103.000	195.000	90	3	6	6	4	1
Süd Yorkshire	49.000	105.000	114	4	7	7	5	2
West Yorkshire	140.000	256.000	83	6	12	12	6	2
Restliches Yorkshire and Humberside	56.000	119.000	112	3	7	7	5	2
East Midlands	203.000	485.000	139	5	10	10	7	2
West Midlands Metropolitan County	262.000	455.000	74	11	6	6	11	4
Restliche West Midlands	94.000	184.000	95	3	6	6	4	1
Ostengland	309.000	686.000	122	6	11	11	8	2

Inner London	816.000	1.374.000	68	29	39	39	27	10
Outer London	828.000	1.716.000	107	18	33	33	21	6
Südosten	514.000	1.109.000	116	6	13	13	8	3
Südwesten	210.000	434.000	107	4	8	8	5	2
Wales	80.000	192.000	139	3	6	6	4	1
Strath-clyde (Großraum Glasgow/ Edinburgh)	60.000	125.000	109	2	5	5	3	1
Restliches Schottland	97.000	238.000	144	3	7	7	6	3
Nordirland	53.000	129.000	143	3	7	7	6	2
Großbri-tannien gesamt	4.129.000	8.371.000	103	6,7	13,1	13,1	8,5	2,7

Der Anteil der nicht im Land geborenen Bevölkerung stieg in allen Gebieten mit Ausnahme des Großraums Birmingham. Am höchsten lag er 2014 in Inner London mit 39 Prozent (1995: 29 Prozent) und Outer London mit 33 Prozent. Die Zahlen beweisen, was immer gesagt und dennoch stets vergessen wird: London ist nicht England (oder Großbritannien). Was England wirklich ist, zeigte schon 2006 der Film „This is England", ein trauriger Spiegel einer Jugend voller Hass und Angst und ohne Hoffnung und Ziel.

Ebenso zeigt sich, dass die absoluten Zahlen weniger bedeutend für die Bewältigung und Beurteilung der Zuwanderung waren als die Zuwachsraten und die Geschwindigkeit des Anstiegs. Gemeinden und Regionen, die einen Ausländer bestenfalls aus einem Fernsehfilm kannten, fühlten sich überfordert, als sie auf einmal in der Wirklichkeit damit zu tun hatten. Die Wirtschaft setzte das Anwerben billiger Arbeitskräfte ungebremst fort. Die Konsumenten profitierten von billigen Preisen. Die Erdbeeren aus Kent, der Spargel aus Cornwall und die Gurken aus dem Glashaus wurden von Ausländern gesät und geerntet, deren Arbeitstag oft zu einer Uhrzeit begann, zu der viele Briten sich noch im Schlaf wälzten und von Sonderangeboten träumen durften.

Mit dem Referendum sind Dämme gebrochen: Die ablehnende Haltung gegenüber Ausländern war bisher tabu gewesen. Menschenrechte, Gleichberechtigung, Verbot der Diskriminierung, Schutz von Minderheiten, Gerechtigkeit, Gleichbehandlung, Chancengleichheit – all das sind universelle Werte, denen sich jede moderne Gesellschaft und jeder moderne Staat verpflichtet fühlt. Großbritannien ganz besonders. Von der Erziehung im Elternhaus über die Schule bis zur politischen Bildung wird heute jeder Generation die Bedeutung dieser Werte vermittelt. Ihre Umsetzung ist entscheidend für ein auf Respekt und Achtung beruhendes Zusammenleben und damit eine Grundlage der Gesellschaft.

Nur: Nicht alle Menschen sehen das so. Über kaum etwas lachen die Briten so gerne wie über leicht rassistische Scherze. Sigmund Freud hat die Verbindung zwischen dem Witz und dem Unbewussten herausgearbeitet. Es kann kein Zufall sein, dass die BBC wenige Wochen nach dem Brexit-Votum mit der Neuausstrahlung der Sitcom „Till Death Us Do Part" begann, einer Fernsehserie aus den 1960er- und 1970er-Jahren mit der Hauptfigur Alf Garnett, einem Arbeiter und Patriarchen, der das Publikum mit rassistischen und jeder Menge anderer Sprüche unterhielt, die sich andere nicht zu sagen trauten, und der heute wohl ein überzeugter Ukip-Wähler wäre (und in Homer Simpson seinen Nachfahren gefunden hat). Garnett war schon politisch inkorrekt, als es den Begriff der „Political Correctness" noch gar nicht gab.

Über kaum eine Nation, mit der die Briten in ihrer 1000-jährigen Geschichte in Kontakt getreten sind, haben sie nicht ein Klischee geschaffen – und immer ist es negativ. Die Franzosen werden „Frogs" genannt, die Deutschen sind „ze Huns" oder „ze Krauts" und ein Südländer kann schon das Schmähwort „Dago" zu hören bekommen. Oft sind es jahrhundertealte Rivalitäten ebenso wie Minderwertigkeitskomplexe: Von französischer Lebensart über deutsche Autos bis zu italienischer Küche – wo lässt all dies die Angelsachsen bleiben? Amerikaner verachtet man grundsätzlich und nennt sie

„Yankees", „Hicks" oder „Bumpkins". Japaner sind „Japs", Pakistani sind „Pakis" und Afrikaner „Pickaninnies".

Ein Brite, der solche Worte verwendet, sieht andere Ethnien als tiefer stehend an, bestenfalls geeignet, Hilfsdienste zu verrichten. Diese Worte sind ebenso verpönt, wie sie verbreitet sind. Es liegt etwas Lustvolles im Verletzen eines Tabus. Wer sie verwendet, rechtfertig sich damit, dass er erstens nichts Böses gemeint habe und zweites noch viel bösere Worte für die Briten selbst verwende. Kann man jemandem Rassismus vorwerfen, der sich über die eigene Rasse lustig macht?

Die verächtliche Haltung gegenüber Fremden ist nicht ein Phänomen der radikalisierten Unterklasse oder der supersnobistischen Oberklasse. Auch aus dem Königshaus sind einschlägige Aussagen, zum Beispiel über chinesische Regierungsvertreter, bekannt. Man bewegt sich zwischen liebevollem Spott und offen inakzeptablen Aussagen. Ersteres soll Zweiteres relativieren, bereitet ihm aber erst den Weg.

Keiner beherrscht dieses Spiel besser als Außenminister Johnson, ein Meister der englischen Sprache und ihrer Varianten und Zwischentöne. Ob er über die „halbkenianische Abstammung" von US-Präsident Obama nachsinnt, sein Unbehagen gegenüber „pickanninies and their watermelon smiles" anspricht oder vor „Papua New Guinea-style orgies of cannibalism and chief-killing" warnt, Johnson weiß genau, wie er die Instinkte seines Publikums kitzelt.

Seit das Phänomen der englischen Fußball-Hooligans unter Kontrolle gebracht worden war, schien auch der englische Nationalismus verschwunden zu sein. Der Fußball nahm einen ähnlichen Weg wie die Gesellschaft. Vollkommene Kommerzialisierung, gezielte gesellschaftliche Aufwärtsbewegung und strikte Durchsetzung von „Law and Order" (Großbritannien hat seit vielen Jahren fallende Kriminalitätsraten). Der einstige Proletensport wurde zu einem Pflichthobby für nach oben strebende Menschen: kein ambitionierter Nachwuchspolitiker, der nicht mit einem Lieblingsverein um Sympathien buhlte, und kein Banker, der nicht seinen Jahresbonus in einer „Corporate Box" feierte.

Die weißen Fahnen mit dem roten Georgskreuz, die englische Flagge, verschwanden hingegen aus den Stadien und wurden nur mehr in Vorstädten gesehen, wo Menschen lebten, die sich den Besuch eines Premier League-Spiels längst nicht mehr leisten konnten. Außer eher kümmerlicher Bemühungen von Ukip schien der englische Nationalismus so mausetot, dass keine Partei ihn als Kraft für sich zu mobilisieren versuchte.

Das Referendum zeigte, dass auch dies ein Irrtum war. Die kleineren Nationen des Vereinigten Königreichs hatten sich mit der Übertragung von Kompetenzen („Devolution") seit 1997 wiederentdeckt und neu definiert. Schotten, Waliser und Iren können heute eine positive Darstellung dessen geben, was sie zu einer Nation macht. In Schottland brachte das Unabhängigkeitsreferendum im September 2014 einen Sieg der Unionisten in der Abstimmung, aber eine Niederlage in der längerfristigen Identitäts- und Meinungsbildung. In der Debatte um die Volksabstimmung entstand eine Bewegung an der Basis der schottischen Gesellschaft, die über sich, das Land und seine Rolle in der Welt nachzudenken und Entwürfe zu machen begann.

Nicht zufällig ging die Scottish National Party aus der Referendumsniederlage 2014 als strahlender Sieger hervor. Zur politischen Hegemonie gewann die SNP damals auch die kulturelle Vormachtstellung. Sie bestimmt seither praktisch uneingeschränkt, wie das Land sich sieht und welchen Weg es nehmen wird. Ein halbes Jahr nach der Niederlage in der Volksabstimmung über die Unabhängigkeit bezeichneten im März 2015 in einer ICM-Umfrage 62 Prozent der Befragten ihre nationale Identität als schottisch und nur mehr 31 Prozent als britisch. Ein Jahr zuvor hatten 30 Prozent sich als „gleichermaßen schottisch wie britisch", 25 Prozent „mehr schottisch als britisch", 24 Prozent als „schottisch, nicht britisch" und 9 Prozent als „britisch, nicht schottisch" eingeordnet.

Im Gegensatz zu den Schotten können die Engländer heute keine positive nationale Identität definieren. Das Königshaus haben sie nicht für sich alleine, es versteht sich ausdrücklich als britisch (während Queen Elizabeth II. im Schottland-Referendum, als es knapp zu werden schien, sehr wohl eingriff, wahrte sie im EU-Referendum ein eisernes Schweigen, das nur einen Schluss zuließ), das Fußballteam ist eine unerschöpfliche Quelle der Enttäuschung, der Tennisstar Andy Murray ist Schotte (wenn er gewinnt, wird er als Brite gesehen, wenn er verliert als Schotte), die Landessprache spricht die ganze Welt (mehr oder weniger), führende Industriebetriebe wie Jaguar Land Rover sind in ausländischem Besitz, und was englische Unternehmen wie die Eisenbahngesellschaften ihren Kunden bieten, lässt wahrlich keinen Stolz aufkommen.

Das heißt nicht, dass es keinen englischen Nationalismus gibt. Das zu übersehen, war ein Kernfehler der Londoner Eliten gewesen. Es existiert ein englischer Nationalismus, aber er ist negativ definiert: gegen die anderen Nationen im Vereinigten Königreich (die man erhalten muss, wofür man nichts als Undank erntet), gegen andere Nationen (siehe oben) und gegen die Europäische Union (als Quell allen Übels).

Premierminister Cameron wollte nach dem Schottland-Referendum eine Verfassungsreform nach dem Grundsatz „englische Stimmen für englische Gesetze". Warum sollten schottische Abgeordnete über Materien mitbestimmen, die nur für England und Wales Gültigkeit hatten, während umgekehrt englische Abgeordnete keinerlei Mitsprache über dezentralisierte schottische Rechte hatten? Was auf den ersten Blick ein naheliegendes Streben nach einer gerechteren Kompetenzverteilung zu sein schien, entpuppte sich rasch als das Öffnen der sprichwörtlichen Büchse der Pandora. „Die britische Verfassung ist immer rätselhaft gewesen und wird es immer sein", zitiert der Politikprofessor Anthony King niemand Geringeren als Queen Elizabeth II. An manche Geheimnisse „lässt man besser kein Tageslicht", wie der Verfassungstheoretiker und Gründer des *Economist,* Walter Bagehot, bereits im 19. Jahrhundert warnte.

Angesichts der offen zutage liegenden zentrifugalen Kräfte, die den Fortbestand des Vereinigten Königreichs bedrohten, setzte die neue Regierungschefin May sofort bei Amtsantritt auf Betonung der nationalen Einheit: „Wir glauben an die Union, dieses kostbare, kostbare Band zwischen England, Schottland, Wales und Nordirland." Die Schotten hatten zuvor bereits erklärt, dass sie zu einem Zeitpunkt ihrer Wahl ein zweites Referendum über die Unabhängigkeit verlangen würden, da sie es nicht zulassen könnten, „gegen unseren Willen aus der EU gerissen zu werden", wie es die schottische Ministerpräsidentin Nicola Sturgeon formulierte.

Während die Schotten darauf verweisen konnten, dass sie im September 2014 für den Verbleib in Großbritannien als Teil der Europäischen Union gestimmt hatten, zeigten Umfragen in England eine genau entgegengesetzte Haltung zur EU: Wähler, die sich als englisch bezeichneten, waren auch mehrheitlich gegen die EU. Die „Leave"-Kampagne und Ukip unter Farage fokussierten ihre Anstrengungen auf diese Gebiete – mit Erfolg. Tim Oliver von der London School of Economics schrieb: „Der englische Nationalismus ist das Kennzeichen eines verärgerten, enttäuschten Teils der englischen Gesellschaft, die sich in der modernen Welt und im modernen Großbritannien links liegen gelassen fühlt. In Verbindung mit dem Unbehagen über Einwanderung entstand eine Mischung, vor der sich die britische Politik fernzuhalten versuchte. Stattdessen war es ihnen angenehmer, ‚britisch' zu sein, aus Angst, dass der englische Nationalismus rassistisch ist, Spannungen mit Schottland verursacht und die Weltsicht der Arbeiterklasse und Fußballanhänger widerspiegelt. Aber die englische Seite der britischen Politik ist etwas, das nicht länger ignoriert werden kann."

Die Kräfte, die für den Brexit mobilisiert wurden, erwarten nach ihrem Sieg die versprochene Belohnung. Ein Preis wird zu entrichten sein. Die Regierung verweigerte nach dem Brexit wohl nicht zufällig eine Garantieerklärung über den Fortbestand der Rechte der EU-Ausländer. Man verwies auf die in der EU lebenden Briten. Zugleich schuf man sich neben politischer Verhandlungs- auch gesellschaftliche Verschubmasse. Während die Regierung um eine Brexit-Strategie ringt, bangt die Wirtschaft, werden Investitionsentscheidungen verschoben, gehen Aufträge verloren und geraten Arbeitsplätze in Gefahr. Klar war von Anfang an eines: Egal wie der endgültige Deal zwischen London und der restlichen EU aussehen wird, die Rechnung für den Brexit werden nicht die Banker aus Canary Wharf, sondern die Arbeiter aus Boston bezahlen. Da könnte es sich als politisch durchaus opportun erweisen, mit drakonischen Maßnahmen demonstrativ ein paar Ausländer des Landes zu verweisen. „Illegal hier? Gehen Sie nach Hause oder ins Gefängnis", ließ die damalige Innenministerin May 2014 plakatieren. Der Applaus gewisser Medien wird den Regierenden auch diesmal sicher sein.

Medien – „A very promising little war"

In der Mediensatire „Scoop" von Evelyn Waugh aus dem Jahr 1938 wird der junge Kolumnist William Boot irrtümlich als Korrespondent nach Afrika geschickt, um über einen „very promising little war" zu berichten. Vielversprechend für die Zeitungen der damaligen Zeit waren Kriege, Katastrophen und Krisen. Daran hat sich im heutigen Mediengeschäft nichts geändert. Das EU-Referendum führte insbesondere in der Schlussphase zu einem messbaren Anstieg der verkauften Auflage: Die *Times* meldete für den Samstag nach der Volksabstimmung ein Plus von 18 Prozent, der Londoner *Evening Standard*, der gratis verteilt wird, durchbrach am Tag nach dem Referendum erstmals die Schallmauer von einer Million. Auch im Internet wurden Rekorde gebrochen: Der *Guardian* registrierte am Tag nach dem Brexit 17 Millionen einzelne Besuche (unique browsers) und 77 Millionen Seitenabrufe (page views).

Die Medien freuten sich nicht nur über den Zuwachs an Lesern, Werbeeinschaltungen und Auflage bzw. Einschaltquote. Sie beließen es auch nicht dabei, möglichst umfassend und weitreichend zu berichten. Die Printmedien bezogen klare Position. Es ist in Großbritannien Tradition, dass Zeitungen vor einer Volksentscheidung eine Wahlempfehlung abgeben. Bis zu diesem Schlusswort versuchen Qualitätsblätter – selbst wenn sie Schlagseite hatten – üblicherweise beide Seiten in einer Argumentation zu Wort kommen zu lassen. Nicht so im EU-Referendum.

Hier hatten die Gegner des Verbleibs in der Union klar die Übermacht: Die meistverbreiteten Zeitungen *The Sun* und *Daily Mail*, aber auch das Revolverblatt *Daily Express* und die Qualitätszeitung

Daily Telegraph, wo Boris Johnson einen lukrativen Vertrag als Kolumnist genoss und seine Entscheidung publizierte, für den Brexit in den Kampf zu ziehen, waren für den Austritt aus der EU. Im Gegensatz dazu waren *Mail on Sunday* und *Sunday Times* für den Verbleib in der Union. Ebenso unterstützten die einflussreichen, aber nach Leserschaft wesentlich kleineren Zeitungen *Financial Times* und *Guardian* die EU-Mitgliedschaft. Der ebenfalls pro-europäische *Independent* erschien seit März 2016 nur mehr im Internet. Von den Magazinen waren der *Economist* vehement für den Verbleib, der linke *New Statesman* ebenfalls dafür, der wesentlich auflagenstärkere konservative *Spectator* aber dagegen.

Einen interessanten Fall stellte die angesehene *Times* dar. Obwohl auch hier die europaskeptische Haltung dominierte, stellte sich die Zeitung am Ende der Debatte auf die Seite der EU-Befürworter. Eigentümer Rupert Murdoch hatte damit in jedem Fall auf das richtige Pferd gesetzt, denn die ebenfalls in seinem Besitz befindliche *Sun* sprach sich heftig für den Brexit aus: „BeLEAVE in Britain" lautete am 13. Juni die mit der Nationalflagge geschmückte Schlagzeile der auflagenstärksten Zeitung des Landes.

Mogul Murdoch – gebürtiger Australier und heute US-Bürger – hatte mit seinen Massenblättern seit Jahrzehnten den Hass der Briten auf die EU geschürt. Wie seine Mitbewerber Viscount Rothermere („Daily Mail and General Trust") und die Barclay-Brüder („Telegraph Media Group") nützte sein Medienimperium über Jahrzehnte steuerliche Schlupflöcher und Begünstigungen. Während diese Zeitungen ihren Lesern Tag für Tag das Leid klagten, wie die hart verdienten Millionen der britischen Steuerzahler an Brüssel abgeliefert werden müssen, um dann von „gesichtslosen Bürokraten, die niemand gewählt hat", intransparent und ohne Rechenschaftspflicht verschwendet zu werden, leisteten ihre Eigentümer mit Firmenkonstruktionen in Steuerparadiesen und Ausnützung aller Mittel seit Jahrzehnten den geringstmöglichen Beitrag zu ebendiesem Steueraufkommen.

Dazu kam, dass die britischen Medien aufgrund harter Sparmaßnahmen, aber auch anderer Prioritätensetzungen zunehmend weniger informiert über Brüssel und die EU waren. Einer, der maßgeblich an der Schaffung des Mythos von der EU als einer abgehobenen Beamtenhochburg, wo hemmungslos Geld für sinnlose Gleichschaltungsverordnungen ausgegeben werde, mitgewirkt hatte, war der heutige Außenminister Johnson. Statt in der sachlichen Berichterstattung tat er sich in der feindseligen Karikierung hervor. Damit wurde ein bestimmtes Klima geschaffen: Für die britische Massenpresse war aus Brüssel nur interessant, was (mutmaßlich) schlecht, skandalös oder schrecklich war.

Das stellte einen dramatischen Wandel gegenüber dem ersten Europa-Referendum 1975 dar, als alle führenden Publikationen für den Verbleib in der Gemeinschaft eintraten. Der frühere *Times*-Korrespondent in Brüssel und Johnson-Kollege Martin Fletcher schrieb wenige Tage vor der Volksabstimmung 2016: „Seit Jahrzehnten bieten britische Zeitungen ihren Lesern einen endlosen Strom aus unausgewogenen, irreführenden und schlicht und einfach falschen Geschichten über Brüssel. Artikel, die nicht auf die EU einschlugen, die Leistungen der EU anerkannten, die einräumten, dass Großbritannien viele Verbündete hatte und oft seine Meinung durchsetzen konnte wie etwa bei der Schaffung des Binnenmarkts, wurden fast ausnahmslos nicht gedruckt."

Es ist eine wohl unlösbare Frage, ob Zeitungen die Vorurteile ihrer Leser herbeischreiben oder sie den Vorurteilen ihrer Leser hinterherschreiben. Unbestritten ist jedenfalls ihre Macht, Themen zu setzen und Sichtweisen zu beeinflussen. David Deacon, Professor für Kommunikationswissenschaften an der Loughborough University, sagt: „Die Medien haben mehr Einfluss darauf, den Menschen zu sagen, worüber sie nachdenken sollen, als ihnen zu sagen, wie sie denken sollen." Die britische EU-Kampagne zeigte starke Veränderungen in der Medien- und Kommunikationswelt. Sie bewies aber nicht, dass die traditionellen Medien so machtlos geworden sind, wie sie sich selbst oft wähnen.

Charles Grant, Leiter des Londoner Thinktanks Centre for European Reform, ging in seiner Referendumsanalyse sogar so weit, die Medien als eines der entscheidenden „fünf M" für die Niederlage der

EU-Befürworter zu nennen. Neben „messenger" (die handelnden Personen), „message" (die Kernbotschaften), „migration" (die Hauptsorge der Wähler) und „machine" (der Kampagnenapparat) nannte er „media" als fünfte Komponente für den Sieg von Leave: „Natürlich akzeptiert nicht jeder blind, was in der Zeitung steht. Aber viele glauben allerhand bizarre Dinge über die EU, die auf keinerlei Fakten beruhen und wofür letztlich Zeitungen die Quelle sind."

Über Jahre führten die EU-feindlichen Zeitungen Kampagnen gegen Einwanderung und Ausländer. Von Sozialmissbrauch bis Kriminalität, vom Raub britischer Arbeitsplätze („British jobs for British people", forderte im Wahlkampf 2010 selbst die Labour Party) bis zur Veränderung der traditionellen High Street – wo einst landauf und landab ein WH Smith, ein Tesco, ein Post Office, ein Convenience Store, eine Bankfiliale, ein Estate Agent und ein Woolworth waren, befinden sich heute ein Poundstretcher, ein Wettbüro und ein *Sklep Polski* – blieb nichts ausgespart.

Ukip setzte in Politik um, was die Zeitung *Daily Mail* schrieb. Wer Ende 2013 die apokalyptischen Zeitungsartikel las, was das bevorstehende Ende der Übergangsfristen für Rumänen und Bulgaren für den Zugang zum britischen Arbeitsmarkt bedeuten würde, der glaubte auch die Behauptung des Brexit-Lagers im Referendum, die gesamte Bevölkerung der Türkei sei im Begriff, sich auf den Weg nach Großbritannien zu machen. Dass die Politiker damals das Thema wieder nur herunterspielten, die Sorgen der Menschen nicht als Problem ernst nahmen und die Fakten ebenso wenig auf ihrer Seite hatten wie ihre Kritiker, war genau jenes Verhalten, das sie im Referendum im Juni 2016 in die Niederlage führte. Es kamen viel mehr Rumänen und Bulgaren, als sie zugegeben hatten. Auch wenn sie es zu verschweigen trachteten, konnte es jeder sehen. Weil sie schwiegen, konnten (und wollten) sie die Wähler auch nicht darauf hinweisen, dass beispielsweise Rumänen heute zu den Stützen des staatlichen britischen Gesundheitswesens zählen.

Britische Zeitungen waren immer Sprachrohre ihrer Eigentümer. Oft verdienten sie kein Geld damit, aber sie konnten Entscheidungsprozesse beeinflussen. Gegen die drückende Übermacht der Propagandawalze der großen Zeitungen wurde 1922 der Radiosender BBC als neues Medium bewusst als Gegenmodell positioniert. „Auntie Beep" ist zu strikter Objektivität und Ausgewogenheit verpflichtet und vor wirtschaftlicher Einflussnahme etwa durch ein Werbeverbot geschützt. Knapp 100 Jahre später sah die Wirklichkeit in jeder Hinsicht anders aus. In der EU-Kampagne, die in die Zeit heikler Verhandlungen zwischen der BBC und der Regierung fiel, bemühte sich der Sender in besonderem Ausmaß um Vermeidung politischen Ärgers.

Angesichts der Spaltung des Regierungslagers war das ein Balanceakt. Auf jede Aussage des einen Lagers folgte gesetzmäßig die Gegenaussage des anderen, egal wie wahrheitsgerecht oder unsinnig eine Behauptung war. Die EU-Gegner brachten die EU-Befürworter mit ihren aggressiv vorgebrachten Falschaussagen oft in die Defensive, aber viele Interviewer blieben stumm.

Das EU-Referendum zeigte aber auch die Bedeutung der Veränderungen in der modernen Medienlandschaft. Neue Ausdrucksformen auf Internetbasis von Twitter bis Facebook haben nicht nur das Informationsmonopol der traditionellen Medien zerstört. Sie kennen auch die etablierten Standards journalistischer Arbeit und Kontrolle nicht. Auf Twitter kann jedermann jeden ungeprüften Unsinn in den Cyberspace jagen, von wo er wenig später wie ein weltweiter Bumerang als Faktum zurückkehren kann. Eine unrichtige Behauptung wie die 350-Millionen-Pfund-Lüge kann Erfolg haben, wenn es nicht mehr um die Wahrheit, sondern um die Verbreitung einer Botschaft geht. „Jedes Mal, wenn sie unsere 350 Millionen wiederholen, gewinnen wir", sagte ein „Leave"-Wettstreiter während der Kampagne.

Die sozialen Medien stellten dafür die Kanäle bereit. Demgegenüber haben die traditionellen Medien nicht nur kein Mittel entdeckt, mit dieser Herausforderung umzugehen. Sie verloren auch an Bedeutung, weil sie selbst über Jahrzehnte ihre Glaubwürdigkeit und Reputation untergraben hatten.

Denn auch die Medien standen in der Reihe der Eliten, die versagt hatten. Der Abhörskandal in den Boulevardmedien, allen voran die Blätter aus dem Hause Murdoch, deren Sonntagszeitung *News of the World* im Sommer 2011 angesichts polizeilicher Ermittlungen über Nacht eingestellt wurde, erschütterte die Glaubwürdigkeit der Medien massiv. Die vierte Gewalt im Staat, deren Aufgabe die Kontrolle der anderen Mächte im Namen der Bürger war, hatte sich in großer Zahl selbst jenseits des Gesetzes gestellt. Die endlose Reihe von Sexskandalen ehemaliger Publikumslieblinge der BBC aus früheren Jahrzehnten, die sich ihre Opfer kraft ihrer Machtpositionen gewaltsam gefügig gemacht hatten, untergrub das Vertrauen in das angesehenste Medienunternehmen des Landes nachhaltig. Die Versuche der Politik, nach dem Telefonabhörskandal neue Regelungen zu einer Selbstaufsicht der Medien einzuführen, blieben ebenso zahn- wie erfolglos. Auf einen kurzen Moment der Zerknirschung während der Leveson Inquiry fand die Presse sehr schnell wieder zu ihrer alten Stimmkraft zurück. Für viele Menschen entstand der Eindruck, die Medien bildeten mit der Politik eine Clique und sie wären die beiden Seiten derselben (Pfund-)Münze.

Die innige Verschränkung zwischen Politik und Medien betrifft keineswegs nur die BBC. New Labour und die Murdoch-Medien formten in den 1990er-Jahren eine machtvolle Allianz zu beiderseitigem Nutzen. Der *Daily Telegraph* war nie weit entfernt, wenn von einer konservativen Regierung Brosamen abfielen. Die führenden Politiker und Journalisten kamen überwiegend aus derselben Klasse, waren an dieselben Schulen gegangen, hatten dieselben Fächer studiert (meist Philosophy, Politics and Economics), verkehrten in denselben Kreisen und teilten (überwiegend) dieselbe Weltsicht.

Diese war aber nicht jene der Bürger. Politik und die Information über Politik in den traditionellen Medien spielen heute kaum mehr eine Rolle. Selbst die Schlussdebatte zur Referendumskampagne sahen am 22. Juni 2016 nicht mehr als 3,8 Millionen Briten. Dabei ging es um eine epochale Abstimmung, die über das künftige Schicksal des Landes entscheiden sollte. Die erste Episode der neuen Staffel des BBC-Kochwettbewerbs „The Great British Bake Off" sahen am 24. August 2016 11,2 Millionen Briten. Auch hier ging es um eine

Wahl, wenn auch vielleicht nicht von derselben Tragweite: Am Ende der Serie bestimmte das Publikum mit seinen Stimmen den besten britischen Amateurbäcker.

The Importance of Not Being Earnest

Es gibt viele schöne Seiten des britischen Lebens. Aber es ist auch reich an Zumutungen. Um sie zu ertragen, haben die Briten ihre eigene Form des Humors entwickelt. Wenn man sie fragt, worauf sie stolz sind, steht der Humor immer ganz vorne. Wenn Briten ein vorteilhaftes Bild von sich geben wollen, dann attestieren sie sich einen „good sense of humour". GSOH, die Abkürzung dafür, ist mittlerweile so geläufig geworden, dass sie sogar Eingang in das Cambridge English Dictionary gefunden hat. Kate Fox schreibt:

Eine Grundregel jeder englischen Konversation ist das Verbot der „Ernsthaftigkeit" (earnestness). Obwohl wir vielleicht kein Monopol auf Humor oder Ironie haben, sind sich die Engländer vielleicht mehr als jede andere Nation der Unterscheidung zwischen „ernst" (serious) und „ehrwürdig" (solemn) und zwischen „Aufrichtigkeit" (sincerity) und Ernsthaftigkeit (earnestness) bewusst.

Der britische Humor wird gemeinhin als schwarz beschrieben, weil er von einer pessimistischen Annahme ausgeht, die sich in der Pointe sogar noch als übertrieben optimistisch erweist. Wenn im Scherz alles schiefgeht, wer muss sich dann noch wundern oder gar aufregen, dass es in Wirklichkeit nicht anders ist? Der britische Humor ist der größte und wirkungsvollste Selbstschutzmechanismus dieser Gesellschaft.

Wenn etwas nicht klappt, muss es auch Schuldige geben und das sind zu allererst einmal die Briten selbst. Die Fähigkeit, sich über sich selbst lustig zu machen, ist eine soziale Fähigkeit, deren Wichtigkeit im britischen Sozialkontrakt gar nicht hoch genug eingeschätzt werden kann. Für sie erntet man Wohlwollen und Anerkennung selbst im verhängnisvollsten Scheitern. In seiner letzten Unterhausdebatte verabschiedete sich David Cameron am 13. Juli 2016 als Premierminister mit den Worten: „Ich war einmal die Zukunft". Das Parlament dankte ihm mit brüllendem Gelächter. Im Dezember 2005 hatte Cameron als neuer Chef der Opposition erstmals aufhorchen lassen, als er dem damals für die Opposition noch unantastbar scheinenden Premier Blair in seiner ersten „Question Time" frech entgegengeschleudert hatte: „Er war einmal die Zukunft."

Wer sich über sich selbst lustig macht, braucht sich auch nicht mehr zu rechtfertigen. Ein gut platzierter Scherz erlaubte es Cameron, mit jeder Menge guten Wünschen und Sympathie in den vorzeitigen Politruhestand zu segeln. Der Comedian Alex Kealy sagte über den Abschied des Premiers im Parlament: „Es war, als ob jemand bei der Einzugsfeier gestorben war, aber man endlos darüber redete, wie großartig die Guacamole ist." Wer darauf verwies, welchen Trümmerhaufen der scheidende Premier angerichtet und hinterlassen hatte, wurde gleichsam nicht nur der Pietätlosigkeit, sondern – viel schlimmer – auch noch der Humorlosigkeit geziehen. Die Briten würden sich wesentlich leichter mit dem Erbe Tony Blairs tun, würde der Premier nicht bis heute mit grimmigem Ernst auf der vollkommenen Richtigkeit seines Handelns im Irak beharren. Fox spricht von einem „Verbot der Ernsthaftigkeit", das es „Politikern gegenüber der Öffentlichkeit besonders schwer macht", sich zu behaupten.

Wer sich über sich selbst lustig machen kann, erwirbt sich aber auch einen Freibrief, sich über andere lustig zu machen. Kaum ein fremdes Volk, das von den Briten nicht sein Fett abbekommt. Nachdem die zugrunde liegende Fremdenfeindlichkeit im Grunde aber beim Wohnungsnachbarn beginnt und bei den Klingonen noch lange nicht endet, kann eigentlich niemand des Rassismus beschuldigt werden. Wer gegen alle ist, diskriminiert niemanden. Im britischen Humor ereignet sich ein vollendetes Zusammenspiel von Minderwertigkeitskomplex („Natürlich sind nur wir so blöd, nicht einmal den Zugsverkehr organisieren zu können") und Überheblichkeitssyndrom („Wir sind das Mutterland des Eisenbahnverkehrs"). Der Witz ist damit der perfekte Ausdruck der britischen Seele.

Der Humor als Überlebensmechanismus ist über Jahrhunderte verfeinert worden und wird von Generation zu Generation schon mit der Sprache weitergegeben. Egal ob ein wichtiges Vorhaben sich als katastrophaler Fehlschlag herausstellte, Hauptsache ist, „we are having a laugh", wir haben Spaß gehabt, oder „we are having a good time". Die am meisten verehrten Persönlichkeiten der Geschichte sind nicht schneidige Triumphatoren, sondern ehrenhafte Verlierer, solange sie sich in Würde und Humor geschlagen haben.

Ein historisches Beispiel ist die gescheiterte Südpol-Expedition des Entdeckers Robert Scott im Februar 1913. Der Historiker Paul Ward, Mitglied der „Academy for the Study of Britishness" (das allein ein schönes Beispiel für britischen Humor) an der University of Huddersfield, meint: „Es herrschte das Gefühl, dass mit der Bewahrung ihres Charakters die Briten selbst dann gewinnen würden, wenn sie verloren. Das wurde schließlich zu einer Entschädigung für den Verlust von Macht. Heldenhaftes Scheitern pflegte Siegen voranzugehen oder zu folgen, bevor es im 20. Jahrhundert immer häufiger vor und nach Niederlagen gleichzeitig stand." Das Werkzeug des britischen Humors ist die Sprache. Es gibt unendliche Variationen der Ironie, des Sarkasmus und des Zynismus. Es gibt die feine Klinge ebenso wie den Holzhammer. Nichts ist heilig, aber zugleich ist man auch nicht wirklich vollkommen respektlos. Die Meister des Humors sind die Comedians, was weder mit Kabarettist noch mit Komiker völlig richtig übersetzt werden kann. Die besten unter ihnen sind beides. Sie werden als Helden verehrt und füllen Konzertarenen wie die größten Popstars. Ebenso unstillbar ist der Hunger der Briten nach Komödien, Parodien und Satiren. Die beliebtesten sind jene, in denen sie sich über sich selbst lustig machen: ihre Vorurteile, ihre Komplexe, ihre Ängste, ihre Unzulänglichkeiten und wie sie dennoch zurechtkommen. Es kann kein Zufall sein, dass die beste und zutreffendste Analyse der britischen Politik in Satiren wie „Yes, Minister" (1980–84), „House of Cards" (1990) oder „The Thick of It" (2005–2012) zu finden ist – und es ist auch kein Zufall, dass etwa das amerikanische Remake von „House of Cards" das britische Original vielleicht an Spannung überbietet, aber nicht einen Funken seines Humors retten konnte. In der Satire spiegeln sich die britische Politik und das britische Leben, um es in den Worten von Karl Kraus zu sagen, „bis zur Kenntlichkeit entstellt."

Dass alles ein Scherz sein oder auf einen Scherz reduzierbar sein muss, erspart einem das Aussprechen unangenehmer Wahrheiten. Kate Fox zitiert in ihrem Buch einen amerikanischen Geschäftsmann mit den Worten: „Das Problem mit den Engländern ist, dass man nie weiß, ob sie etwas ernst meinen oder nicht." Der Engländer (Brite) geht durch unendlich viele Drehungen und Windungen, um zu sagen, was Sache ist, ohne jemals wirklich zu eben dieser Sache zu kommen. Es bedarf enormer kultureller Assimilations- und Antizipationsarbeit, um aus all den mit Wörtern wie „would", „could", „might" und „rather" eingeleiteten Sätzen richtig herauszuhören, was der Gesprächspartner eigentlich will. Niemand beherrscht auch die Kunst, eine Frage zu stellen, ohne einen Fragesatz zu formulieren, so wie die Briten: „Es ist wunderbar aufmerksam von dir, dass du am kommenden Sonntag deine wertvolle Zeit für einen Besuch bei deiner alten Großmutter opferst", statt: „Würdest du am kommenden Sonntag freundlicherweise deine Großmutter besuchen?"

Wenn alles ein Scherz ist oder auf einen Scherz reduzierbar sein muss, ist es schwer, eine ernsthafte Debatte zu führen. Es war nicht so, dass die Briten keine Gelegenheit gehabt hatten, sich in der EU-Auseinandersetzung zu informieren und eine fundierte Meinung zu bilden. Unendlich viel Information war verfügbar. Fast 90 Prozent aller britischen Haushalte hatten 2016 Zugang zum Internet. Die Regierung schrieb an jeden Bürger. Jeder, der es wissen wollte, konnte wissen, dass die EU-Gegner mit unwahren Aussagen arbeiteten. Ihr führender Protagonist, Boris Johnson, gewann dennoch die Herzen der Wähler, nicht zuletzt, weil er einen unschlagbaren „good sense of humour" hat. Es ist bezeichnend, dass am Tag nach der Entscheidung für den Austritt aus der Europäischen Union der meistgesuchte Begriff auf Google in Großbritannien die Frage war: „Was ist eigentlich die EU?" (Die zweithäufigste Suche war, wie man die irische Staatsbürgerschaft erwerben kann.)

Die Auswirkungen:
Where do we go now but nowhere

Das Referendum ist geschlagen, das Volk hat gesprochen und das Ergebnis muss nun umgesetzt werden. Auch wenn die Volksabstimmung nur „beratenden Charakter" hatte, kann sich keine Regierung über das Ergebnis hinwegsetzen. Dasselbe gilt für die Abgeordneten, die ihren Wählern in ihren Wahlkreisen nicht erklären könnten, warum sie die Entscheidung des Volkes nicht respektieren. Zudem hatte Premierminister Cameron das Ergebnis der Abstimmung vorab für politisch verbindlich erklärt. Die Frage ist heute nicht mehr, ob der Brexit kommt, sondern wann und wie.

Das Ergebnis der Volksabstimmung war zudem wesentlich eindeutiger, als es die Differenz von 51,9 zu 48,1 Prozent ausdrückte: England und Wales stimmten für den Brexit, Schottland, Nordirland und London wählten den Verbleib in der EU. Von den 382 Wahlbezirken votierten 263 für den Austritt. Der Unterschied zwischen Leave- und Remain-Stimmen betrug 1.269.501 Stimmen, mehr als die Einwohnerzahl von Birmingham, der zweitgrößten Stadt Großbritanniens.

Der Tag nach dem Referendum machte nicht nur wegen der Rücktrittsankündigung Camerons Geschichte. In Erinnerung bleiben wird auch die Pressekonferenz der Brexit-Anführer Johnson und Gove, denen anzusehen war, dass sie nicht nur mit ihrem Sieg nicht gerechnet hatten, sondern auch keine Ahnung über das weitere Vorgehen hatten. Fast entschuldigend saßen sie mit geröteten Augen vor der Weltpresse und gaben Plattitüden von sich.

In nur wenigen Tagen zerbrach das „Leave"-Lager. Johnsons allseits erwartete Kandidatur für das Amt des Premierministers – allgemein als die eigentliche Triebfeder für sein Brexit-Engagement gesehen – wurde in einem Drama von shakespearehaften Zügen in buchstäblich letzter Sekunde von Gove gekillt. Indes machte sich Ukip-Chef Farage mit den Worten aus dem Staub: „Ich habe mein Land zurück. Nun will ich mein Leben zurück."

Stillschweigend in den Mittelpunkt der Macht rückte die bisherige Innenministerin Theresa May. Nach einer Reihe geschickter Manöver und der Implosion der Kandidatur ihrer Konkurrenten für den Parteivorsitz, der traditionell in der Regierungspartei den Premierminister stellt, wurde May am 11. Juli 2016 zur Führerin der Konservativen und zwei Tage später von Queen Elizabeth II. zur Premierministerin des Vereinigten Königreichs ernannt. Sie war der 13. Regierungschef in der seit 1952 währenden Regentschaft der Monarchin und erst die zweite Frau in dieser Funktion.

May wurde seit ihrer Amtsübernahme nicht müde zu betonen: „Brexit means Brexit." Was das bedeutete, wird sich angesichts des Fehlens jeder Vorbereitung auf den schicksalhaften Schritt erst in einem schmerzhaften Versuchs- und Irrtumsverfahren herausstellen. Sowohl für Großbritannien als auch die EU bedeutete die Entscheidung eine beispiellose Herausforderung. Wesentlich vertrauter zeigte sich May auf dem Terrain der Innenpolitik, wo sie mit raschen und sicheren Schritten nicht einen Schlussstrich unter die Ära Cameron setzte, sondern auch die führenden „Brexiteers" in die Verantwortung nahm und die Grundlagen für eine lang anhaltende politische Dominanz ihrerseits legte. Die Ernennung ausgerechnet von Boris Johnson zum Außenminister wurde als Hinweis gesehen, dass auch May entgegen einer weitverbreiteten Ansicht einen „good sense of humour" hat.

The May Supremacy

In der Kampagne für das EU-Referendum hatte May für den Verbleib geworben, freilich so zurückhaltend und leise, dass man immer auch vermuten konnte, sie sei eigentlich gegen die Mitgliedschaft in der Union. Cameron soll über ihr Verhalten ernsthaft verärgert gewesen sein. In ihren Jahren als Innenministerin hatte sie sich als Protagonistin eines scharfen anti-europäischen Kurses profiliert. Unter ihrer Führung kündigte Großbritannien im Oktober 2012 auf Druck europafeindlicher Konservativer die Zusammenarbeit mit den EU-Partnern in 133 Bereichen auf den Gebieten Inneres und Justiz auf, um zehn Monate später stillschweigend – aber erneut unter Protest von Tory-Hardlinern – 35 Maßnahmen wie dem Europäischen Haftbefehl, der Zusammenarbeit in Europol und dem Datenaustausch der Polizeibehörden wieder beizutreten.

May hatte also auch bei den „Brexiteers" genug Glaubwürdigkeit, dass man ihr die Umsetzung des Austritts anvertrauen konnte. Diese zu beruhigen, war die erste Aufgabe des Slogans „Brexit means Brexit", der aber wegen seiner Inhaltslosigkeit rasch seine politische Nützlichkeit verlor. In ihren ersten Manövern vollzog die neue Regierungschefin eine ebenso rasante wie radikale Abkehr von ihrem Vorgänger Cameron. Nicht nur tauschte sie fast das gesamte Kabinett aus, sondern sie verkündete auch einen Kurswechsel. Ihre erste Rede in der Downing Street wurde zu einer Abrechnung mit den Vertretern des „Notting Hill sets", eines urbanen und gemäßigt liberalen Konservativismus: Ihre Regierung wolle ein Land schaffen, „das nicht nur für wenige Privilegierte da ist, sondern für alle", versprach May. Als politisches Vorbild nannte sie Joseph Chamberlain, der sich als Bürgermeister von Birmingham im späten 19. Jahrhundert der sozialen Belange seiner Bürger so sehr angenommen hatte, dass man ihm den Kosenamen „Our Joe" gegeben hatte. Auf dem Parteitag der Konservativen im Oktober sprach sie in einem markanten Kurswechsel davon, dass „Regierungen Gutes tun können".

Darin zu erkennen war die Handschrift ihres wichtigsten politischen Beraters und Stabschefs Nick Timothy. Er hatte in der Vergangenheit wiederholt die Konservativen gewarnt, mit ihrer Politik die Unterstützung der Menschen am unteren Ende der Einkommensskala zu verspielen. Ihren neuen Wirtschaftsminister Greg Clark beauftragte May nicht nur mit der Ausarbeitung einer neuen Industriestrategie, sie benannte auch gleich sein Ministerium in Department for Business, Energy and Industrial Strategy um.

Nun sucht Großbritannien seit mindestens 50 Jahren eine erfolgreiche Industriestrategie, aber selbst politische Schwergewichte wie der Konservative Michael Heseltine oder der Labour-Mann Peter Mandelson konnten den stetigen Rückgang der Industrie und den

Siegeszug der Finanz- und Dienstleistungssektoren nicht verhindern oder rückgängig machen. Zuletzt propagierte Schatzkanzler Osborne den „March of the Makers", aber bei seinem Ausscheiden aus der Regierung im Juli 2016 war der Anteil der Industrie am BIP geringer als 2011, dem Jahr seiner Ankündigung. Wie bzw. ob May diesen langfristigen Trend umkehren wird können, muss sich erst zeigen. Die Brexit-Verhandlungen und die künftigen Handelsbeziehungen werden dabei eine entscheidende Rolle spielen. Dabei war keine Zeit zu verlieren. Zum Symbol für den Niedergang der britischen Industrie wurde in den Jahren 2015/16 die Krise der Stahlindustrie. Nach Verlusten von einer Million Pfund pro Tag hatte der indische Tata-Konzern im März 2016 angekündigt, sämtliche Niederlassungen in Großbritannien abstoßen zu wollen oder zu schließen. Das Unternehmen hatte zu diesem Zeitpunkt 14 Niederlassungen mit 12.000 Beschäftigten, insbesondere in strukturschwachen Gegenden wie Nordostengland und Wales. Insgesamt waren 40.000 Jobs in Gefahr, nachdem im Vorjahr schon fast 5.000 Arbeitsplätze verloren gegangen waren.

Für die Krise wurde allgemein die Überschwemmung des Weltmarkts mit Stahl zu Dumpingpreisen aus China hauptverantwortlich gemacht. Ebenso übereinstimmend wurde die EU beschuldigt, einer Rettung der britischen Stahlindustrie im Weg zu stehen. In der Referendumskampagne konnte man überzeugte Gegner von Staatsinterventionen auf einmal hören, wie sie Brüssel wegen des Subventionsverbots an den Pranger stellten. In den betroffenen Gebieten fuhren die EU-Gegner am 23. Juni triumphale Erfolge ein.

Mit dem Austritt aus der EU wird Großbritannien nun theoretisch wieder freie Hand haben, die Probleme der Stahlindustrie und anderer Sektoren künftig nach eigenem Gutdünken zu regeln. Optionen wie Staatseingriffe, Subventionen oder Schutzzölle können nun in den Grenzen der Regelungen der WTO wieder erwogen werden, vorausgesetzt, die Regierung ist in der Lage, einen raschen Brexit mit klaren Regelungen zu verhandeln. Politisch ersetzte May einen Konservativismus, der im Grund (weitgehend) ein Liberalismus war, mit einem Konservativismus, der im Grund (weitgehend) ein Patriarchalismus bzw. ein

Matriarchalismus ist. Zusammen mit der Ankündigung, wieder selektive Schulen mit Aufnahmeprüfungen (Grammar Schools) nach dem Muster der 1950er-Jahre einführen zu wollen, entsprach das dem Wunsch vieler Briten, die Zeit zurückdrehen zu wollen. Dies ist allerdings ein Unterfangen, das noch nie jemandem gelungen ist. Dennoch suchte auch die oppositionelle Labour Party im Herbst 2016 Antworten auf die Herausforderungen der Zukunft vorwiegend in der Vergangenheit.

Aber nicht nur wegen der Turbulenzen der Opposition war May hervorragend positioniert, die nächsten Jahre die politische Landschaft Großbritanniens zu beherrschen. Selbst unter Labour-Wählern fand sie in ersten Umfragen mehrheitlich Zustimmung. May demonstrierte, dass sie die Botschaft des EU-Referendums gehört und verstanden hatte und es keine Rückkehr zu einem „business as usual" geben könne. Als Premierministerin lag das Gesetz des Handelns auf ihrer Seite. Wie tragfähig ihre Entscheidungen sein werden, wird letztlich für die Dauer ihrer politischen Vorherrschaft ausschlaggebend sein. Selten aber hatte ein britischer Regierungschef eine so starke Startposition: die Partei (vorerst) anscheinend geeint, die Opposition in Selbstzerstörung, die Regierung in ungewohnter Gehorsamkeit und die rechten Medien in Ergebenheit auf ihrer Seite.

Um ihre Stärke zu bewahren, muss May von den Worten zu Taten finden. Es ist eine Sache, „Brexit means Brexit" gebetsmühlenartig zu wiederholen, und eine andere, weder eine Verhandlungsposition noch einen Zeitrahmen zu präsentieren. Ebenso ist es eine Sache, den Schotten und Nordiren, die für den Verbleib in der EU gestimmt hatten, eine „gesamtbritische Position" zu versprechen, aber zugleich bestehen nicht einmal Vermutungen, wie eine solche aussehen könnte, wo doch England für den EU-Austritt und Schottland für den EU-Verbleib gestimmt hatte. Es ist eine Sache, den guten Menschen von Boston zu versprechen, dass man sie gehört hat, aber es ist eine andere Sache, die Einwanderung einzuschränken und dennoch weiterhin den Zugang zum Binnenmarkt zu behalten.

Dies sind unauflösliche Widersprüche. Daher wird die Lösung nur in Kompromissen, Ersatzhandlungen und Rückzügen liegen können. So wie der Brexit nicht nur eine Ursache hatte, kann es auf ihn auch nicht nur eine Antwort geben. Aus vielen Scherben musste erst ein Mosaik zusammengesetzt werden. May ist, nicht zuletzt wegen der Schwäche der Opposition, in einer unvergleichlich starken Position, diese Kompromisse zu finden und durchzusetzen. Das Mantra Tony Blairs, „What matters is what works", wird wohl auch sie sich auf die Fahnen schreiben. Unklar blieb jedoch, ob oder wie dies miteinander vereinbar sein wird.

El Corbynismo

Ganz anders hingegen stellte sich nach dem EU-Referendum die Lage in der oppositionellen Labour Party dar. Das Votum für den Brexit löste einen Prozess der Selbstvernichtung aus, der vor den Augen einer staunenden Öffentlichkeit ausgetragen wurde.

Es war eine ebenso hartnäckig wiederholte wie unrichtige Behauptung, dass Labour am Austritt aus der EU schuld war. 63 Prozent der Labour-Wähler stimmten für den Verbleib in der EU, 37 Prozent waren dagegen. Es waren die Konservativen, die mit 58 zu 42 Prozent den Ausschlag für den Brexit gegeben hatten.

Aber die Tatsache, dass die Europagegner in traditionellen Labour-Stammregionen Furore gemacht hatten und die Partei in weiten Teilen einem Nigel Farage nichts entgegenzusetzen gehabt hatte, traf die Partei ins Mark. „Wir haben zu viel Hampstead (ein von der linksliberalen Schickeria bevorzugter Nobelbezirk in Nordlondon) und zu wenig Hull (eine post-industrielle Hafenstadt im Nordosten Englands)", warnte Ex-Minister Andy Burnham schon Tage vor dem Referendum. Er sollte recht behalten.

Wie die Konservativen ist auch die britische Labour Party eine bunte Koalition aus Gruppen, die durch das Wahlrecht zum Zusammenbleiben gezwungen sind. Labour hat traditionell eine Führung von Intellektuellen, oft von Idealismus beflügelt und mit wenig Ahnung über das wirkliche Leben jener Klasse, für die sie eintreten. Die Partei ist nur mehrheits- und damit politisch handlungsfähig, wenn die idealistischen Vorstellungen der „radikalen Mittelklasse, der

Weltverbesserer, der Guardian-Leser und der Petitionsunterzeichner" (so 1963 der Schriftsteller Michael Frayn) aus Hampstead mit den Bestrebungen der Arbeiter aus Hull übereinstimmen. Blair und Brown setzten darauf, dass es für diese Stammwähler keine Alternative gab, und konzentrierten sich auf das Umwerben der Mittelklasse. Noch in der Opposition unter Ed Miliband glaubte Labour ab 2010 irrtümlich, der Aufstieg von Ukip sei nur ein Problem für die Konservativen.

Das EU-Referendum sollte allen die Augen öffnen. Seither bestand die paradoxe Situation, dass die Konservativen – die sich Jahrzehnte über die Europapolitik zerfleischt hatten, deren interne Spaltung zu der Volksabstimmung geführt hatte, die sich in der Kampagne einen offenen Krieg geliefert hatten, die in der Abstimmung 58 zu 42 für den Brexit und damit gegen ihre eigene Regierung und ihren eigenen Premier gestimmt hatten, den sie nur ein Jahr zuvor mit absoluter Mehrheit wiedergewählt hatten – danach bemerkenswert geeint und befriedet erschienen, während in der Labour Party einer der schwersten Konflikte in der über 100-jährigen Parteigeschichte ausbrach. Der Einigkeit der Konservativen war freilich traditionell nicht zu trauen. Schon die erste wesentliche innenpolitische Initiative Mays in der Bildungspolitik ließ den Schein der Geschlossenheit zerreißen. Auch die Regierung erwies sich zwischen „weichen" und „harten" Brexiteers zunehmend gespalten – wenngleich die Premierministerin unangefochten blieb. Vorerst.

In der Labour Party ging es in der Auseinandersetzung vordergründig um die Person ihres Vorsitzenden Jeremy Corbyn, der im September 2015 mit 59,5 Prozent in direkter Wahl von den Mitgliedern zum Chef der Labour Party gewählt worden war. Der 1949 geborene Corbyn vertritt seit 1983 den Londoner Wahlkreis Islington North im Parlament und ist ein Vertreter eines pointiert linken Kurses. Unter der New Labour-Führung von Blair und Brown machte er sich einen Namen als einer der führenden Rebellen: Mehr als 450 Mal stimmte er gegen die eigene Parteilinie, so etwa auch bei der Entscheidung über den Irak-Krieg 2003. Seine Inspiration für die Probleme der Gegenwart und Zukunft bezog Corbyn aus der Vergangenheit. Als wäre es ihm gelungen, die Zeit zurückzudrehen, forderte Corbyn die

Wiederverstaatlichung der Eisenbahn und öffentlicher Versorgungsbetriebe, vermehrte Staatsinterventionen in die Wirtschaft, eine aktive Umverteilungspolitik und ein Ende der britischen Atomrüstung. Corbyn war ein lebenslanger Kritiker der EU, die er als Verschwörung des Großkapitals mit der Bürokratie gegen die Arbeitnehmerschaft sieht. Sein Weltbild schien in einem Proseminar über „Stamokap III und Grundzüge der marxistisch-engelianisch-leninistischen Mehrwerttheorie" geformt worden zu sein. Entsprechend lauwarm war sein Engagement während der Referendumskampagne ausgefallen. Selbst wenn er den Verbleib in der EU empfahl, kam von ihm vor allem Kritik an der Union. Der Subtext war nicht zu überhören. Wenige Tage vor der Abstimmung sagte mehr als die Hälfte der Labour-Wähler, sie wüssten nicht, was die offizielle Position der Partei im EU-Referendum sei.

Nicht nur in seiner Ideologie, auch in seinem Auftreten erschien Corbyn wie ein Mann, der in den 1970er-Jahren stecken geblieben ist. Mit den Filzschreibern in der Hemdbrusttasche und der abgetragenen braunen Lederumhängetasche sah er aus wie ein pensionierter Geografielehrer, der gerade in die falsche Unterrichtsstunde geraten war. Weder bei Debatten im Unterhaus noch bei Interviews im Fernsehen wusste er zu brillieren. Wie Premierministerin May fehlte es Corbyn an dem begehrten „good sense of humour", aber während sie für staatsmännisches Auftreten gewürdigt wurde, bekam er Prügel für hölzerne Darbietungen.

Corbyns Anziehungskraft bestand aber gerade auch darin, dass er anders als die Fertigteilfunktionäre der New Labour-Ära war und nicht nur vom Parteisekretariat genehmigte Sprechblasen von unendlicher Belanglosigkeit und Ambivalenz absonderte. Er sagte manchmal sogar – absichtlich oder versehentlich – die ungeschminkte Wahrheit. Obwohl sie seine Positionen nicht teilten, sahen die Briten Corbyn als glaubwürdig an: 40 Prozent sagten im Spätsommer 2016, sie würden dem Labour-Chef vertrauen, zugleich wollten aber nur 12 Prozent von ihm als Premierminister regiert werden.

Nach monatelangen Grabenkämpfen stellte sich die Fraktion nach dem EU-Referendum offen gegen ihn und sprach ihm nach Serienrücktritten aus dem Schattenkabinett mit 172 zu 40 das Misstrauen aus. Corbyns Kollegen warfen ihm vor, sich nicht ausreichend für den EU-Verbleib eingesetzt zu haben, die Partei nicht führen zu können, nicht auf die Fraktion zu hören und Labour angesichts katastrophaler Umfragewerte in den Abgrund zu führen.

Corbyn wies alle Rücktrittsaufforderungen mit dem Hinweis auf sein starkes Mandat durch die Basis zurück. Er und seine Führungszirkel erwiesen sich als wesentlich geschicktere Techniker der Macht, als die Widersacher vermutet hatten. Während Corbyn eine sanfte Tonlage bevorzugte, zeigten seine Anhänger, die in Anlehnung an seine Liebe für südamerikanische Guerillaführer „Corbynista" genannt wurden, dass sie mit harten Bandagen zu kämpfen wussten. Nicht zuletzt sie waren es, die Ende September die Wiederwahl Corbyns gegen seinen Herausforderer Owen Smith sicherten. Mit 61,8 Prozent konnte der Parteichef sein Wahlergebnis aus dem Vorjahr sogar noch verbessern.

Die Labour-Abgeordneten im Londoner Unterhaus, die Medien und die Politbeobachter sahen dennoch Corbyn wegen seiner Ansichten und seines Auftretens als unwählbar. Als Axiom galt schließlich, dass Wahlen in der Mitte gewonnen (oder verloren) werden. Unter Blair und Brown war Labour zur Partei der Mittelklasse geworden. Ihre Vertreter fanden sich in den Reihen ihrer Fraktion. Der „Corbynismo" ist dagegen die Antithese. Es ist der Aufstand der Basis, die sich nicht gehört und verstanden fühlt, gegen den Apparat, für den stellvertretend die Parlamentsfraktion steht. Hinter dem Versprechen einer „sanfteren Politik" entpuppt sich Corbyn, der aussah, als könne er keiner Fliege etwas zuleide tun, als beinharter Techniker der Macht: Missliebige Parlamentarier wurden ausgetauscht, Demokratisierungsversprechen wurden gebrochen und geführt wurde die Partei mit einem engen Kreis von Vertrauten. Mit der viel gerühmten Basisdemokratie hatte all das nichts zu tun.

Der „Corbynismo" macht den umgekehrten Schritt, den einst Blair und Brown getan hatten. Er ignoriert die Mittelklasse und konzentriert sich auf vernachlässigte Wähler, auf Bürger, die sich von der Politik verabschiedet hatten, und auf traditionelle Labour-Anhänger, die in den letzten Jahren von Ukip umworben wurden. Die Rechtspopulisten zeigten im EU-Referendum, welches Potenzial für eine Bewegung vorhanden ist, die jene mobilisieren kann, die seit Jahren oder sogar Jahrzehnten nicht (mehr) an der Politik teilgenommen haben. „So I'll start a revolution from my bed", singt die Britpop-Band Oasis. Der Song heißt bezeichnenderweise „Don't look back in anger".

Je mehr Angst man vor der Zukunft hat, umso mehr wird die Vergangenheit verklärt. Das Referendum hat beiden Parteien vor Augen geführt, wie groß die Kluft zwischen der Londoner Elite und dem Land geworden ist. Der Aufstieg von Ukip hat sich aus dem Protest gegen die traditionellen Großparteien genährt. Aber zum Brexit-Triumph hat es erst gereicht, als man den sich verlassen fühlenden Wählern der Tories und von Labour ein gemeinsames Ziel geben konnte. Das Referendum am 23. Juni entschied der Arbeiter aus Hull, nicht der Intellektuelle aus Hampstead.

Wie May in ihrer Antrittsrede versprach, die konservative Partei aus dem Griff der Elite zu lösen und zu einem Vehikel für das Wohl aller Menschen zu machen, so stellt der „Corbynismo" auf der Linken dieselbe Reaktion dar. Sein Ansatzpunkt sind die links liegen gelassenen Wähler. Corbyn wegen seiner Positionen als unwählbar zu erklären, übersieht den entscheidenden Punkt: Trotz aller Sorge um Manipulation und Unterwanderung hat er die überwältigende Unterstützung der Mehrheit seiner Partei. Und je mehr ihn das Establishment ablehnt, umso mehr schart sich die wachsende Zahl der Getreuen um ihn. Was, wenn seine Ideen, die von Experten für Unsinn erklärt werden, der Wille des Volkes sind? Nicht nur Corbyn will die Wiederverstaatlichung der Eisenbahnen. Auch eine Mehrheit der Briten will genau dasselbe.

Das Phänomen des „Corbynismo" wird damit den Mann, der ihn verkörpert, überleben. Zum Rechtspopulismus bietet er das linke Gegenstück. Mit der Entscheidung für den Brexit hat die Mittelklasse die politische Hegemonie verloren. Gefühle wie Angst und Ärger haben den Sieg über die Vernunft davongetragen. Man kann sich kein neues Volk wählen. Aber hat das Volk immer recht? Bisher war die britische Politik im Grunde durch das Wahlrecht vom Volk geschützt gewesen. Das Referendum hat auch damit Schluss gemacht.

Antworten auf die neuen Herausforderungen hat niemand. Gesucht wird in der Vergangenheit. Das ist nicht nur der Sehnsucht der Wähler geschuldet, das hat auch seine Logik: May knüpft an einen Konservativismus mit sozialem Engagement aus dem 19. Jahrhundert an, den auch Benjamin Disraeli verfochten hat. Sie hat mittlerweile klargemacht, dass in ihrer Analyse des Referendumsergebnisses die Zuwanderungsfrage an erster Stelle steht. Für die Rückgewinnung der Kontrolle wird sie auch wirtschaftliche Nachteile und eine Zuspitzung des gesellschaftlichen Klimas in Kauf nehmen. Betriebe sollten in Zukunft die Zahl der von ihnen beschäftigten Ausländer veröffentlichen, forderte die neue Innenministerin Amber Rudd. Nach Protesten von Wirtschaftsverbänden und Warnungen vor einem Schüren xenophober Stimmungen wurde die Maßnahme wieder zurückgezogen. Vorerst. Denn in der Bevölkerung stieß sie laut Umfragen mit 59 Prozent Zustimmung auf starke Unterstützung.

Die Abwendung vom Neoliberalismus bleibt nicht auf die Wirtschaftspolitik beschränkt, sondern greift auch auf die Gesellschaft über. Es war kein Zufall, dass führende Ukip-Politiker nach dem Parteitag der Konservativen mit dem Parteiwechsel spekulierten. Während die Partei der Nationalpopulisten im Zerfall war, wurden ihre Ideen zum Regierungsprogramm. Dagegen sucht Corbyn seine Antworten in einem Lehrbuch des historischen Materialismus, einst ebenfalls eine Reaktion auf einen Kapitalismus, dessen Auswirkungen das gesamte Gesellschaftssystem infrage stellte. 150 Jahre später sind viele der damaligen Fragen aktuell wie nie zuvor.

„Brexit means Brexit"

Premierministerin May betonte nach ihrer Amtsübernahme die Entschlossenheit, das Votum der Briten in dem EU-Referendum vom 23. Juni 2016 umzusetzen („Brexit means Brexit"). Zugleich machte sie klar, dass Großbritannien den Austrittsprozess gemäß Artikel 50 des EU-Vertrags nicht vor dem Jahr 2017 auslösen werde. Mit der Notifikation des Austritts werden formell die Verhandlungen eröffnet werden, für die eine Dauer von maximal zwei Jahren vorgesehen ist. Sobald die formelle Benachrichtigung an die EU-Staaten erfolgt, beginnt die Uhr zu ticken.

Nachdem den Briten in der Referendumskampagne vermittelt worden ist, sie könnten die schreckliche Unterdrückung im Völkerkerker EU nicht einen Tag länger ertragen, hat es die Regierung auf einmal überhaupt nicht mehr eilig, die Entscheidung umzusetzen, zumal vielen dräut, dass die Konsequenzen weitreichend und schmerzhaft sein werden.

Während mancher EU-Anhänger hofft, das Referendum werde stillschweigend durch Untätigkeit zum „Neverendum" werden, drängen Scharfmacher aufs Tempo. „Zu lange hat die EU-Mitgliedschaft unser Selbstwertgefühl und unser Selbstvertrauen untergraben. Jetzt haben wir eine Chance, wieder an Großbritannien zu glauben. Lasst uns so schnell wie möglich die EU verlassen, damit wir vorankommen können, und das Beste aus unser neu gefundenen Unabhängigkeit machen", forderte der Brexit-Anhänger und Ex-Sozialminister Iain Duncan Smith schon Mitte August voller Ungeduld.

May sorgte schließlich Anfang Oktober auf dem Tory-Parteitag für Klarheit, dass sie das Austrittsverfahren nach Artikel 50 „bis Ende März 2017" eröffnen wolle. Die bestehende EU-Gesetzgebung werde in einem „Great Repeal Bill" zunächst in britisches Recht übernommen und danach dem Ausgang der Verhandlungen angepasst werden. Die Autorität des Europäischen Gerichtshofs werde von Großbritannien nach dem Austritt aus der EU nicht mehr anerkannt.

Über die Positionen und Ziele ihres Landes hielt sich May weiter bedeckt, eines stellte sie jedoch bereits unmissverständlich klar: Vorrang vor allem anderen hat für ihre Regierung eine Beendigung der unkontrollierten Einwanderung aus der EU. Sowohl wirtschaftliche Nachteile als auch fremdenfeindliche Tendenzen ist man bereit in Kauf zu nehmen, um dem Volkeswillen Gerechtigkeit widerfahren zu lassen. Mays Rede kritisierte „die Mächtigen und Privilegierten, die nicht mehr länger die Interessen des Volkes missachten" dürften. Das Volk, soviel machte sie klar, sind die Briten.

Die Entscheidung für den Brexit bezeichnete May als „eine stille Revolution, bei der Millionen unserer Mitbürger aufgestanden sind und gesagt haben, dass sie sich nicht länger ignorieren lassen". Brexit sei nicht nur „ein Wendepunkt für unser Land", sondern „eine einmalige Chance für unsere Generation, die Richtung unserer Nation für immer zu ändern". Nach diesen Worten scheint kaum mehr vorstellbar, dass May vor dem Brexit tatsächlich für den Verbleib in der EU gewesen sein soll. Im Lager Camerons bestanden daran offenbar stets ernste Zweifel, wie nun bekannt wurde. Man nannte sie bezeichnenderweise „Submarine May" – und nach dem Parteitag wollte sie sofort wieder auf Tauchstation gehen: Weder werde sie einen „running commentary" zu den Vorbereitungen der Austrittsverhandlungen liefern noch dem Parlament eine wirkliche Mitsprache zugestehen.

Beide Seiten – Großbritannien und die EU – befinden sich nun jedoch in politischem und juristischem Neuland. Artikel 50 war noch nie ausgelöst worden, und bisher war erst ein Territorium in der Geschichte aus der Union ausgetreten: Nach der Vereinbarung eines Autonomiestatuts innerhalb von Dänemark für Grönland votierten 1982 in einer Volksabstimmung 52 Prozent der Insel für den Austritt aus der Europäischen Wirtschaftsgemeinschaft, der man als Teil Dänemarks 1973 gemeinsam mit Großbritannien und Irland beigetreten war. Es dauerte mehr als 100 Verhandlungsrunden und drei Jahre, bis eine umfassende Vereinbarung gefunden werden konnte. Außer Fischfang gab es keine kritischen Punkte.

Seither ist die Europäische Union um ein Vielfaches komplexer geworden, und Großbritannien war zum Zeitpunkt der Brexit-Entscheidung trotz zahlreicher Opt-outs von Schengen bis zum Euro mit mehr als 80.000 Seiten gesetzlicher Bestimmungen, die vom Binnenmarkt bis zur Forschungszusammenarbeit reichen, mit der EU verknüpft. Dieses Netz aufzutrennen und die Fäden neu zu spannen, ist ganz offensichtlich eine Herkulesarbeit. Nach Jahren dramatischer Kürzungen im öffentlichen Dienst – aber auch weil man dachte, dass man sie als Mitglied der EU nicht mehr brauchen würde –, hat

Großbritannien am Beginn des Brexit-Prozesses zudem keine erfahrenen Verhandlungsführer auf Beamtenebene mehr.

Unsicherheit und Unklarheit herrschen aber nicht nur auf der britischen Seite. Artikel 50 erlaubt es allein dem austrittswilligen Staat, diesen Prozess einzuleiten. Die verbleibenden EU-Staaten müssen abwarten, was ihnen die Briten vorlegen werden. Zudem besteht keine klare politische Position gegenüber den Briten: Eine großzügige Haltung könnte Austrittsbewegungen in anderen Staaten Auftrieb geben. Großbritannien ist mit seiner Anti-EU-Haltung möglicherweise ein Vorreiter, sicherlich aber kein Einzelgänger. Umgekehrt könnte eine besonders strikte Haltung aufgrund der engen wirtschaftlichen Verflechtungen auch die verbleibenden EU-Staaten schädigen. Man würde sich also bei einer Bestrafung Großbritanniens selbst Nachteile zufügen.

Artikel 50 schreibt vor, dass ein Staat aus der EU austreten kann „in Übereinstimmung mit seinen verfassungsrechtlichen Voraussetzungen". Obwohl das britische Referendum nur „beratenden Charakter" hatte, schloss Premierminister May eine Übertragung der Entscheidung an das (überwiegend EU-freundliche Parlament) aus. Zugleich betonte sie aber, dass das Parlament und die Landesteile in den Prozess der Erarbeitung des britischen Mandats eingebunden sein werden. Dafür konstituierte sich im Parlament ein eigener „Brexit-Ausschuss". Dem Höchstgericht lagen rechtliche Einsprüche vor. Die Antragsteller verlangten eine Abstimmung im Unterhaus über die Aufnahme der Austrittsverhandlungen. Eine große Mehrheit der Abgeordneten hatte sich vor dem Referendum für den Verbleib in der EU deklariert. Abseits aller juristischen Feinheiten wäre ein Ignorieren des Votums des Volkes aber politischer Selbstmord und steht nicht ernsthaft zur Debatte.

Nachdem sich ein Staat eine Meinung über seine weitere Vorgangsweise gebildet hat, muss er „den Europäischen Rat von seiner Absicht in Kenntnis setzen", sagt Artikel 50 weiter. Das sind die Staats- und Regierungschefs der verbleibenden EU-Mitgliedstaaten sowie der EU-Ratspräsident (Donald Tusk) und der EU-Kommissionspräsident

(Jean-Claude Juncker). Der Europäische Rat – unter Ausschluss des austrittswilligen Staates – erarbeitet dann Richtlinien für die Verhandlungen. Danach verhandelt die EU-Kommission auf dieser Grundlage stellvertretend für die verbleibenden Mitgliedstaaten. Eine Vereinbarung muss von dem austretenden Staat und 20 der 27 verbleibenden Staaten, die mindestens 65 Prozent der Bevölkerungszahl repräsentieren, gebilligt werden. Das Europaparlament muss mit einfacher Mehrheit zustimmen. Eine Abstimmung des britischen Parlaments liegt im Ermessen der Londoner Regierung. Die Frist für den Prozess beträgt zwei Jahre.

Dagegen warnte EU-Handelskommissarin Cecilia Malström im Juli 2016: Im „schlimmsten Fall" könne der Prozess bis zu zehn Jahre dauern. Der damalige französische Wirtschaftsminister Emmanuel Macron hatte schon vor dem Referendum gewarnt: „Die kollektive Energie würde darauf gerichtet sein, bestehende Verknüpfungen aufzulösen, nicht, neue zu schaffen."

Dieser Fall trat am 23. Juni 2016 ein und er stellt eine Mammutaufgabe dar. Charles Grant vom Centre for European Reform identifizierte sechs verschiedene Verhandlungen, die zu führen sein werden: „Eine Verhandlung muss sich mit der rechtlichen Trennung Großbritanniens von der EU beschäftigen, die zweite mit dem Aushandeln eines Freihandelsabkommens mit der EU, die dritte mit einem Übergangsabkommen für Großbritannien zwischen dem Verlassen der EU und dem Inkrafttreten des Freihandelsabkommens, die vierte über die Vollmitgliedschaft in der Welthandelsorganisation WTO (die von der EU für ihre Mitglieder wahrgenommen wird, Anm.), die fünfte über neue Freihandelsabkommen als Ersatz für die 53 bestehenden Freihandelsabkommen zwischen der EU und anderen Staaten, und eine sechste über die Zusammenarbeit in den Bereichen Außenpolitik, Verteidigung und Sicherheit." Grant warnte: „Die Verhandlungen werden viel länger dauern und viel komplizierter sein, als britische Politiker realisieren. Für halbwegs ordentliche Ergebnisse aus britischer Sicht muss die Regierung May das Wohlwollen der 27 EU-Partner und der EU-Institutionen gewinnen."

Neben einer Verhandlungslösung stand auch der vollkommene Bruch mit der EU als Möglichkeit im Raum. Mit der Notifikation gemäß Artikel 50 wird die Zweijahresfrist zu laufen beginnen. Nach zwei Jahren ist die Frist für die Austrittsverhandlungen um, außer alle Seiten einigen sich auf eine Fristverlängerung. Kommt dies nicht zustande, scheidet der austretende Staat ohne eine Regelung aus. Im Falle einer einseitigen Aufkündigung des britischen Beitrittsvertrags von 1972 durch London, würde die EU-Kommission wohl umgehend ein Vertragsverletzungsverfahren beim Europäischen Gerichtshof einleiten. Sanktionen wären nicht auszuschließen. Radikale EU-Gegner wie der Ukip-Geldgeber Arron Banks machten aber wiederholt klar, dass sie ökonomische Verluste als „einen Preis, den für unsere Unabhängigkeit zu bezahlen, es absolut wert ist", betrachteten.

Die engen Handelsbeziehungen zwischen Großbritannien und der EU lassen erwarten, dass die Pragmatikerin May eine Vereinbarung einem Bruch vorziehen wird. Die EU ist der wichtigste Handelspartner Großbritanniens. 2015 gingen 44 Prozent der britischen Ausfuhren in den Gemeinsamen Markt, während 53 Prozent der britischen Einfuhren aus der EU stammten. Umgekehrt ist aber auch Großbritannien ein wichtiger Handelspartner für Europa: 2014 hatte die restliche EU einen Außenhandelsüberschuss mit London von 59 Milliarden Pfund. Mit 20 der 27 anderen EU-Partner steht Großbritannien im Minus. Von den 10 wichtigsten Handelspartnern der Briten sind 8 EU-Staaten.

In der EU ist für die gemeinsame Handelspolitik der Mitgliedstaaten ausschließlich die EU-Kommission zuständig. Die EU hat 53 gültige Freihandelsabkommen und befindet sich in Verhandlungen mit 72 weiteren Ländern. Um diese zu ersetzen, wird Großbritannien nach dem Brexit vor der Herausforderung stehen, mehr als 120 neue bilaterale Abkommensverhandlungen aufnehmen zu müsen – ganz abgesehen von der Hauptverhandlung über das eigene Verhältnis zur EU. All dies ist eine Aufgabe für Jahrzehnte.

Nun muss kein Staat mit jedem Handelspartner einen Vertrag haben. Eine Option in den Diskussionen über die Umsetzung des Brexit ist das sogenannte Kanada-Modell (entsprechend dem

Freihandelsabkommen CETA). Man kann Handelsbeziehungen aber auch auf Basis der Prinzipien der Welthandelsorganisation WTO betreiben. Hier herrscht das Prinzip der Nicht-Diskriminierung: Jedes WTO-Mitglied muss jedes andere gleichbehandeln. Die sogenannte Meistbegünstigungsklausel sollte auch Großbritannien nach dem Brexit vor Diskriminierungen durch die EU schützen. Nur unzureichend erfasst wären durch die WTO-Regelungen aber der für Großbritannien so wichtige Export von Dienstleistungen und die nicht tariflichen Handelshemmnisse. Die Stellung der City of London und ihr Zugang zum Gemeinsamen Markt inklusive Bestimmungen wie den „Passporting Rights", die den Zugang der City of London zum EU-Binnenmarkt sicherstellen, wären damit nicht geschützt.

Statt den gordischen Knoten zu zerschlagen, wird angenommen, dass Großbritannien eine Verhandlungslösung suchen wird, um den Zugang zum Gemeinsamen Markt zu bewahren. Nach dem sogenannten Norwegen-Modell würde Großbritannien dem Europäischen Wirtschaftsraum (EWR) beitreten. Das war die 1992 zwischen den EFTA-Staaten Norwegen, Island und Liechtenstein sowie der EU getroffene Vereinbarung über die Ausweitung des gemeinsamen Marktes auf diese drei Länder. Großbritannien hatte einst die EFTA (Europäische Freihandelszone) als Gegenentwurf zur Europäischen Wirtschaftsgemeinschaft (EWG) ins Leben gerufen. Nach dem Brexit könnte das Land nun wieder einen Antrag auf Beitritt zur EFTA und von dort zum EWR stellen. Dafür müssten alle EWR-Mitglieder zustimmen.

Das EWR-Abkommen umfasst beinahe die gesamten Binnenmarktbestimmungen, aber auch die Zusammenarbeit in Bereichen wie etwa Forschung und Wissenschaft. Nicht vom EWR geregelt sind hingegen unter anderem die Gemeinsame Landwirtschafts- und Fischereipolitik, die Zollunion und die gemeinsame Handelspolitik der EU.

Ausdrückliche Bedingung für die Teilnahme am EWR ist die Anerkennung der vier Grundfreiheiten des Binnenmarkts inklusive Personenfreizügigkeit. Unter besonderen Umständen gibt es zwar Möglichkeiten der Einschränkung, allerdings nur auf Basis der Gegenseitigkeit. Die britischen Rentner im ostspanischen Benidorm müssen also bangen, was mit dem polnischen Feldarbeiter im südenglischen Taunton geschehen wird. Wie eine Studie des britischen Parlaments Ende Juli 2016 zeigte, ist eine mögliche Periode von Rechtsunsicherheit für britische Bürger und Unternehmen nach Auslaufen von EU-Recht und vor Schaffung von Ersatzregelungen eine gravierende Folge des Brexit.

EWR-Mitglieder profitieren nicht von Handelsabkommen der EU mit anderen Staaten. Sie können aber eigene Verträge mit der restlichen Welt aushandeln. Sie müssen einen finanziellen Beitrag an die EU leisten zur „Verringerung sozialer und wirtschaftlicher Ungleichheiten im EWR" und für die Kosten von EU-Programmen, an denen sie im Rahmen des EWR teilnehmen. Errechnet wird dieser Betrag nach der prozentuellen Größe ihrer Wirtschaft im Verhältnis zur Gesamtwirtschaftsleistung der EU. Norwegen zahlte 2014 pro Kopf 115 Pfund nach Brüssel. Der britische Nettobetrag als EU-Mitglied belief sich im selben Jahr auf 152 Pfund pro Kopf.

Die drei EFTA-Staaten im EWR haben kein Mitspracherecht und keine Repräsentation in den Entscheidungsgremien der EU. Sie sind umgekehrt dennoch verpflichtet, für ihren Zugang zum Binnenmarkt alle zutreffenden EU-Bestimmungen in nationales Gesetz zu übernehmen. Einfluss können sie höchstens indirekt zu nehmen versuchen.

Eine Alternative dazu ist das Schweizer Modell. Obwohl die Eidgenossenschaft ebenfalls EFTA-Mitglied ist, gehört sie weder der EU noch dem EWR an. Stattdessen hat Bern mit Brüssel über 100 bilaterale Abkommen über den Zugang zum Binnenmarkt geschlossen. Dieser ist uneinheitlich geregelt. Er ist am größten beim Warenaustausch, während es bei den Finanzdienstleistungen keinen generellen freien Zugang für die Schweiz gibt. Die Schweiz ist auch nicht Mitglied der EU-Zollunion. Beim Export in die EU müssen Schweizer Hersteller die Bestimmungen des Gemeinsamen Marktes erfüllen.

Auch die Schweiz muss einen finanziellen Beitrag an die EU leisten. 2014 entsprach dieser 113 Pfund pro Kopf. Ebenso sehen ihre bilateralen Abkommen mit der Union das Prinzip der Personenfreizügigkeit vor. Nach einer Volksabstimmung 2014 über die Einführung von Einwanderungsquoten in der Schweiz herrscht zwischen den

Vertragsparteien offene Konfrontation. Für den Fall von Einschränkungen bei der Personenfreizügigkeit droht die EU-Kommission ihrerseits mit Einschränkungen für die Schweiz beim Zugang zum Gemeinsamen Markt. London schloss das Schweizer Modell im März 2016 praktisch aus: „Es ist unwahrscheinlich, dass wir eine Vereinbarung wie die Schweiz bekommen könnten. Selbst wenn wir es wollten, ist es unwahrscheinlich, dass uns die anderen EU-Staaten ein derartiges Angebot machen würden", hieß es in einem Regierungspapier.

Nur eine Minderheit, zu ihr gehört anscheinend aber auch Außenhandelsminister Liam Fox, träumt nach dem Brexit von einem losen Zusammenschluss der Anglosphäre. Fox pries sofort Australien als Alternative zum EU-Handel an, obwohl Großbritannien gerade ein Prozent seiner Exporte nach „Down Under" schickt. Für Anhänger dieser Idee gehören die Menschen dieses Raums nach Sprache, Gesetzestradition, Geschichte und Werten zusammen. Großbritannien als Insel sei nie Teil Europas gewesen und habe sich immer Amerika, Australien und Asien näher gefühlt. Mit der Rückbesinnung auf diese Wurzeln würde Großbritannien von dem wesentlich schnelleren Wirtschaftswachstum in Asien profitieren. Als Außenminister Johnson noch für alle Welt Boris hieß, schrieb er: „Die EU ist ein wirtschaftlicher Friedhof. Die einzige Region der Welt mit noch weniger Wachstum ist die Antarktis."

Selbst mit einem Handelsabkommen mit Australien würde auch die Anglosphäre ein weiterer Abstecher in eine nicht wiederholbare Vergangenheit bleiben. „The past is a foreign country …", schrieb L.P. Hartley: „They do things differently there." Der Gedanke wurde auch von keiner führenden Partei verfolgt. Selbst Ukip begnügte sich im Wahlkampf 2015 mit einer kurzen Erwähnung. Nach der jährlichen Untersuchung des Thinktanks Chatham House über die außenpolitischen Ansichten der Briten meinten im Jahr 2014 30 Prozent der Briten, ihr Land solle auf der Seite der EU stehen, und nur 25 Prozent wollten es an der Seite der USA sehen.

Die unterschiedlichen Auffassungen und Meinungen sorgen unvermeidlich für kaum verborgene Spannungen im Kabinett. Von einem harten bis zu einem weichen Brexit reichen die Vorstellungen. May machte klar, dass Großbritannien eine maßgeschneiderte Lösung anstrebt. Vorrang hatte eine Kontrolle der Einwanderung. May sagte nie, dass sie ein völliges Ende der Immigration wolle. Ihr wichtigster Punkt ist es, die Kontrolle zu bekommen. Sollten die EU-Partner darauf eingehen, gleichzeitig aber Großbritannien den freien Zugang zum Binnenmarkt zumindest teilweise gewähren, hätte sie einen Kompromiss erreicht, mit dem man auch den Sieg Camerons in der Volksabstimmung sicherstellen und ganz Europa den Brexit ersparen hätte können.

Bye bye Britannia

Die schottische Popband Bay City Rollers verzeichnete 1975 mit „Bye Bye Baby" einen ihrer größten Hits. Es war das Jahr des ersten britischen Europa-Referendums. In dem Song heißt es: „I could love you but why begin it/'Cos there ain't any future in it". Wer hätte damals gedacht, welch prophetische Ahnung in diesem Liedchen mitschwingt.

Knapp 40 Jahre später zeigte die Chatham House-Umfrage, dass die Briten schon vor der Brexit-Entscheidung über ihre Stellung in der Welt verwirrt waren. Gefragt nach ihren Motiven bei der Volksabstimmung am 23. Juni, nannten die Austrittswähler zu 49 Prozent als wichtigsten Grund ihre Unterstützung für „das Prinzip, dass Entscheidungen über Großbritannien in Großbritannien getroffen werden sollten". Nicht mehr länger wolle man sich von der EU-Kommission in Brüssel die Gesetze und vom Europäischen Gerichtshof in Luxemburg ihre Auslegung vorschreiben lassen. Befreit von den Ketten an Europa werde Großbritannien wieder in der Lage sein, den ihm gebührenden Platz auf der Weltbühne einzunehmen. Brexit bedeute „Befreiung", sagte der Leave-Anführer Michael Gove in einer Rede am 19. April 2016, und keinesfalls werde er Großbritannien in ein „nordatlantisches Nordkorea" verwandeln.

Die Meere, wie es in der inoffiziellen Nationalhymne heißt, beherrschte Britannia zwar schon lang nicht mehr. Der Anspruch, ein Wort in der Weltpolitik mitzureden, war aber stets präsent geblieben. Bis heute galt, was US-Außenminister Dean Acheson schon 1962 diagnostiziert hatte: „Großbritannien hat ein Weltreich verloren und bis heute keine neue Rolle für sich gefunden."

Großbritannien ist eine der fünf offiziellen Atommächte der Welt mit ständigem Sitz im UN-Sicherheitsrat. Als Gründungsmitglied der NATO und größte europäische Militärmacht ist das Land ein Eckpfeiler des westlichen Sicherheitsbündnisses. Zugleich verfügt Großbritannien über einen weltweit aktiven Auslandsgeheimdienst (MI6) und ein großes Arsenal an „Soft Power", das von der klassischen Diplomatie über das BBC World Service bis zur Arbeit des British Council reicht.

Von der einstigen Paraderolle der britischen Diplomatie ist freilich nicht mehr viel übrig. Seit 2010 war das Budget des Foreign Office um 25 Prozent gekürzt worden. In einem Bericht warnte das Parlament 2015, dass „die Funktionsfähigkeit (des Außenministeriums) bei weiteren Kürzungen ernsthaft gefährdet" sei. Zugleich wurden die Botschaften in den vergangenen Jahren politisch dramatisch zurückgestuft und mehr oder weniger in Servicestellen des britischen Außenhandels umgestaltet. In der Ukraine-Krise, aber auch bei anderen geopolitischen Krisen der letzten Jahre fiel London vor allem durch Schweigen auf – insbesondere nach der Abstimmungsniederlage der Regierung im Parlament über Luftschläge gegen das Assad-Regime in Syrien im August 2013.

Seine Rolle als internationaler Akteur hat Großbritannien immer unabhängig von der EU gesehen. London bevorzugt traditionell die bilaterale Zusammenarbeit. Auf dem Gebiet der Verteidigungspolitik ist in Europa Frankreich traditionell der engste Partner. Dass im Frühjahr 2016 ein französischer General das Kommando in einer britischen Armeedivision – und umgekehrt ein Brite dieselbe Position in den französischen Streitkräften – übernahm, zeigte, wie eng und vertrauensvoll die einstigen Erzfeinde mittlerweile zusammenarbeiten. Ebenso eng ist die Kooperation bei Material und Logistik, die 2010 in einem bilateralen Abkommen besiegelt wurde. Für die neuen Flugzeugträger, an denen Großbritannien arbeitet, waren zunächst sogar französischen Kampfjets vorgesehen gewesen.

Als zweites Standbein seiner internationalen Beziehungen sieht Großbritannien traditionell die „special relationship" mit den USA.

Dass Präsident Barack Obama und andere führende US-Politiker massiv für einen Verbleib Großbritanniens in der EU eintraten, sorgte unter den Gegnern der Union für starke Verstimmung. Manche wie etwa Ukip-Chef Farage sahen darin eine der Hauptursachen für den Sieg des Brexit: „Wir lassen uns nicht gerne sagen, was wir tun sollen." Die Sicherheitsexpertin Xenia Wickett warnte: „Großbritannien wird außerhalb der Europäischen Union für die USA ein wesentlich weniger wichtiger Partner sein."

Wie in vielen Fragen, so ist das Lager der EU-Gegner auch in der Frage der künftigen außenpolitischen Orientierung gespalten. Es gibt sowohl Verfechter eines dezidiert isolationistischen Kurses, der den Rückzug Großbritanniens von der Weltbühne fordert. Demgegenüber stehen betont internationalistische Kräfte, die in dem Austritt aus der EU gleichzeitig eine Öffnung zur Welt sehen. Anand Menon, Professor am Londoner King's College, meint: „Die britische Regierung würde vermutlich alles Denkbare tun, um einen Eindruck der Illoyalität zu zerstreuen."

Dagegen meinte Richard Whitman von der University of Kent vor einer massiven Einengung des Spielraums für die Briten: „Entscheidend wird sein, was wir uns überhaupt noch leisten werden können." Die Aufwendungen in die Außen-, Sicherheits- und Verteidigungspolitik werden ohne die EU-Mitgliedschaft sicher nicht geringer werden. Nur der russische Präsident Wladimir Putin und der IS würden sich über den Brexit wegen seiner destabilisierenden Wirkung freuen, hatten EU-Anhänger wie Premier Cameron während der Referendumskampagne gewarnt. Nach dem Austritt muss Großbritannien mehr denn je in seine Sicherheit investieren. Manche meinen, die sicherste Option sei ein Hochziehen der Zugbrücke.

fUK – Fortbestand des Vereinigten Königreichs

Die EU-Volksabstimmung zeigte ein vielfach gespaltenes Land, das kaum mehr die Bezeichnung „Vereinigtes Königreich" verdiente. Neben die Spaltung nach Alter, Bildung und Einkommen trat eine Trennung zwischen den Landesteilen.

In Blitzbesuchen nach ihrer Amtsübernahme versicherte Premierministerin May den drei kleineren Landesteilen Schottland, Nordirland und Wales, dass es zu den Brexit-Verhandlungen eine „gemeinsame britische Position" geben solle. Wie diese angesichts der völlig unterschiedlichen Voraussetzungen aussehen soll, war nicht erkennbar: Schottland stellte sofort nach dem Brexit-Votum eine zweite Volksabstimmung über die eigene Unabhängigkeit in Aussicht. In Nordirland sprachen Nationalisten von der Wiedervereinigung der Insel, während Unionisten die Rückkehr einer befestigten Grenze fürchteten, ohne die es keine Kontrolle der Einwanderung geben kann. Nordirland könnte sonst zur Einfallstür für weitere EU-Immigration werden. Wales musste sich um Ersatz für die üppigen EU-Förderungen der Vergangenheit sorgen.

Auch rechtlich war umstritten, ob die Landesteile gemäß der Übertragung von Kompetenzen (Devolution) in den EU-Verhandlungen überhaupt etwas mitzureden hätten. Nach dem Scotland Act 1998 verblieben „internationale Beziehungen, einschließlich der Beziehungen mit Territorien außerhalb des Vereinigten Königreichs, mit der Europäischen Union (und ihren Institutionen) und anderen internationalen Organisationen, im Kompetenzbereich des Londoner Unterhauses".

Hingegen war die Umsetzung der Verpflichtungen aus internationalen Abkommen eine an das schottische Parlament übertragene Materie. In der Praxis bedeutete das, dass Schottland, Wales oder Nordirland keine rechtliche Mitsprache bei der Auslösung des Artikel 50 haben, am Ende aber sehr wohl für die Umsetzung der unter dieser Bestimmung getroffenen Vereinbarungen zuständig sein werden.

Die schottische Regierung unter First Minister Sturgeon machte sofort nach dem EU-Referendum klar, dass mit dem Ergebnis eine neuerliche Volksabstimmung über die Unabhängigkeit Schottlands „sehr wahrscheinlich" geworden sei. Einerseits, argumentierte die SNP-Führerin damit, dass dadurch ein durch den Brexit verursachter Schaden von den Schotten abgewendet werden müsse; andererseits hätten sich die Schotten im September 2014 ausdrücklich für den Verbleib in Großbritannien als Mitglied der Europäischen Union ausgesprochen. Mit dem EU-Austritt des Vereinigten Königsreichs bestünde nun aber eine „materiell veränderte Lage".

Träger der EU-Mitgliedschaft war aber der souveräne Staat Großbritannien, nicht der Landesteil Schottland. Sturgeon musste wenige Tage nach dem Referendum bei einem Besuch in Brüssel erleben, dass dies auch die Sicht der EU-Institutionen ist, die außer freundlichen Worten den Schotten nicht viel anzubieten bereit waren.

Schottland hatte keine rechtliche Handhabe, gegen den Willen Londons eine Volksabstimmung zu erzwingen. Nach dem Wahlsieg der Scottish National Party bei den Wahlen in Schottland 2011 und ihrer Forderung nach einer Volkabstimmung verwies die Regierung in London zunächst auf das Abkommen von 1998, das „die Union der Königreiche von Schottland und England" ausdrücklich als Materie im Zuständigkeitsbereichs des britischen Parlaments definiert.

London und Edinburgh erzielten niemals eine verfassungsrechtliche Einigung in dieser Frage. Dennoch unterzeichneten im Oktober 2012 die damaligen Regierungschefs David Cameron und Alex Salmond das Edinburgh Agreement, das eine Übertragung des Rechts zur Abhaltung einer Volksabstimmung über die Unabhängigkeit für einen befristeten Zeitraum bis Ende 2014 an die Schotten umfasste. Es war eine politische Vereinbarung, keine juristische.

Salmond unterschrieb in der Hoffnung, sich seinen politischen Lebenstraum zu erfüllen. Cameron unterschrieb in der Erwartung, dem Gespenst der schottischen Unabhängigkeit ein für alle Mal den Garaus machen zu können. Die Unterstützung für die Abspaltung Schottlands von Großbritannien lag damals scheinbar unbeweglich um die 30 Prozent. Die Parallelen zum EU-Referendum in der Vorgehensweise des Premiers waren unübersehbar. Sein Platz in den Geschichtsbüchern der Zukunft wird nicht auf den glorreichen Seiten sein.

Sturgeon erteilte wenige Tage nach dem Brexit-Votum den Auftrag, alle Wege zur Abhaltung einer neuen Volksabstimmung zu prüfen. Im Parlament wurde ein eigener Ausschuss dafür eingesetzt. Klar war, dass es keine bestehende rechtliche Bestimmung gab. Die Vereinbarung zwischen Cameron und Salmond war mit Ende 2014 befristet gewesen und mit der Volksabstimmung im September des Jahres quasi konsumiert worden.

Eine neue Volksabstimmung konnte Edinburgh nur mit politischem Druck erzwingen. In den ersten Tagen nach dem Referendum richtete die schottische Regierung scharfe Worte an London: „Ich kann nur jeden Politiker ausdrücklich davor warnen, sich über den Willen des schottischen Volks hinwegzusetzen", sagte Sturgeon. Angesichts der kalten Schulter aus Brüssel, des Niedergangs des Ölpreises, mit dem der schottische Staatshaushalt steht und fällt, und vieler Unabwägbarkeiten einer möglichen Unabhängigkeit trat die Führung in Edinburgh in weiterer Folge deutlich leiser auf.

Paradoxerweise machte der Brexit vielen Konzepten für die Unabhängigkeit einen Strich durch die Rechnung, etwa in der Währungsunion oder einem gemeinsamen Wirtschaftsraum. Nicht zu vergessen sind auch die eine Million Schotten, die für den Brexit gestimmt hatten. Die schottische Führung spielt angesichts dieser Herausforderungen auf Zeit, aber sie gibt das Ziel der Unabhängigkeit keineswegs auf. Von Nationalisten wurde die Unabhängigkeit längst als „unausweichlich" angesehen. Die Frage war für sie nicht, wann, sondern wie sie ihr Ziel erreichen würden. Sturgeon machte klar, dass man erst dann eine zweite Volksabstimmung wollte, wenn man sich des Resultats sicher sein könne.

Mit einem Abschied Schottlands könnten England, Wales und Nordirland statt des United Kingdom nur mehr das frühere United Kingdom bilden, für das die Abkürzung dann wohl fUK lauten würde. Wenn das EU-Referendum die Spaltung des Landes gezeigt hatte, so fanden doch im F-Wort immer noch alle zusammen. Zwei Jahre zuvor war in einem Pub in Glasgow während der Kampagne um die Unabhängigkeit Schottlands ein Großbritannien abseits der edlen High Streets und der wohlbeschriebenen Touristenpfade so zu erleben, wie es oft leibt und lebt:

Sie, Ende 40, sitzt schwer betrunken und verdächtig schwankend auf einem Barhocker und kramt in ihrer Tasche. Vor ihr steht ein Pint Cider mit Strohhalm. Nachdem sie endlich ihre Zigaretten gefunden hat, sucht sie endlos nach einem Feuerzeug, jeder Augenblick begleitet von einem stark gelallten „F*ck". Schließlich hat sie alles beisammen und wankt vor die Tür. Wenig später kommt sie in Begleitung zurück. Er, gleichaltrig und offensichtlich in keinem besseren Zustand als sie, setzt sich auf ihren Hocker, d. h., er schafft es nur mehr, seinen Allerwertesten knapp über die Kante zu schieben. Sie beschwert sich, doch er weigert sich, den Platz, den er schwankend erobern konnte, freizugeben:

Sie (drohend): F*ck off.
Er (bestimmt): No, you f*ck off!
Sie (lauter): F*ck the f*ck off!
Er (drohend): F*ck the f*ckin' f*ck off!
Sie (verächtlich) Ah, f*ck you.
Er (bestimmt): F*ck yourself.
Sie (schreit): Ah, you f*cker, f*ck the f*ck off.
Er (schreit zurück): F*ck off, you f*ckin' c**t.
Sie (hysterisch): What the f*ck did you just say? (Sie erhebt den Arm drohend gegen ihn.)
Er (zunächst genervt, dann immer zorniger): Ah, for f*cking f*ck sake, f*ck the f*ck off. (Auch er erhebt bedrohlich seinen Arm.)
Sie (das erste Smartphone fliegt durch das Pub): F*ck off!
Er (drohend): What the f*ck!! (Das nächste Smartphone fliegt.)
Sie (schrill): You f*ckin' f*cker, what the f*ck?!
Er (bei seinem Versuch, sich zu erheben, stößt er den Barhocker um und gerät schwer ins Wanken): F*ckin' hell, you f*ckin' …
Sie (packt ihn am Arm): Oh, f*ck off!
Er (schreit sie an): You, you f*ck off yourself. (Ein Unbeteiligter legt Telefonteile auf den Tresen. Ein Moment der Stille tritt ein.)
Er und sie (bestürzt): Oh, f*ck, f*ck, f*ck!
Er (entschlossen): Ah, f*ck that.
Sie (nimmt einen Schluck und mit neuem Elan): F*ck you!
Er (resigniert): F*ck yourself.
Sie (laut): Ah, you f*ck yourself.
Er (drohend): Why don't you just f*ck off!
(Und von hier wieder von vorne, immer wieder bis zur Sperrstunde.)

Epilog: The (short) Age of Allardyce

Vier Tage nachdem England als größter und stimmenstärkster Landesteil Großbritannien aus der EU geführt hatte, verlor das englische Fußballnationalteam bei der Europameisterschaft in Frankreich im Achtelfinale gegen Island mit 1:2. Die elf wackeren Isländer hatten gemeinsam einen niedrigeren Transferwert als einer der englischen Ersatzspieler. Es war nicht nur die wohl schmachvollste Niederlage in der Geschichte der 1863 gegründeten englischen Football Association (FA). Sie wurde auch weltweit mit Spott und Hohn kommentiert.

In der Stunde der Not musste der Fußballverband eine Lösung finden. Jahrelang hatte man es mit massiv überbezahlten und überbewerteten Ausländern versucht: auf den glücklosen Sven-Göran Eriksson, der wenigstens das Boulevardpublikum mit Affären erfreute, obwohl er das Aussehen eines gealterten Lohnbuchhalters hatte, war der nicht nur am Fußballplatz, sondern auch beim Spracherwerb noch weniger erfolgreiche, aber umso teurere Fabio Capello gefolgt. Als dem Verband dräute, dass jedes Jahr sehr viele Millionen Pfund für sehr wenig Erfolg verschwendet wurden, begann man, einen englischen Kandidaten zu suchen. Er würde weniger Glanz und Glamour versprühen, aber er würde es für bedeutend weniger Geld machen und vielleicht würde er ja die englischen Kicker endlich wachküssen können.

Die Wahl fiel 2012 auf Roy Hodgson, einen damals bereits 65-jährigen Engländer, der mit europäischer Erfahrung für sich warb – so hatte er in Schweden, der Schweiz, Italien und Finnland gearbeitet –, mehrere Fremdsprachen sprach und moderne Klassiker wie John Updike, Philip Roth oder Milan Kundera zu seinen Lieblingsautoren zählte. Kein Wunder, dass er kläglicher als alle anderen scheitern sollte.

Im Geist der neuen Zeit – und in Anerkennung der Tatsache, dass der Posten des Trainers der englischen Fußballnationalmannschaft in den letzten Jahrzehnten wohl eher weniger attraktiv geworden war („Es ist ein unmöglicher Job", sagte einst Trainerlegende Alex Ferguson, ein Schotte) – konzentrierte man sich nach der Niederlage gegen Island und dem Rücktritt von Hodgson auf eine englische Lösung.

Innerhalb weniger Tage hatte Großbritannien keinen Premierminister und England keinen Nationaltrainer mehr. Eines der Geheimnisse der Stabilität der britischen Demokratie sind rasche Machtwechsel. Fündig wurde man in beiden Fällen sehr schnell.

In der Politik übernahm Theresa May am 13. Juli. Im Fußball wurde am 22. Juli Sam Allardyce als neuer Trainer des englischen Nationalteams vorgestellt. Er stammte aus dem Kernland des Brexit-Lagers, den West Midlands. Seine Heimatstadt Dudley, die traditionell eine knappe Mehrheit für Labour verzeichnete, stimmte im Referendum mit 67,6 Prozent mit einem der höchsten Werte für den Ausstieg aus der EU. Von Allardyce lag keine öffentliche Stellungnahme für oder gegen die EU vor. Dass ein Mann aus dem Brexit-Kernland nun Nationaltrainer wurde, entsprach nicht nur den neuen Mehrheits- und Stimmungsverhältnissen, sondern hatte auch Symbolkraft.

Das unrühmliche Ende, das seine Amtszeit nach nur einem Spiel und 67 Tagen am 27. September 2016 nahm, konnte dann als Zukunftswarnung verstanden werden. Allardyce stolperte über die anscheinende Bereitschaft, sich über die Regeln seines eigenen Verbands hinwegzusetzen („It's not a problem"), seine anscheinend unersättliche Geldgier (trotz eines Jahresgehalts von 3 Millionen Pfund verhandelte er über Vorträge in Asien für ein Honorar von 400.000 Pfund) und verächtliche Aussagen über Gott und die Welt (von Prinz Harry bis zum britischen Fiskus). Sogar über den Sprachfehler seines Vorgängers Hodgson machte er sich lustig. Wer das geheim aufgenommene Video von Allardyce mit angeblichen asiatischen Investoren in einem Londoner Hotel sah, erlebte – nicht nur in Worten, sondern auch in Benehmen und Selbstdarstellung – Mr. Brexit von seiner übelsten Seite.

Allardyce stand für vieles, das auch das Brexit-Lager und Brexitannia, das Post-Referendum-Großbritannien, charakterisierte. Der am 19. Oktober 1954 geborene Trainer hatte nie einen wirklichen Spitzenklub trainiert. Seine Stärke war es, Vereine in anscheinend hoffnungslos verfahrenen Situationen zu übernehmen und vor dem

Untergang zu retten. So etwa in der Meisterschaftssaison 2015/16 in Sunderland, einer Industriestadt und traditionellen Labour-Hochburg im Nordosten Englands. Einst dominierte hier der Schiffsbau, nun lebt die Stadt von einer japanischen Autofabrik. Am 23. Juni stimmte Sunderland für den Brexit.

Sobald ein Verein und seine Fans begannen, höhere Erwartungen zu hegen, waren sie rasch mit Allardyce unzufrieden. Er pflegte einen simplen, auf Effektivität ausgerichteten Spielstil in der Tradition des englischen „Kick and Rush" mit dem Ziel, aus beschränkten Mitteln das Maximum herauszuholen. Eine attraktive Spielanlage, das war für Allardyce und seine Mannschaften stets Luxus: „All das Gerede über Hin- und Herpassen und die richtige Art, Fußball zu spielen – das ist alles ein Haufen Bockmist. Den Ball so schnell wie möglich in den gegnerischen Strafraum zu bringen, ist manchmal mit Sicherheit der beste Weg voran", sagte er. Gegner wie der Franzose Arsène Wenger oder der Portugiese José Mourinho warfen Allardyce „long ball football" oder „Fußball aus dem 19. Jahrhundert" vor. Über beide schrieb Allardyce in seiner Autobiografie mit dem Titel „Big Sam" nicht gerade freundlich.

Offensichtlich war, wie sich hier im Fußball Entwicklungen wie in der Politik wiederholten, bei denen England glaubte, mit dem Brexit die Rote Karte gezeigt zu haben. Hier der schlichte Sohn der Midlands, der seine Frau noch „missus" und seine Spieler „lads" nannte und für seine Bodenständigkeit und Direktheit von einem hochnäsigen Kommentariat verspottet wurde. Dort die ausländischen Hohepriester von Raffinesse und Ästhetik, die mit schwerem Akzent den Engländern ihr eigenes Spiel erklären wollten. Hier eine sich übergangen fühlende Bevölkerungsmehrheit außerhalb der Metropolen, die Ukip aufzusaugen begann. Dort eine zunehmend elitäre politische Führung, der die Toskana oft näher zu sein schien als East Anglia. Allardyce selbst brachte einmal auf den Punkt, was viele Brexit-Wähler, die sich wegen der Einwanderung zurückgesetzt fühlten, genauso dachten: „Man wird mir niemals einen Spitzenklub zur Betreuung anbieten, weil mein Name nicht Allardici, sondern nur

Allardyce ist." Wie sehr sich der arme Engländer auch bemühte, es gab in den Augen der EU-Gegner keine Chancengleichheit. Von einem „level playing field" sprachen die fußballbegeisterten Engländer. Aber ihnen erschien es als ein steiler Anstieg.

Mit dem Brexit wollten Menschen mit diesen Empfindungen eine Verbesserung ihrer Situation erzwingen. Ihre Tragödie ist es, dass sie es sein werden, die den Preis zu entrichten haben werden. Das war kein Geheimnis. Man tat es dennoch. Selbstüberschätzung ist die Kehrseite der britischen Selbstverächtlichmachung. Obwohl Allardyce nie einen Titel in der obersten Liga gewann, sagte er über sich: „Es stört mich manchmal, dass ich die Leute daran erinnern muss, was ich geleistet habe. Und wenn man das tut, dann wird einem gleich vorgeworfen, man würde sein Eigenlob singen."

Mit demselben psychologischen Grundgerüst aus Angriff und Verteidigung gingen zur selben Zeit die EU-Gegner in die Referendumskampage. Passiv-aggressiv nannten Psychologen ein Verhalten, das die Schwächen des eigenen Landes beklagte, die Verantwortung aber ausschließlich bei anderen fand und sich damit der Illusion einer Größe oder Stärke hingeben konnte, für die es keine Evidenz in der Realität gab. Alle vier Jahre fuhr England in der Erwartung zu einer Fußball-Weltmeisterschaft, nicht nur den Titel zu gewinnen, sondern damit sozusagen auch den gottgewollten Naturzustand wiederherzustellen: „Football is coming home", heißt die Formel für die richtige Ordnung der Dinge. Und alle vier Jahre kehrte England vorzeitig von der Weltmeisterschaft zurück – geschlagen, gedemütigt und blamiert. Es gehörte schon ein enormes Ausmaß an Realitäts- und Selbstverleugnung dazu, daraus mehr als 50 Jahre lang keine Lehre zu ziehen.

Der Brexit war eine Konsequenz aus dem Versagen der Eliten, den Unsicherheiten aus den Veränderungen der Globalisierung, dem Zurücklassen eines Teils der Gesellschaft, einem wachsenden kulturellen Graben, dem Auseinanderfallen der Werte, der Überforderung durch zu viel Einwanderung in zu kurzer Zeit, dem Versäumnis der Verwandlung von Ignoranz in Akzeptanz.

Der Brexit war zugleich Ausdruck einer Sehnsucht nach einer Vergangenheit, die es nie gegeben hat, und einem Traumland, das es nie geben wird. Die Ernennung des „old school"-Trainers Allardyce erfolgte in einem Moment, als Premierministerin May von einer Rückkehr zu „Grammar Schools" zu reden begann. Das waren alles keine Zufälle, es waren Momentaufnahmen, die insgesamt die Stimmung und die Richtungssuche einer Gesellschaft illustrierten.

Once upon a time … Dieses oft beschworene England als „das Land der langen Schatten über dem Kricket-Feld, des warmen Biers, der unbesiegbaren Vororte", wie es der ehemalige Premierminister John Major einst in Paraphrase auf George Orwell formulierte, ist das England der Midlands. Das Kernland der Brexit-Wähler und die Heimat von Allardyce. Was Orwell über diese vermeintlich so liebliche Gesellschaft auch sagte, war: „Und doch ist die Sanftheit der englischen Zivilisation vermischt mit Unmenschlichkeiten und Anachronismen." Dieses England ist ein stickiges, muffiges und enges Land.

Auf die Herausforderungen der neuen Zeit antwortet man nun – in der Politik wie im Fußball – mit einer Rolle rückwärts. Nicht, dass man blind gewesen wäre. Allardyce setzte früher als andere auf moderne Trainingsmethoden und sportwissenschaftliche Unterstützung. In der Umsetzung war davon nicht immer viel zu bemerken. Der beste Trainer stößt an Grenzen. Das fortgeschittenste Training der Welt kann aus einem Joe Blogs keinen Lionel Messi machen – und aus einem Sam Allardyce keinen Pep Guardiola.

In vergleichbarer Weise verabsäumte es die britische Wirtschaft über Jahrzehnte, ihr Potenzial auszuschöpfen. Die Briten rühmten sich, die Erfinder oder Wegbereiter des modernen Computers, des Internets und des Fernsehens gewesen zu sein. Kommerzielle Triumphe feierten damit andere. Der obersten Klasse erschien Geldverdienen einst so vulgär, wie sie Politik als würdelos empfand. Der erste kommerzielle Nuklearreaktor für die Stromgewinnung der Welt ging 1956 in Calder Hall im Nordwesten Englands ans Netz. In der Gegenwart musste das Land auf französische Technologie und chinesische Investoren vertrauen, um seine Stromversorgung sicherzustellen. Viele traditionelle britische Industriebetriebe florieren erst wieder, nachdem sie in ausländische Hand gewechselt sind.

Die Brexit-Region West Midlands erlebte in den vergangenen Jahren eine unverhoffte Renaissance der Automobilindustrie mit Schaffung Tausender neuer Arbeitskräfte – dank indischer und deutscher Investoren. In der Champions League waren englische Vereine, die bisweilen keinen einzigen Engländer in der Startaufstellung haben, vorne mit dabei. Das englische Nationalteam hingegen zog gegen die Wikinger aus Island den Kürzeren. Mit dem Brexit stimmte man dafür, in Zukunft nicht mehr mit den bisherigen Freunden spielen zu wollen. Damit wurde eine vermeintliche Lösung gewählt, die drohte, bestehende Probleme nicht zu lösen, sondern größer zu machen.

Noch eine Warnung hielt die kurze Ära Allardyce bereit: Nach seinem Rauswurf veröffentliche er eine Erklärung, in der er sich „tief enttäuscht von diesem Ergebnis" zeigte. Er entschuldigte sich, aber von einem Schuldeingeständnis keine Spur. Vielmehr erklärte er nach einem Tag trotzig: „Hinterlistigkeit hat gesiegt." Reue sieht anders aus. Es blieb dem Fußballverband überlassen, von einer „erheblichen Fehleinschätzung" zu sprechen. Man durfte gespannt sein, wie die Brexiter in der nahen Zukunft die Entwicklung ihres Landes kommentieren werden.

Post-truth Politics

Die Wahrheit, sagte Aischylos, sei in jedem Krieg das erste Opfer, und nicht anders verhält es sich in der politischen Auseinandersetzung. Beiden Seiten in der EU-Kampagne wurde vorgeworfen, mit Lügen, Unwahrheiten, Übertreibungen und Ungenauigkeiten zu arbeiten. Auch wenn in allen Umfragen EU-Gegner und EU-Anhänger für gleich schuldig befunden wurden, ist die Gleichsetzung nicht fair: Den EU-Anhängern kann man das Beschwören von Weltuntergangsszenarien vorwerfen, die aber immer mit dem Warnzeichen versehen waren, dass es sich um Prognosen handelte. Die EU-Gegner hingegen setzten offene Lügen wie die 350-Millionen-Pfund-Behauptung oder den EU-Beitritt der Türkei und die Folgen für die Zuwanderung.

Das Bemerkenswerte war nicht, dass gelogen wurde, sondern dass die Menschen belogen werden wollten. Niemand zwischen Land's End in Südengland und John O'Groats in Nordschottland hatte nicht die Möglichkeit gehabt, sich zu informieren, ein Urteil zu bilden und auf dieser Grundlage eine Entscheidung zu treffen.

In der Vergangenheit stritten in der politischen Auseinandersetzung die Rivalen um die Wahrheit. Die Linke hatte eine Wahrheit und die Rechte hatte eine andere. Man konnte annehmen (oder ahnen), dass die „wirkliche" Wahrheit irgendwo in der Mitte lag. In der Gegenwart gibt es keine solche Wahrheit mehr. Heute zählt die Behauptung. Behaupten kann man alles. Fakten ebenso wie Gefühle.

Dank Internet und Neuer Medien, dank Aufbrechen von Kommunikationshierarchien, dank einer beispiellosen Demokratisierung des Zugangs zu Wissen ist es so leicht wie nie zuvor, an Daten, Fakten und Aussagen zu gelangen. Fast 90 Prozent aller britischen Haushalte verfügen im Jahr 2016 über einen Internetanschluss. Diese ungeheure Menge kann freilich niemand verarbeiten. Die Medien verlieren ihre traditionelle Aufgabe als Vermittler. Die sozialen Medien erweisen sich als ungeheuer wirkungsvoll in der von vielen angestrebten Komplexitätsreduktion.

Auf der Strecke bleibt in der politischen Auseinandersetzung immer öfter die Wahrheit. Am wichtigsten ist es in der allgemeinen Polyfonie nämlich nicht mehr, die Wahrheit zu sagen, sondern gehört zu werden. Wer Beachtung finden will, muss erst auffallen. Politiker, zu denen die Bürger einst aufgeschaut haben, müssen sich – nachdem sie über lange Zeit das Vertrauen der Wähler verspielt haben – erst wieder die Aufmerksamkeit des Volkes erobern. Zuspitzung hilft, Wahrheit nicht.

US-Publizisten prägten in den letzten Jahren den Begriff „Posttruth Politics", unter dem man eine politische Kultur versteht, in der die Debatte an Emotionen gerichtet ist, von Fakten losgelöst und auf ständiger Wiederholung gewisser Kernbotschaften beruht. Fakten kann man zustimmen oder widersprechen. Über Gefühle kann man nicht argumentieren. Vielleicht den bezeichnendsten Satz der gesamten

Referendumskampagne prägte der damalige Justizminister Gove, als er sagte: „Die Menschen in diesem Land haben genug von Experten."

In der Kampagne des Brexit-Lagers stand die Wirksamkeit im Vordergrund, nicht die Wahrheit. Natürlich konnte man die Wahrheit nicht gänzlich außer Acht lassen, aber da es keine „wirkliche" Wahrheit mehr gab, ließ sie sich in vielen Schattierungen darstellen. „Turkey (population 76 million) is joining the EU", plakatierten Gove und seine Freunde. Behaupten kann jeder alles. In Zeiten des Internets und der sozialen Medien kann sich jeder Gehör verschaffen, und was in Cornwall als Gerücht beginnt, erreicht die Shetland-Inseln vielleicht bereits schon als vermeintliche Tatsache.

Mit dem Aufstieg des Fernsehens zum Massenmedium ist die Politik Teil der Unterhaltungsindustrie geworden. Fernsehtauglichkeit kann politische Karrieren machen oder zerstören. Politiker werden im Fernsehen zu Schauspielern. Da das Fernsehen im Zeitalter der 24/7-Berichterstattung und -Ausstrahlung, nicht zuletzt dank Internets und sozialer Medien, immer dabei ist, müssen auch sie stets ihre Rolle spielen. Sie schützen sich mit sorgfältig zusammengebauten Worthülsen, für deren Formulierung Kommunikationsberater gutes Geld verdienen. Sie machen die Politiker in vielen Fällen unangreifbar. Nur selten gelingt es einem Interviewer in einem Gespräch, die Nebelwand aus Phrasen zu durchdringen. Demokratische Kontrolle durch kritischen Journalismus wird durch Stehsätze vereitelt.

Je perfekter sie im Umgang mit den Medien werden, umso schaler, austauschbarer und substanzloser aber wirken die Vertreter der modernen Politik. Als frischer Wind werden jene gefeiert, die anders sind, die gegen den Konsens verstoßen, die am lautesten schreien – die für Unterhaltung sorgen. Wie etwa Boris Johnson oder Nigel Farage. Die Ideologie unserer Tage ist die Quote.

Das ist nur folgerichtig, denn als Teil der Unterhaltungsindustrie unterliegt die Politik auch ihren Gesetzen. „Wer erklären muss, hat schon verloren", wusste schon der einstige US-Präsident Ronald Reagan, ein früher Meister der modernen Kommunikation. Studien zeigen, wie Unwahrheiten durch stete Wiederholung in der kollektiven Erinnerung zu Wahrheiten werden: Die Mehrheit der Briten glaubt heute, gegen den Irak-Krieg gewesen zu sein.

Wenn die Wahrheit aber ein formbares Konzept ist und nicht die Grundlage der politischen Auseinandersetzung, wird der Demokratie die Grundlage entzogen. Es ist eine Sache, sich über die Fakten nicht einigen zu können. Aber wenn sich eine Gesellschaft über die Fakten nicht einmal mehr einigen will, wie kann sie dann noch einen rationalen Diskurs über jene Themen führen, über die die Bürger per Abstimmung entscheiden sollen? Der britische Schriftsteller Ian McEwan über die Brexit-Debatte: „Sich mit jemandem in einem Zimmer aufhalten zu können, mit dem man fundamental anderer Meinung ist, und mit ihm eine Unterhaltung zu führen, ohne den anderen zu töten oder den Wunsch danach zu haben, ist ein entscheidendes Element der Zivilisation."

Der Wähler als höchste Instanz in der Demokratie trägt auch die höchste Verantwortung. Um diese wahrnehmen zu können, muss er die Tatsachen kennen. Das ist heute in mehr Staaten der Welt in größerem Ausmaß möglich als jemals zuvor in der Geschichte. Dafür muss er die Tatsachen aber auch kennen wollen. Politik ist keine Fortsetzung von „The X-Factor" im wirklichen Leben. Wer aus dem „Big Brother"-Haus gewählt wird, bedeutet für das Schicksal des Vereinigten Königreichs nichts. Dass die Briten sich aus dem gemeinsamen europäischen Haus herausgewählt haben, wird sie noch lange belasten. Es hat ein großes Land kleiner, enger und ärmer gemacht. Und das keineswegs nur wirtschaftlich.

Von Brexitannia nach Trumpitania

Die USA sind aus dem Kalten Krieg als einzig verbliebene Supermacht hervorgegangen. Der Sieg war ein totaler. Der Sowjet-Kommunismus wurde nicht nur militärisch niedergerungen, auch wirtschaftlich, technologisch und ideologisch setzte sich die kapitalistisch-demokratisch-liberale Grundordnung durch. McDonalds besiegte Marx. Das Streben des Menschen nach Freiheit erwies sich als ununterdrückbar. Vom „Ende der Geschichte" zu sprechen, schien 1992, als Francis Fukuyama sein gleichnamiges Buch über den Triumph der liberalen Ordnung veröffentlichte, weder besonders verwegen noch vermessen.

Vom Triumph des liberalen Kapitalismus zu seinem Niedergang vergingen keine 15 Jahre. Die „subprime crisis" in den USA, ausgelöst durch leichtfertige Kreditvergabe, für die es wiederum eine Vielzahl von Gründen gab, führte ab 2007 zu einer weltweiten Finanz- und Wirtschaftskrise. Weil sie die westliche Welt auf einem Höhepunkt ihres materiellen Reichtums traf, weil sie weder in Hyperinflation wie etwa im Deutschland der 1930er-Jahre resultierte noch den Marsch von Millionen hungernder Arbeitsloser nach sich zog, wird gerne übersehen (und unterschätzt), dass es sich bei der heutigen „Great Recession" um die schwerste Krise unserer Wirtschafts- und Gesellschaftsordnung seit der „Great Depression" von 1929 handelt.

In den europäischen Peripherie-Staaten von Irland bis Griechenland sind die Folgen dramatisch. 50 Prozent Jugendarbeitslosigkeit in Spanien, ein Einbruch der Wirtschaftsleistung in Griechenland von 25 Prozent oder zwei Jahrzehnte Stagnation in Italien sind Tatsachen, die Einkommen, Ersparnisse und Lebensperspektiven zerstören. Die Notenbanken der Welt bekämpften die durch billiges Geld ausgelöste Krise mit noch billigerem Geld. Die Regeln im Bankwesen wurden verschärft, aber an den strukturellen Ursachen änderte sich nichts. Der Triumph der Finanzwirtschaft über die Realwirtschaft erscheint nicht mehr wie ein weiterer Entwicklungsschritt einer reifen Volkswirtschaft, sondern wie eine Übertragung der Ballade vom Zauberlehrling in die Nationalökonomie.

Die Krise betraf aber nicht nur die Wirtschaft. Sie warf ernste Fragen über die Ordnung und den Zustand der westlichen Welt auf, die noch heute ungelöst sind. Ist das Wirtschafts- und Gesellschaftsmodell zukunftsfähig? Können wir uns unseren Wohlstand überhaupt leisten oder ist er auf Sand gebaut? Wie viel Ungleichheit verträgt eine Gesellschaft? Wie viel Gleichheit braucht sie? Gibt es Alternativen zu einem auf ständigem Wachstum beruhenden Wirtschafts- und

Gesellschaftsmodell? Wie lange kann der Generationenvertrag noch halten? Wie sind die Erfordernisse einer globalisierten Wirtschaft in Einklang zu bringen mit der Belastbarkeit der Menschen? Welchen Zweck hat eine Wirtschaft, die nicht mehr den Menschen dient, sondern den Vorgaben von Finanzinvestoren folgt? Hat der Sozialstaat eine Zukunft? Welche Rolle wollen wir dem Staat in unserem Leben und unserer Wirtschaft zugestehen? Welche Verantwortung hat der Bürger?

Es ist offensichtlich, dass die klassische Politik auf all diese Fragen keine Antworten parat hat. Die Parteienlandschaft im Zeitalter des Brexit ist in einem dramatischen Umbruch, keineswegs nur in Großbritannien. Die traditionellen Großparteien zerfallen, an den Rändern entstehen neue Bewegungen. Die Bruchlinie verläuft nicht mehr zwischen links und rechts, sondern zwischen Pro- oder Anti-Globalisierung als Synonym für die moderne Welt mit all ihren Chancen und Bedrohungen. Slavoj Žižek schreibt:

„In West- und Osteuropa gibt es Zeichen für eine langfristige Neuordnung der politischen Sphäre. Bis vor kurzem wurde der politische Raum von zwei Großparteien dominiert, die die gesamte Wählerschaft ansprachen: eine Partei der rechten Mitte (Christdemokraten, Liberalkonservative, Populisten) und eine Partei der linken Mitte (Sozialisten, Sozialdemokraten), sowie kleiner Parteien, die eine schmalere Wählerschaft ansprachen (Grüne, Neo-Faschisten). Jetzt taucht eine einzige Partei auf, die für den globalen Kapitalismus als solches steht und normalerweise eine recht tolerante Haltung zu Themen wie Abtreibung, Homosexuellen-Rechten oder religiöse und ethnische Minderheiten hat. Dieser Partei entgegengesetzt ist eine stärkere populistische Partei, die gegen Einwanderer ist und die an ihren Rändern direkt von rassistischen neofaschistischen Gruppen begleitet wird."

Dass wir die Stunde der Populisten erleben, wurde 2016 neben Großbritannien nirgendwo so deutlich wie im Wahlkampf um die US-Präsidentschaft. Es ist kein Zufall, dass der republikanische Kandidat Donald Trump zu den ersten Gratulanten an die EU-Gegner nach dem Brexit gehörte und ihm wenig später Nigel Farage Wahlhilfe leistete: „Die Lehre aus unserer Geschichte ist: Das Establishment kann besiegt werden", sagte Farage im August bei einem Auftritt in Mississippi. „Wir haben jene Menschen erreicht, die in ihrem Leben noch nie gewählt haben, aber die glaubten, dass sie mit einer Stimme für den Brexit die Kontrolle über ihr Land zurück in ihre Hand nehmen, die Kontrolle über ihre Grenzen wiedergewinnen und ihren Stolz und Selbstrespekt zurückbekommen konnten."

Die Parallelen zu Trump sind offenkundig. Er verspricht dem Stahlarbeiter in Idaho, dass er die Freihandelsabkommen aufkündigen, dem Farmarbeiter in Ohio, dass er die Grenzen schließen („We will build a wall") und all seinen Anhängern, dass er Amerika wieder groß und stark machen werde („Make America Great Again"). Wie Ukip und die britische Leave-Kampagne wird auch Trump von vielen Wählern der rechten Mitte als abstoßend empfunden. Er macht das mehr als wett mit den Stimmen jener, die sich seit Jahrzehnten aus dem politischen Prozess verabschiedet haben. Das britische Referendum hat gezeigt, was bei einer Mehrheitsentscheidung und der Mobilisierung der links liegen gelassen Wähler möglich ist.

Die Ausgangsposition in Großbritannien und den USA ist vergleichbar. Es ist die Wiederholung des „Us and Them"-Themas der EU-Volksabstimmung. Hier die Elite (eine bessere Symbolgestalt als Hillary Clinton hätte sich Trump als Konkurrentin wohl nicht erträumen können), dort die Masse der Unzufriedenen, der Betrogenen und Belogenen. Die Darstellung der USA, die Trump im Wahlkampf von seinem Land gibt, hat mit der Wahrheit so viel zu tun wie die 350-Millionen-Pfund-Behauptung des Brexit-Lagers. Aber Trump ist laut, schrill und unüberhörbar. Sein Twitter-Account ist eines seiner zentralen Kommunikationsmittel. Auf Twitter kann man die Welt in 140 Zeichen kommentieren. Eine Diskussion kann man nicht führen.

Darum geht es ihm auch nicht. Unliebsame Reporter lässt er auf Pressekonferenzen hinauswerfen. Das Wort „Post-truth Politics" fand während seiner Kampagne Eingang in die tägliche politische

Berichterstattung. Die Website „PolitiFact" untersuchte im Spätsommer 203 Stellungnahmen von Donald Trump und 226 von Hillary Clinton. Während im Fall von Trump 71 Prozent aller Aussagen unwahr waren, waren es bei Clinton weniger als ein Drittel. Dennoch hielten damals – und noch vor Bekanntwerden der jüngsten Videoaufzeichnung von frauenverachtenden Aussagen Trumps – 67 Prozent der Amerikaner Clinton für nicht vertrauenswürdig und nur 56 Prozent Trump für einen Lügner. Auch die britische EU-Auseinandersetzung war von zahlreichen Fact-Checkers begleitet worden. Sie fanden gravierende Unrichtigkeiten in den zentralen Aussagen der Brexit-Seite. Die EU-Gegner gewannen das Referendum dennoch.

Niemand wird gerne angelogen. Aber, Hand aufs Herz, greifen wir nicht alle hin und wieder zur Lüge? Als Boris Johnson wenige Tage nach seiner Ernennung zum Außenminister von Journalisten gefragt wurde, ob er sich für seine Unwahrheiten aus der Kampagne entschuldigen werde, antwortete er sinngemäß: „Ich habe schon so viel gelogen, wenn ich da mit dem Entschuldigen beginne, werden wir zu keinem Ende finden." Er erntete fast erleichtertes Lachen. Wenn sogar der Außenminister lügt, sind wir dann nicht auch entschuldigt, wenn wir hin und wieder bei einer klitzekleinen Unwahrheit Zuflucht nehmen?

Klitzeklein, das ist nicht der Stil eines Donald Trump. Er setzt auf Flächenbombardements. Er schafft es, wie Farage, ständig in aller Munde zu sein. Im Kampf um die Aufmerksamkeit ist er seiner Konkurrentin Clinton mit Sicherheit ebenbürtig. Nicht zufällig wurde schon während des Wahlkampfs spekuliert, dass Trumps nächstes Vorhaben der Aufbau eines Medienimperiums sein werde.

Auch die Ursachen sind vergleichbar zwischen Großbritannien und den USA. Trump spricht das gleiche Lager an, das für den Brexit gestimmt hat: Die weniger gut ausgebildeten, verängstigten, ärmeren, älteren und auch die fremden- und minderheitenfeindlichen Wähler. Das ist nicht ein geschlossenes Elektorat, sondern ein Mosaik jenes Teils der Gesellschaft, der durch die Globalisierung verloren hat oder Angst zu verlieren hat. Die US-Soziologin Arlie Hochschild hat

Bürger in ehemaligen Industriegebieten von Pittsburgh jahrelang be-obachtet: „Die Szene ist für den Aufstieg Trumps vorbereitet worden wie ein Holzbündel vor dem Entfachen eines Feuers. Drei Elemente waren zusammengekommen. Seit 1980 fühlen sich praktisch alle auf unsicherem wirtschaftlichem Boden. Sie fühlen sich kulturell margi-nalisiert: ihre Ansichten werden von den Medien lächerlich gemacht. Sie haben begonnen, sich als belagerte Minderheit zu fühlen. Und dazu kam noch die Tendenz, sich nach ‚oben' zu orientieren und sich von denen unterhalb abgehoben zu fühlen." All das trifft auch auf das Brexit-Lager zu.

Wie Farage macht es sich auch Trump zu einer selbst proklamier-ten „Tugend", das Unaussprechliche auszusprechen. „Endlich einmal einer, der sagt, was wir denken", reagieren viele Wähler. Dass der Im-mobilien-Tycoon aus New York mit dem in vulgärem Protz dargebo-tenen Reichtum die Inkarnation genau jenes Establishments ist, von dem er seine Wähler angeblich befreien will, schadet ihm genauso wenig wie Farages Hintergrund als Trader in der Londoner City. Für ihren Reichtum werden sie bewundert und als unabhängig verehrt: „Er ist so reich, dass er sich Politik leisten kann", sagen die Wähler.

Das Geheimnis von Farages Erfolg – und des Brexit-Lagers, das er bis zur Karikatur zugespitzt verkörpert – war, dass er kein Geheimnis hatte. Er sprach aus, was jeder sehen konnte, aber nicht zu sagen wagte: Dass die Menschen Angst um ihre materielle Zukunft haben. Dass es keine berufliche Sicherheit mehr gibt. Dass die Einwanderung für viele ein Problem darstellt. Dass die Lebenshaltungskosten in Großbritan-nien für die Mehrheit längst die Grenzen der Belastbarkeit überschrit-ten haben. Dass es einigen trotzdem immer besser und vielen immer schlechter zu gehen scheint. Dass die eigenen Kinder es nicht besser, möglicherweise aber deutlich schlechter haben werden. Dass Versagen offenbar belohnt wird (von der Finanzwirtschaft bis zum Fußball), während Leistung nichts zählt. Dass die Politik von all dem nichts weiß oder nichts wissen will. Eines ist so verhängnisvoll wie das andere.

Es gab Briten, die sagten vor dem Referendum, sie würden für den EU-Austritt stimmen, weil sie mit der Müllabfuhr in ihrer Straße nicht zufrieden seien. Das ist nicht so unsinnig, wie es zunächst klingen mag. Über Jahrzehnte machte die britische Politik die EU für alles verantwortlich, was im eigenen Land schiefging. Um ein positives Image oder auch nur ein tieferes Verständnis der Zusammenhänge bemühte sich kaum jemals jemand.

Seit Jahren war die Zahl der Briten, die eine Karriere in den EU-Institutionen anstrebten, rückläufig. Die EU-Kenntnisse waren in 40 Jahren Mitgliedschaft geringer geworden, nicht größer. Europa, das war eine Feriendestination für den Kurz- oder Sommerurlaub, wo der Brite mit Neid feststellte, was er zu Hause alles nicht hatte, um sich dann unter Briten in britischer Umgebung bei britischem Bier zu versichern, dass in Großbritannien letztlich alles doch am besten sei.

Farage und das Brexit-Lager konnten auf alldem aufbauen. Den Durchbruch zur Mehrheit erbrachte die Verknüpfung von EU und Einwanderung. Trump hat keine EU, aus deren mutmaßlichen Fesseln er Amerika befreien muss. Stattdessen will er gleich das ganze Netzwerk internationaler Verpflichtungen zerreißen. Aber er hat, wie Farage, die Ausländer, denen alles Böse unter der Sonne angelastet wird. Der Hass ist als politische Kategorie zurückgekehrt und wieder mobilisierbar. Dafür braucht man, wenn die Voraussetzungen stimmen, keine 140 Zeichen: „We will build a wall" hat nur 20. Dass dies in der Einwanderungsgesellschaft USA zieht, sagt alles über den Ernst der Bedrohung.

Die Ausgangsposition, die Akteure, die Ursachen und die Vorgangsweise zwischen Brexit-Lager und Trump sind vergleichbar. Vergleichbar ist auch, dass die traditionellen Medien lange einen Sieg Trumps für so gut wie unmöglich hielten und erst spät, vielleicht zu spät, begannen, die Stimmung außerhalb ihrer gewohnten Kreise wahr- und ernst zu nehmen. In Großbritannien rechnete nicht einmal das Brexit-Lager mit seinem Triumph. Aber es geschah.

Als eine der Ursachen für den Aufstieg der Populisten in Europa und den USA gilt die wachsende Ungleichheit. Spitzenverdiener in der englischen Premier League verdienten in der Saison 2015/16 pro Woche 250.000 Pfund, während das Durchschnittseinkommen 582 Pfund pro Woche (und 28.500 Pfund im Jahr) betrug. Im Jahr 2015 war das höchste Einkommen in einem britischen Unternehmen im Schnitt um 129-mal höher als das Durchschnittseinkommen in demselben Betrieb. Vor 20 Jahren war der Unterschied 47-mal so groß gewesen. Die Niedrigstzinsen, mit denen die Notenbanken den Kollaps der Weltwirtschaft bekämpft haben, bedeuteten für Sparer Milliardenverluste, während Asset-Besitzer profitierten.

Zahlreiche Studien zeigen besonders seit der Finanzkrise 2008, dass riesige Unterschiede nicht nur den sozialen Zusammenhalt untergraben und das Konfliktpotenzial erhöhen, sondern Gesellschaften auch weniger effizient und leistungsfähig machen. Das Versprechen des Kapitalismus ist es, dass es jeder Mann und jede Frau, ungeachtet von Herkunft, Abstammung, Hintergrund, kraft Talent und Leistung, zu etwas bringen kann. Wird dieser Sozialkontrakt gebrochen, driftet ein Teil der Gesellschaft, der nicht mitgenommen wird, an die Ränder. Ihn zu ignorieren, hat seinen Preis.

Trump verspricht seinen Anhängern nicht den amerikanischen Traum zurück. Sein Programm sieht massive Staatseingriffe in die Wirtschaft vor wie etwa ein riesiges Infrastrukturprogramm und protektionistische Zölle gegen Billigimporte. May anerkannte in ihren ersten Stellungnahmen ausdrücklich eine Rolle des Staates in der Wirtschaft. Sie versprach einen Staat „für die vielen und nicht die wenigen."

Wenn das Vorhandene gerechter aufgeteilt würde, wäre womöglich mehr für alle da. Wenn man unter sich bleiben könnte, müsste man das Vorhandene durch weniger Empfänger dividieren. Während die Briten in der Unsicherheit lähmender Brexit-Verhandlungen ärmer zu werden drohen, wollen manche die Volksgemeinschaft enger zusammenrücken. Weniger Ausländer und weniger Wohlstand, aber dafür mehr Gleichheit, ethnisch ebenso wie ökonomisch. Die britische Klassengesellschaft wird das nicht brechen, sie hat sogar Margret Thatcher überlebt. Aber jede politische Entscheidung hat Folgen und jeder Richtungswechsel trägt zu längerfristigen Veränderungen bei, die oft erst im Nachhinein erkennbar sind. Ebenso passiert in der Politik nichts aus Zufall, auch wenn wir Ursache und Wirkung erst im Nachhinein erkennen.

Die Regierung Cameron warnte vor dem Referendum, dass die Verhandlungen über den Ausstieg aus der Europäischen Union „im schlimmsten Fall" bis zu zehn Jahre dauern könnten. Noch einmal zwanzig Jahre später werden jene, die jetzt mit dem Brexit um ihre Zukunft betrogen worden sind, gemeinsam mit den Kindern der damaligen Einwanderer eine ausreichend starke Gruppe bilden, dass Großbritannien nach einem neuerlichen EU-Beitrittsantrag etwa im Jahr 2050 unter einem Premierminister mit einem fremdländischen Namen wieder der Union beitreten wird. Vorausgesetzt, es gibt dann noch eine Europäische Union.

Unmöglich? Francis Urquhart, die Hauptfigur der britischen Originalversion von „House of Cards", pflegte zu sagen: „You might very well think that. I couldn't possibly comment."

Gabriel Rath ist Korrespondent
der österreichischen Tageszeitung
„Die Presse" in London.